潍水文化研究

潍坊近代中西文化交流

吕俊峰 编著

山东城市出版传媒集团·济南出版社

图书在版编目（CIP）数据

潍坊近代中西文化交流／吕俊峰编著. —济南：济南出版社，2020.12
（潍水文化研究）
ISBN 978-7-5488-4382-5

Ⅰ. ①潍… Ⅱ. ①吕… Ⅲ. ①文化交流—文化史—研究—潍坊、西方国家 Ⅳ. ①K295.23

中国版本图书馆 CIP 数据核字（2020）第 272623 号

潍坊近代中西文化交流
吕俊峰　编著

出 版 人	崔　刚
责任编辑	苗静娴
封面设计	刘　畅
出版发行	济南出版社
地　　址	山东省济南市二环南路 1 号（250002）
经　　销	新华书店
编辑热线	0531-86131721　86131722
发行热线	0531-86131731　86131730　86116641
印　　刷	山东省东营市新华印刷厂
版　　次	2020 年 12 月第 1 版
印　　次	2020 年 12 月第 1 次印刷
成品尺寸	185 mm×260 mm　16 开
印　　张	17
字　　数	252 千
印　　数	1—6100 册
定　　价	68.00 元

（济南版图书，如有印装错误，请与出版社联系调换。联系电话：0531-86131736）

《潍水文化研究》丛书编辑委员会

主　　任：马清民
副 主 任：葛晓东　张仁科　孙俐君
委　　员：（以姓氏笔画为序）
　　　　　丁　斌　于利民　马　疆　王　韧　王　婷　王成刚
　　　　　王伟波　王明德　王瑞霞　邓光著　尹建民　吕俊峰
　　　　　孙敬明　任怀国　刘允泉　刘晓玲　庄明军　杨中奎
　　　　　杨维政　李长浩　李志国　李国涛　武东明　苗庆安
　　　　　庞国栋　郑玉章　赵永福　宫德杰　郭长波　高　祥
　　　　　高增光　徐　明　黄金海　燕黎明

主　　编：孙俐君
执行主编：孙敬明
副 主 编：苗庆安　刘允泉
编　　辑：王伟波　衣同娟　崔永胜　李宝垒　王德明
　　　　　丁露刚　付卫杰　王丽媛

序

潍河是东夷文明的发祥地，也是潍坊人民的母亲河。千百年来，在其浸润下，潍坊区域文化异彩迭出，在中华文明多元一体化格局中占有重要地位。

寒亭前埠下、诸城六吉子庄后李文化遗址证明，早在距今8000多年以前，东夷部族就在潍坊区域生息繁衍。诸城前寨出土的大汶口文化陶文、寿光边线王发现的龙山文化城址、临朐西朱封所见的龙山文化墓葬，以及文献关于舜生于诸冯（今诸城）的记载，足以反映出史前时期潍坊区域文明的发展高度。

夏商时期，潍坊区域出现了寒、斟灌、斟鄩、平寿、莱、亚醜、嵎、邓、逢、纪等东夷方国。夏初东夷族的著名首领后羿与寒浞的统治中心即在今寒亭一带，他们曾先后取代夏政四五十年，这是中国历史上的一大事件。亚醜是商代实力最强的部族之一，其活动中心在今青州一带，考古发现亚醜国君墓葬规模之大，与安阳殷商王陵不相上下。

周代，姜太公初都营丘，潍坊区域遂成为齐国早期的政治经济文化中心，后来虽迁都临淄，但潍坊区域仍然是齐文化的腹地。潍河与南部长城共同构成了齐国东境密合的军事屏障。位于临朐的穆陵关，既是阻挡莒、楚、吴、越北上的军事要塞，又是齐国南下沂、沭、江、淮进行文化商贸交流的必由通道。齐以工商立国，潍坊区域漫长的海岸线和滨海区域丰厚的卤水资源，成为其鱼盐产业的基地，为齐文化发展提供了永恒动力。

潍坊区域地兼齐鲁，汉代经学盛极一时。西汉菑川（今寿光）公孙弘以治《春秋》而位至宰相，在汉武帝"罢黜百家，独尊儒术"的过程中起到了主导作用。菑川田何是汉代《易》学的最初传人，其弟子东武（今诸城）王同曾为《易》作传。诸县（今诸城）梁丘贺是《易》学六大流派之一"梁丘易"的创始者，安丘郎宗、郎顗父子则是"京氏易"的重要传人。东武人师丹、伏理开创了《齐诗》的师、伏之学，伏理之后世代传经，时间长达五六百年，这在中国经学发展史上实属特例。东汉高密郑玄遍注群经，被誉为"经神"，成为中国经学发展史上的里程碑。其门生北海刘熙所著《释名》，与《尔雅》《方言》《说文解字》并称为汉代四部重要的训诂学著作。而安丘人邴原、管宁，东汉末年为避战乱移居辽东，传经授业，则对辽东文化的发展起到了积极作用。此后，经学一脉承续不绝，至清代再度出现繁荣局面，安丘王筠、刘源渌、潍县韩梦周、宋书升等均有名于时。

潍坊区域佛教的传入与佛寺的创建均始于东汉，到南北朝时期达到极盛，青州、临朐、诸城、寿光、安丘、昌邑先后发现这一时期佛教造像千余尊，其中青州龙兴寺窖藏规模之大，出土造像数量之多、门类之全、技艺之精、保存之好堪为全国第一，入选1996年全国十大考古新发现，其造像艺术风格，对周边区域产生了重要影响。

潍坊区域文学发端甚早，西周晚期部分青铜器铭文已经初具文学风貌。东汉时期，北海相孔融、北海人徐幹名列"建安七子"。五代潍州韩熙载以文学名家。宋代范仲淹、欧阳修、富弼、苏轼均曾为宦于此，多有佳作。李清照则为婉约词派的典型。元末战乱之后，潍坊区域文学进入一个稳定的发展阶段。明代初期昌邑人黄福、临朐人马愉、寿光人刘珝均著述颇多。明代中期临朐人冯裕致仕后，于青州北郭禅林与挚友七人结成"海岱诗社"，他们清新流畅、不矫不艳的诗风，给当时诗坛注入了新鲜气息。冯裕四子冯惟敏尤擅散曲杂剧，其作品多关心民瘼，鞭挞丑恶，具有很强的现实性，为明代散曲大家。万历年间的诸城"东武诗社"，以丁惟宁的文学造诣最称深湛，其子丁耀亢有著作十数部，他的《续金瓶梅》在中国小说发展史上也占有一席之地。另外如清代前期诸城人李澄中，与王士禛、田雯齐名，并称"山左三大家"。安丘人曹贞吉"诗格遒练"，词则"风华掩映，寄托遥深"。其弟申吉也以诗名，悲壮苍凉，独具风貌。安丘人张贞天性旷达，一生不入仕门，携子在辛，南走吴越荆楚，北游燕赵京蓟，广交名流雅士。他的文章排宕巍然，诗则意境闲远，自成一家。清代中期，诸城窦光鼐曾充《四库全书》总阅官，主持文运三十年，著有《省吾斋稿》《省吾斋诗赋集》。高密李宪噩、宪暠、宪乔三兄弟并以诗名，被誉为"高密三李"，开创"高密诗派"。至于晚清，则更具蓬勃之势，文人骚客不胜枚举。

金石学形成于宋代，诸城赵明诚、李清照夫妇所编著的《金石录》为一代楷范。清乾嘉以来，金石学复兴，诸城刘喜海、王锡棨、李璋煜卓有奠基之功。陈介祺异军突起，"富藏精鉴，宗仰海内"，开拓了不少新的收藏与研究领域。在其带动与影响下，潍坊区域的金石之学走在了全国的前列，部分学者在倾力搜集文物的同时，开始自觉注重文物出土综合信息的记录，迈出了传统金石学向现代考古学转化的第一步，在中国学术发展史上具有特殊意义。

不仅如此，潍坊区域魏晋南北朝时期的青齐士族，金元时期的道教文化，明清时期的民俗文化、园林文化、望族文化、书画艺术，近代的丝绸文化、商埠文化、红色文化等，也都自成体系，独具特色，共同铸就了博大精深的潍坊区域文化。

习近平总书记强调："一个国家、一个民族的强盛，总是以文化兴盛为支撑的。""没有文明的继承和发展，没有文化的弘扬和繁荣，就没有中国梦的实现。"有鉴于此，潍坊区域文化的挖掘、整理、研究、弘扬、发展就显得愈加迫切。2016年，潍坊市文广新局启动了《潍水文化研究》丛书的编写工作。经过三年的辛苦努力，圆满完成既定目标，值付梓发行之际，谨撰此以为序。

2018年12月

目 录

绪　论 / 1

第一章　西方宗教在潍坊的传播 / 9
第一节　天主教在潍坊的传播 / 9
第二节　基督教在潍坊的传播 / 21
第三节　潍坊"丁戊奇荒"与传教士的赈济 / 33

第二章　乐道院与潍坊教育医疗事业近代化 / 45
第一节　潍县乐道院的学校和医院 / 45
第二节　齐鲁大学在潍坊的创建及其沿革 / 53
第三节　西方教会办学与文化教育 / 58
第四节　西方教会的医学教育与医疗卫生 / 60

第三章　潍县开埠与近代工商业发展 / 65
第一节　潍县开埠与城市经济发展 / 65
第二节　潍县近代工商业的勃兴 / 69
第三节　中西交融的工商业文化 / 79

第四章　西方势力侵入与文化交流 / 88
第一节　英美烟公司在潍坊的经营及影响 / 88
第二节　外国资本侵入对潍坊经济社会的影响 / 104
第三节　坊子德、日建筑群的历史文化价值 / 111

第五章　传统文化余晖与地方特色显现 / 118
第一节　以十笏园为代表的潍县园林 / 118

　　第二节　乡邦文献的收集整理与研究 / 121

　　第三节　潍县近代新式教育的创办 / 124

　　第四节　架起金石学到现代考古学的桥梁 / 131

第六章　潍坊金石学及其对传教士的影响 / 135

　　第一节　潍坊金石学概况 / 135

　　第二节　陈介祺与金石学 / 150

　　第三节　对甲骨文发现及外国传教士的影响 / 157

第七章　近代海上丝绸之路与中西文化交流 / 163

　　第一节　昌邑茧绸创辟俄罗斯市场 / 163

　　第二节　近代海上丝绸之路的开辟 / 166

　　第三节　昌邑茧绸发展的艰辛历程 / 169

　　第四节　中西交往中形成的绸乡文化 / 172

第八章　中西文化交融下民俗的传承与变迁 / 184

　　第一节　趋新尚变的生产习俗 / 184

　　第二节　革故鼎新的生活习俗 / 194

　　第三节　根深蒂固的人生仪礼 / 203

　　第四节　新旧交融的岁时节俗 / 212

　　第五节　传承变革的民间信仰 / 219

　　第六节　义利并重的习尚德行 / 222

第九章　马克思主义的传播与潍坊的革命文化 / 224

　　第一节　近代新文化运动的兴起 / 224

　　第二节　马克思主义的传播与中共潍坊地方组织的诞生 / 230

　　第三节　土地革命战争时期顽强不屈的斗争 / 236

　　第四节　在抗日烽火中成长和壮大 / 242

　　第五节　沿着新民主主义道路胜利前进 / 249

主要参考文献 / 258

# 绪 论

1840年到1949年，是潍坊的近代历史时期。自1840年鸦片战争以来，潍坊区域同整个国家一起遭遇"三千年未有之大变局"，传承了几千年的包括经济、政治与社会生活在内的广义的传统文化，经历着一种全新的文化转变，而这又是一个交织着光明与黑暗、前进与后退、成功与失败的痛苦过程。

近代潍坊曾长期遭受西方列强的入侵。第二次鸦片战争后，西方传教士遍布潍坊城乡，引起当地人民的反抗。1898年3月，德国借"巨野教案"，强迫清政府签订条约，攫取了胶济铁路的修筑权及其沿线15公里以内的矿藏开采权。后起的日本帝国主义从甲午战争起就把侵略矛头指向山东；1914年接管德国在潍坊的权益，对坊子煤矿等进行掠夺性开采；全面侵华战争时期更是将潍坊侵占。

随着胶济铁路的修筑通车和潍县开埠，在中西方文化碰撞交融的大背景下，潍坊区域以兴办新式教育、开办近代企业、建立文化设施为标志，无论是经济、教育，还是社会心理，都发生着巨大而深刻的变化。在遭受殖民者血腥掠夺的同时，客观上潍坊区域亦呈现出多元化对外开放的局面。在经济层面，最为突出的表现是外国资本和西方企业的大量涌入、城市经济和民族工商业的兴起与发展。在教育层面，这一时期潍坊区域最为突出的表现是新式教育的推行和发展，借清末新政和潍县开埠的东风，以西方教会开办学校和地方政府倡办新学为契机，各类各级新式教育次第兴办。在社会心理文化层面，"五方杂处、华洋杂居"的社会居民结构为当地创造了多种文化类型共存、中西文化碰撞交融的客观环境。

潍坊人民不屈不挠，勇于斗争，善于斗争。潍坊人民反抗西方殖民侵略的过程伴随着潍坊文化转型的过程。潍坊人曾试图从封建武库中寻找对敌斗争的武器，却以失败告终；他们毅然将目光转向西方，但资产阶级民主共和的理论同样不能拯救苦难中的潍坊；马克思主义给潍坊带来新希望，潍坊人民在中国共产党的领导下，经过艰苦卓绝的斗争，完成了反帝反封建的目标，成功建立起新民主主义文化体系。

一、西学东渐与中西文化融汇

随着中国在西方重炮的轰击下国门大开，潍坊区域从此也踏上了近代之路。与外来侵略相并行，西方文化也传入潍坊。西方文化传入潍坊基本是通过五种渠道：洋货带入、传教灌输、租借地展示、出洋考察与大众传媒传播。

洋货作为西方文明的一种物质载体，在进入潍坊的时候，把西方生活方式也带入了潍坊，使人们的经济生活在原有的传统色调之外增添了一些近代文明的色彩，并影响和改变着潍坊人的面貌与固有文化。鸦片战争后，特别是烟台开埠后，洋货通过寿光羊角沟中转市场和潍县市场以极快的速度进入潍坊。西方列强输入潍坊的洋货除鸦片以外，主要是不同类别的工业品。1868 年烟台《海关贸易报告》称："山东最引人注目的增加是棉货匹头，特别是漂白市布和洋标布，这项货物的进口较 1867 年超过 549629 匹。"① 由全省数据可以看出，外国输入潍坊的洋纱、洋布逐年增多。资本主义工业品的输入，特别是洋纱、洋布的输入，破坏了潍坊自给自足的农业经济，促使大批以纺织为生的手工业农民破产。到 19 世纪末，"无论是通商大邑，还是僻壤遐陬，衣土布者不过十之二三，衣洋布者已有十之八九"②。输入潍坊的洋货还包括糖、纸、煤油、火柴、五金、染料等。由此，潍坊地区的社会经济也开始卷入资本主义世界市场。

鸦片战争以后，外国传教士依据不平等条约，开始大量涌入中国，以实现其"中华归主"的梦想。东来的西方教会有新教与天主教之分。新教即基督新

---

① 李文治：《中国近代农业史资料》第 1 辑，三联书店 1957 年版，第 484 页。
② 彭泽益：《中国近代手工业史资料》第 2 卷，中华书局 1962 年版，第 223 页。

教（也经常被直接称为基督教）来华差会较多，先后来潍坊的有美国的南浸信会、北长老会，英国的浸礼会，苏格兰的长老会，德国的信义会，瑞典的瑞华浸信会等。先后来潍坊的天主教修会有法国的方济格会、德国的圣言会等。在以上传教团体中，以美国北长老会、英国浸礼会和德国圣言会等势力最大，影响最广。由于潍坊所在的齐鲁大地是儒家思想的诞生地，因此西方宗教在这一地区的传播一开始并不十分顺利。为了加快传播，使"中华归主"，一些传教团体（大多为新教差会）采取了以慈善、医疗、教育辅助传教的方式，而有些传教团体却利用列强强加给中国的不平等条约挟持官府，欺压百姓，横行乡里，以强力方式传教。外国传教士的传教活动，使潍坊民众被人为划分为教民和一般平民，许多潍坊人开始改变自己的知识结构和传统观念。

帝国主义的租借地展示也是西方文化传入的重要途径。在19世纪末帝国主义掀起的瓜分中国的狂潮中，山东的胶州湾、威海卫先后被德国和英国殖民者租占，成为帝国主义的租借地。为了各自不同的利益，德、英殖民当局在胶州湾和威海卫分别施行不同的殖民政策。德国为了把胶州湾建设成为它在远东殖民争夺的桥头堡和商业贸易根据地，不遗余力地进行租界建设，不仅进行城市规划，大力从事青岛港的建设，还修建了从胶州湾出发直达济南的胶济铁路，将侵略势力从沿海伸向内地。由于英国占领威海卫是为了与德国、俄国对抗，是被动的选择，这极大地影响了英国殖民者在威海卫投入的力度。英国殖民当局在威海卫更多的是从事休闲娱乐设施，如体育设施（足球场、高尔夫球场等）、文艺设施（戏楼、茶社等）等的经营。虽然潍坊地区没有直接成为帝国主义的租借地，但是这些由德、英殖民者建立的租借地，却通过千丝万缕的联系成为潍坊人窥视、模仿西方生产生活习俗的窗口。

出洋考察是潍坊人学习西方文化最直接的途径。出洋考察包括国外游历、出使、留学、考察等形式，其中以留学最为重要。近代潍坊出国留学热出现在20世纪初，除了公费外，还出现了自费留学生，出国的目的地大多为日本、欧洲国家、美国等。另外，还有许多潍坊人通过出国经商、务工等方式了解西方制度和文化。这些出洋考察的潍坊人不仅用日记、游记，还用现身说法的方式来介绍、传播刚刚从西方学来的新知识，这对西学的引进起到了促进作用。

大众传媒在传播西方文化方面功不可没。近代的大众传媒主要包括报纸、

期刊等传媒工具。近代潍坊虽不是报刊的重要创办地,但国内主要的报刊在潍坊大都有传播,西学也必然通过报刊传入潍坊。大众传媒对西洋知识的报道、介绍,使潍坊人大开眼界,并帮助他们有目的地选择学习对自己有用的文化知识。

1840年后,西方文化通过多种渠道进入潍坊,深深地影响了潍坊人的文化观念和社会习俗,并在教育、科学技术领域产生了重大影响。潍坊人在西学东渐的过程中,采取了扬弃的态度,力图实现中西文化的融汇。

二、教会学校的兴办与新式学堂教育的发展

作为辅助传教的重要手段之一,办学一直为外国来华传教士所重视。最早在山东办学的是美国北长老会传教士倪维思。倪维思1854年来华,先在宁波传教并负责办理男女寄宿学校,1861年偕夫人来到登州。1862年,倪氏夫妇在登州观音堂办了一所女童寄宿学校,有3名学生。这也是近代山东出现的第一所女子学校。

随着美国北长老会建立起第一所教会学校,进入山东的新教差会亦开始了在潍坊区域的办学历程。美国北长老会于1863年在潍县开办了第一所教会学校;英国浸礼会办学稍晚,1884年库寿龄在青州建立教会学校,1892年开办女子寄宿学校,后发展成为广德书院。

新教传教士所办学校有小学,有中学,还有大学。在中学中,广文中学是其代表;在大学中,以广文大学、齐鲁大学最为著名。

登州文会馆是由1864年狄考文所办蒙养学堂发展而来的。蒙养学堂从1873年起设置中学课程,1876年改称文会馆,成为一所教会中学。20世纪初,美国长老会在登州办的文会馆迁到潍县和英国浸礼会在青州办的广德书院合并,校名为"广文大学",新校址设在潍县。此后,潍坊境内的基督教学校再次合并,济南共合医道学堂、青州神道学堂先后并入,成立了潍坊基督教共合大学。1917年,学校各部统一集中到济南,校名也正式定为"齐鲁大学"。

教会学校的兴办,既传播了西学知识,又体现了西方的学校教育体制。教会学校开设有小学堂、中学堂以及女子学堂等各种类型和级别的学校,这对建立中国近代学校系统有借鉴作用。教会学校的课程设置突破了传统的"四书五

经"，包括宗教、儒家经典和自然科学等多种课程，这有利于动摇传统课程设置中儒学的统治地位。

教会学校的启示、清政府的"维新"上谕，使得潍坊地方当局于20世纪初开始尝试教育变革，更为重要的是，潍坊地方当局及社会民众在社会变迁中逐渐认识到培养新式人才的重要性。

三、西方科技的传入与现代科学技术的研究应用

近代西方科技传入潍坊，是在第二次鸦片战争以后。此时的报刊也为科技传入潍坊做出了贡献，如《万国公报》《格致汇编》等，其中不乏对自然科学知识方面内容的介绍，举凡数学、物理、化学、天文学、地理学、地质学、生物学、医学、药物学等等，几乎无所不有。《万国公报》在青州、潍县等地拥有一大批读者，《格致汇编》甚至在青州设有代销处。《格致汇编》设有"互相问答"一栏，专门回答读者提出的各种问题，在这些问题中有一部分就是潍坊读者提出的，如青州友人问："闻西国有以石灰壅田者，不知其益何在？"青州某君问："格致学家如何解释霓虹现象？"[①] 从"互相问答"中可以看出当时潍坊人接受西方科技知识的实际情况。

外国传教士在西方科技传入潍坊的过程中，也做出了一定贡献。西方传教士除了在教会学校中传播西学以外，还在其他领域以不同方式传播西方科学技术。首先，外国传教士将西方的医学知识传入潍坊。20世纪初，传教士在潍坊境内开设西式诊所、医院，用西药和西式疗法为潍坊人治病，逐渐将西方医学知识传到潍坊。其次，传教士将西方植物新品种引进潍坊。在这方面做出贡献的主要是美国传教士，他们将美国大花生等西方新品种带入潍坊。再次，将西方先进的手工业制作技术引进潍坊。另外，西方传教士还举办各种形式的展览室、博物馆，向大众普及科学文化知识。1887年，英国传教士怀恩光在青州建立了一所"博物堂"，1904年迁到济南，改名"广智院"。

随着近代西方科技在潍坊的传播，潍坊有了与传统科技不同的近代自然科学和工程技术，在数学、物理学、化学、天文学、气象学、地理学、生物学、

---

① 参见熊月之：《西学东渐与晚清社会》，上海人民出版社1994年版，第431—455页。

机械工业、纺织工业、化学工业、采矿业、农业、医学、海洋学等方面均出现了现代科学技术的研究和应用，而以工业、农业的应用最为引人关注。

从胶济铁路、坊子煤矿、廿里堡烤烟厂等外国企业创办起，西方近代科技即陆续被应用于潍坊工业和交通运输等部门。潍坊的民族工业虽然规模大小不一，有的甚至是不能完全摆脱手工制作的作坊工业，但大都运用了西方科学技术，成为近代意义上的新式工业。

潍坊是山东农业最发达的地区之一，农业在潍坊社会经济中所占比重大。近代西方科技传入潍坊之后，农业科技在潍坊得到了较为广泛的应用。北洋政府时期，潍坊虽时局动荡，但仍在农业技术改良和推广方面有所作为。

近代西方科技的广泛传播和应用，使潍坊人的思想观念发生了变革。讲求科学、革除迷信，逐步成为一种社会思潮。科学，在潍坊被作为一面文化旗帜树了起来。

四、殖民文化的侵入与潍坊人民的抗争

外国殖民文化进入潍坊，客观上给潍坊带来了西方的资产阶级文化，但西方殖民者绝不是为了传播西方先进文化而来到潍坊的。这就决定了传入潍坊的西方文化在很大意义上具有殖民文化的特征，即它同殖民政治、殖民经济一样，都是为宗主国的全球殖民扩张服务的。

在近现代潍坊历史上，殖民文化有两次侵入潍坊，一次是以欧美为代表的西方殖民侵入，一次是日本帝国主义发起的侵华战争。在西方侵略潍坊的过程中，传教士充当了文化侵入的急先锋。1840年鸦片战争以后，各帝国主义国家的传教士纷纷进入潍坊，他们建教堂、设教区，妄图实现其"用十字架征服中国"的目的。

不仅如此，传教士在进入潍坊后，总以文化优越者自居，深深地伤害了潍坊人的自尊心。潍坊作为东夷文化的腹心地区和齐文化的发祥地，对传统文化有着较明显的自豪感。但传教士对以孔孟之道为代表的中国传统文化却极为不屑，动辄对中国文化进行指责，甚者扬言要用基督文化替代之。长期在潍坊一带传教的狄考文露骨地表示："让长老会攻打这个省份。在过去，中国的宗教

和政治都是由山东而出。在将来，它要把基督教传给中国"①，"征服他们，使其服从基督，摧毁异教的堡垒，破坏支持它的信仰"②。

由于传教士在侵略潍坊过程中既充当了急先锋，又在传教中无视中国传统文化，因此潍坊人民对此极为反感，反抗在所难免。潍坊人民的反抗最初主要表现在文化层面，他们用"尊王攘夷""崇正黜邪"的旗号，宣扬"扫除邪教"，维护清朝封建统治。

随着反洋教活动的深入，反抗的形式逐渐向武装斗争发展。19世纪末以来的一系列反洋教斗争，最终导致了义和团运动的爆发。义和团运动后，西方教会在中国的传教手段有了变化，他们将"耶稣或孔子"的模式改为"耶稣加孔子"。但对于外国传教士，潍坊人仍忧心忡忡，这不仅是对西方政治、经济入侵的担忧，更是对西方文化侵入的担忧。

20世纪20年代，基督教在华的传教方式出现了两个重要倾向：一是集中力量在城市传播，二是重点发展高等教育。1922年春，中外教会联手调查在华传教事业的报告发表，其中文本竟取名《中华归主》，征服意图再清楚不过。这引起了中国先进知识分子的警觉。也正是这一年，世界基督教学生同盟第11届大会在北京举办，大会着重讨论了"如何向现代学生宣传基督教""学生生活的基督化"等议题，由此引发了一场波及全国许多城市的、声势浩大的、反对文化侵略的非基督教运动。在运动中，中共济南地方执行委员会和社会主义青年团济南地方执行委员会联络各进步青年团体，于1924年12月发起建立"济南非基督教大同盟"，选举产生了领导机构。济南非基督教大同盟建立后，又积极向外地发展，先后建立了9个分盟，潍坊地区的青州就是其中之一。③大同盟到处讲演，揭露基督教欺骗愚弄中国民众，妄图使中国人逆来顺受，听凭外国资本家奴役剥削的险恶用心，教育群众认清基督教是帝国主义侵略先锋的反动本质。这场非基督教运动一直持续到20世纪30年代，它以科学为号召，

---

① Daniel W. Fisher. *Calvin Wilson Mateer*: *Forty-five years a missionary in Shantung*, China, Philadelphia: The Westminster Press, 1911, p. 112.

② *Records of the General Conference of the Protestant Missionaries of China*, held at Shanghai, May 10-24, 1877, Shanghai: American Presbyterian Mission Press, p. 173.

③ 刘春明：《洪流滚滚——大革命时期的济南共产党组织》，济南出版社2006年版，第59页。

以知识界人士为领袖，以青年学生为主力，把反对外国帝国主义和反对外国教会的活动结合起来，把批判基督教和推动思想解放结合起来，显示了潍坊反对西方殖民文化侵略的斗争已发展到更高的层次。

继西方列强侵入潍坊之后，后起的日本也将侵略目光盯向山东。日本早在甲午战争时期就曾大规模侵入山东，在第一次世界大战期间又将侵略魔爪伸向山东。抗日战争时期，潍坊大部分地区都沦于日本侵略者的铁蹄之下。日本为了稳固其殖民统治，在思想文化上采取奴化教育政策。面对日伪政府的殖民奴化教育，潍坊人民奋起反抗。在沦陷区，中国共产党建立了大量地下党组织，团结一切爱国人士，开展斗争，抵制奴化教育。

五、新文化运动的兴起与马克思主义的传播

19世纪中叶，英帝国主义以鸦片和炮舰打开了清王朝闭关自守的大门。之后，西方列强纷纷入侵，中国由一个独立的封建国家逐渐变为半殖民地半封建国家，中华民族沦落到深重苦难和极度屈辱的境地。文化方面，西学东渐，西方文化逐渐传入中国。中西文化经过一段时间的碰撞和融合，在新文化运动中，中国进步知识分子接受了"民主"与"科学"的理念。正当新文化运动蓬勃发展的时候，列宁领导的俄国十月革命胜利的消息传到了中国。在十月革命的影响下，新文化运动迅速发展为学习和传播马克思列宁主义的运动。中国革命也迅速地转变为新民主主义革命。1919年五四运动的爆发，标志着资产阶级领导的旧民主主义革命的终结和无产阶级领导的新民主主义革命的开始。

五四运动后，马克思主义成为中国文化的一个重要组成部分，这便是革命文化的起点。革命文化产生后迅速崛起，成为中国社会的主流文化，主导了社会发展的方向和进程。革命文化的兴起是民国时期中国最重要的文化现象，潍坊地区的革命文化是中国革命文化的组成部分，其产生和发展的历史相对较早，具有一定的典型性。

第一章
西方宗教在潍坊的传播

通常将1840年的鸦片战争视为中国近代的开端，此后到1912年中华民国建立属于晚清阶段。这一时期，西方列强使用武力，迫使中国向他们开放，西方文化和宗教大规模传入今潍坊地区，所产生的影响是极其广泛的，所带来的政治、经济、社会和文化等方面的剧变亦是前所未有的。

第一节 天主教在潍坊的传播

一、传播概况

（一）近代以前

基督教起源于1世纪的巴勒斯坦地区。1054年，东、西两派教会正式分裂，东派教会自称"正教"，西派教会自称"公教"（中国所称天主教）。天主教是中世纪在西欧各国占统治地位的宗教，当地哲学、政治、法律等均在天主教神学的控制之下。13世纪，天主教传入中国，称"也里可温教"或"十字教"，后随元朝灭亡而中止传播。明朝中后期，天主教再度传入中国。

明万历二十二年（1594），天主教由烟台传入潍坊。① 临朐县北石庙村为潍坊天主教最早传入区，孙、常两姓为最早信奉者；后天主教传播渐向外村发展，万历三十三年（1605）由临朐传入益都。明崇祯十四年（1641），意大利

---

① 潍坊市地方史志编纂委员会：《潍坊市志》，中央文献出版社1995年版，第1666页。

籍耶稣会会士龙华民由北京到益都传教，住在衡王府近侧的天主教礼拜堂内，吸收衡王朱由楸及其妃嫔、官吏多人入教。1644年清兵压境时，衡王朱由楸献土降清，其眷属避祸于天主教聚居村庄。当时青州知府、天主教世家的张文焕，携眷逃避于上院，其家族另一支则投奔临朐县横里路。

明清易代，学有专长的天主教传教士仍然得到重用。顺治帝特别器重德国籍传教士汤若望，并影响了其他传教士的命运，"在外省传教之西士因汤公之故，亦得平安无事"。随着形势渐趋稳定，由益都逃匿上院的张文焕从未间断他的宗教生活，其子张体清、张体洁开办了家庭教堂，在上院悄悄传播天主教。张家虽属亡朝之臣，但声望素著、影响犹存，传教颇为顺利。逃去临朐横里路的一支也开展了传教活动，益都、临朐交界一带早有天主教基础，他们的自传活动一直没有间断，传代教徒成倍增长，有的已形成天主教世家。此一时期的天主教主要在益都的弥河、石河、王坟和临朐的营子、纸坊、五井一带活动，其方式以家庭聚会为主要特点，并以这一带为基地，逐渐向外漫展，有时亦有自北京遣来山东的神甫到各处有教友的地方下会。

雍正朝因天主教发生"中国礼仪之争"，严重干涉中国内政，清廷严令禁教。然而天主教已在部分地区人们的思想意识中根深蒂固，虽禁教一百多年，仍有缓慢发展，潍坊东部的昌邑就是在禁教期间传入了天主教。乾隆五十二年（1787），昌邑县举人姜苏斋结识了平度县举人于溥泽，于举人进京参加会试期间在北京玄武门教堂受洗入教，姜苏斋受其引导也崇奉天主教，依其社会地位和威信，很快天主教在昌邑中部潍河流域传播开来。至此，潍坊地区天主教的传播东有昌邑，西有基础深厚的益都、临朐等。

（二）晚清时期

鸦片战争后，在清政府弛禁天主教的政策下，传教士们再次活跃，他们首先讨还被查封的天主教堂和旧教产，又征买土地修建新的教堂。道光、咸丰年间，潍坊天主教发展最快的仍是益都、临朐。同治元年（1862），临朐北石庙修建北屋4间、西屋3间作为教堂，开潍坊地区天主教在农村建教堂之先河。同治三年（1864），天主教由临朐南传安丘大城埠。同治四年（1865），济南总堂神甫梁明德到昌邑传教，住在椒树庄一带，向信众传播天主教。

此一时期，到潍坊传教的传教士非常活跃，有从济南来的传教士，也有来自烟台总堂的神甫，有外国人，也有中国人。光绪元年（1875），到益都传教的神甫就是本省掖县人王保禄，他来益都后先在南门里购买土地，修起了只有草房5间的益都城里教堂。光绪二年（1876），天主教由临朐传入昌乐北展，建有规模较大的天主教堂。光绪七年（1881），天主教传入高密并在杜兴屯建天主教堂。光绪九年（1883），天主教传入潍县。光绪十三年（1887），住在日照的神甫到诸城、五莲一带传教，以五莲县的戴家庄为传教点，设立教堂一座，逐渐扩展到东徐沟、坊子、大门峪等地。光绪十四年（1888），天主教传入昌邑县西黄埠，礼拜堂设立在东黄埠。

为适应天主教的快速发展，烟台教区将益都教堂重新扩建，设立总堂，将附近各县的教务分予益都总堂负担，解决了天主教对基层控制散乱的问题，逐渐使这一区域系统化，益都教堂的核心地位形成。光绪十九年（1893），法国修女梅有神来到益都，创办孤儿院。这年，益都教堂接纳了潍坊第一位修女——临朐县石庙村的窦姑娘。光绪二十四年（1898），德国传教士白明德在青岛开设第一座教堂，隶属烟台教区的高密、即墨、胶州移交给兖州教区，后划归青岛。同年，五莲县后街头发生了轰动全国的"日照教案"（当时后街头属日照县）。

光绪二十五年（1899），住在诸城的德国神甫到五莲创办教会并盖房3间作为教堂。光绪二十六年（1900），在益都教堂南边修建修女院，占地约12亩。高密县朱家沙窝也于这年传入天主教。本年，爆发了震惊中外的义和团运动，益都人民也积极投入反帝反封建的斗争洪流中。据记载，当时"城市集镇遍布传单，灭洋灭教，众口一词"。教会中曾有人记录："（青州）各处匪徒肆无忌惮，叫抢叫杀声令人发指，天主教堂受到攻击，门窗墙壁被匪徒打毁数处，教堂物件也被偷窃殆尽，各地教徒虽幸未伤命，但均被抢掠。"

在此形势下，外籍传教士惶惶不可终日，郭泽民等数名传教士于1900年7月6日一早逃往寿光羊角沟，乘广济火轮退往烟台，一部分躲避到西山里的农村。此运动震慑了外国传教势力，使洋人的传教活动一度处于低潮，德国侵略军借口保护侨民，于9月侵占高密。

声势浩大的义和团运动使洋人坐立不安，各外国公使、领事致电袁世凯要求迅速平定叛乱，美驻烟台领事法勒要求"照约妥为保护"。袁世凯立即采取镇压手段保护教堂，至1901年1月2日益都知县的禀告中已提到此地"并无土匪"，1月3日清军防营禀称"益都并无土匪"，由此可见益都义和团遭到了中外反动势力的联合镇压。清政府采取了保教的政策，时任山东巡抚的袁世凯发布《保教简明章程》，明令"凡有境内教堂、教士，各地方官、各防营员弁认真照料保护，一年以内平安无事者，各记大功三次，三年以内平安无事者，汇案给奖"。因此，义和团运动之后，天主教的发展更甚于前。

光绪二十九年（1903），天主教由潍县、坊子传入安丘南流一带。光绪三十年（1904），烟台教区主教常明德（法籍）神甫来潍县购地筹建教堂。光绪三十一年（1905），临朐北石庙村主教堂由座堂神甫出资进行扩建。潍县乐道院由德籍神甫出资修建，同时建修女院，归玛利亚方济格修女管理。高密县黄家庄天主教堂由德国人兴建。烟台教区派爱神甫（法籍）到昌邑县饮马、佟家营子、张家埠一带传教，在张家埠创办教会小学一处。同年，昌邑西黄埠教堂由法籍神甫季明德主持教务。光绪三十三年（1907），西黄埠教堂座堂季神甫被调走，继任法籍狄神甫出资两千大洋，修建西黄埠教堂，并建教会小学一处。光绪三十四年（1908），北石庙村因教务发展，全村各族经协商，将村北卧虎山献给教会修建路德圣母山。诸城县建华镇由德籍神甫购地建教堂，正式成立教会组织，此后相继建格德弇、西老庄、大岳戈庄等15处分堂。

高密县天主教发展后来居上，据《高密乡土志》载：光绪三十四年（1908），已有天主教堂73处，教友334户。益都县朱良镇由自临淄来此的法籍神甫安圣沐白传教。宣统元年（1909），临朐县水沟村建教堂9间。宣统二年（1910），昌乐县田家街创建天主教堂。坊子教堂于本年设立孤儿院。临朐南部沂山脚下的周家庄传入天主教。宣统三年（1911），天主教传入益都县北镇头，并迅速在附近村庄发展。1911年，辛亥革命爆发，清朝灭亡，中国历史进入新的纪元。由鸦片战争到辛亥革命，短短的70多年时间，潍县周边的县市区除寿光、寒亭北部沿海无天主教活动外，其他地区皆有天主教传布。

（三）民国时期

辛亥革命后，清廷所签订的保教政策依然有效，外籍神甫仍受到礼遇，天主教的活动与发展基本上未受到影响，教堂的创建和教徒的增加不亚于清末。

中华民国建立后，座堂益都教堂的法籍神父孟爵德、李神甫，趁时局不稳，大量购买地基，增加设施，先后建立了天主教堂南面的修女院、孤儿院、施医院及教堂内的崇新小学。

临朐北石庙路德圣母堂的前院也在法国神甫的主持下兴建。稍晚一点，蒋峪镇的陈家庄天主教堂也竣工，并由平度马神甫主持教务。

自益都设总堂以来，传教士们以此为核心推进空白区域，至1917年，向南发展到安丘的白石岭，向北发展到寿光的中部，并在寿光城西关建立教堂，统辖4乡。

胶济铁路通车后，交通便利的坊子一跃而成为区域教务活动的中心，影响至安丘、昌乐，与潍县天主堂并峙南北，相辅相成；同年，昌邑西黄阜大教堂告竣，举行了教堂落成典礼。据昌邑县的统计，不到两年时间该县即发展教友2500人。

在天主教兴旺发展时期，外籍传教士和修女纷纷涌入潍坊，他们采取多种方法大力发展教友，法籍狄神甫在黄埠座堂时，每日出劳金大洋三元，雇用教友王希功、王希周下乡宣传教义，时间不长就发展了南到葛家、北到瓦城十几个村的2000多名教徒。

化名金克光的神甫，采用了中国传教史上的"利玛窦规矩"，穿华服、说华语，入乡随俗，以示亲善，颇具感染效果。此神甫更有狩猎嗜好，常约教友出野打猎，分享猎物，与教友亲密无间，凡此种种深受欢迎。

法籍季神甫则通过捐献钱物聚拢人心，对贫困人家时有接济资助，逢年过节有所布施，对儿童施以糖果点心，并为其祈求天主保佑，受惠之家只有奉教以报。

有的传教士自恃特权，插手官司，包揽诉讼。临朐马庄刘家曾与人龃龉而酿成诉讼，因对手背依权贵，根基坚实，刘家败诉，身陷囹圄，其家人求告无门，一筹莫展。适有天主教徒与济南外籍传教士有旧，为其说情，外籍传教士直登府衙，扬言官府私扣教徒，寻衅闹事，中国官府慑于洋人威焰，只好放人，于是刘家感恩图报之下全家信奉天主教。

此一时期，潍坊天主教的传播益发兴盛，教堂不断增加，教友迅速发展，原来教区的划分已不能适应形势发展的需要。1925年，山东南境的兖州教区将高密、诸城、胶县、日照、临沂、郯城、莒县等11个县，划为青岛教区，称为"青岛监牧区",归德国圣言会管理;1928年6月14日升格为青岛代牧区。1931年,益都大总堂也从烟台教区划出,建立益都宗座监牧区,由法国方济格会管理,辖益都、临淄、博山、广饶、博兴、高苑、安丘、昌乐、寿光、临朐10个座堂区,主教府设在益都。烟台教区划成4个总铎区(烟台、蓬莱、潍县、平度)和22个座堂区。今潍坊市域内有潍城南关、坊子、昌邑黄埠、坊子马宿等4处教堂,当时归潍县总铎区管辖;今潍坊所属各县市区当时分属3个教区管理。

1933年,益都监牧主教卫国栋创建益都大教堂,据说当时属全世界第一座耶稣帝王堂,该大堂气势雄伟,规模宏大,钟楼双塔高耸,钟声远传十几公里,产生强烈的召唤效果,促使益都教区跨入鼎盛时期,影响之大震动罗马教廷。次年,罗马教廷驻中国宗座代表红衣主教蔡宁(意大利籍),亲临益都教区视察,益都教区举行隆重的欢迎仪式,调集北石庙、养老院、博兴三教堂的乐队以壮声势,教友千人以上夹道欢迎罗马使者,市民也涌上街头争相观瞻,当时的益都县长杨九五也派专员前往祝贺,一时盛况空前。蔡宁的视察,给益都教区增加了新的推动力,吸引了众多群众加入教会,开创了益都天主教产生以来的最盛时期,教友多达17000多名,散布于十多个县。

从1921年至七七事变前夕,潍坊境内教堂林立,几乎每年都有新的教堂建成。益都教区的情况是:1922年,临朐县荷花池增建教堂,堂名"圣母堂"。1925年,王坟镇修建教堂1座;北马庄建教堂10间,钟楼1座,此堂也取名"圣母堂",法籍神甫座堂;朱良镇教堂由卢森堡籍神甫出资1000块银币,买民房16间以作教堂。1929年,益都若瑟修道院(亦称小修院)在城里心寺街老孤儿院内修建,施医院也同时修建,设在孤儿院东南角;1931年,梵蒂冈传信部拨款在若瑟修道院内建小礼拜堂1座、住院神甫和修道生宿舍十多间,并扩建校舍。同年,法籍神甫高明远到朱良镇将原来的民房教堂拆除,出资新建砖石结构教堂4间、礼拜堂4间,拱顶四屏大门1座。临朐县的沂山脚下南北周家庄也由德籍神甫出资建起教堂,南周家庄教堂取名"耶稣圣心堂",北周家庄教堂取名"圣父堂"。1935年,益都上院教堂由法籍神甫出资,文志荣神甫主持扩建楼房1座、三层钟楼1座,并建门楼及平房9间,购置铜钟1个。1936年,杨风树神甫在朱良镇又购民房8间,新盖2间,至此教堂已拥有院落3个、房屋23间。

青岛教区的高密县也大兴土木。1921年，在高密县城东门里路北修建修女院（亦称仁惠堂），属天主教总铎会。1926年，天主教高密总铎会在高密东门里路南建教堂。1928年，正式成立青岛代牧区。1932年，在高密县火车站街路南修建修道院；同年由德国人集资在双羊店建教堂。1935年，在高密火车站街北建圣言会教堂。德籍神甫和当地教友等筹款建祝家庄天主教堂。1936年，建高密圣言会和修道院，此会的建筑从1932年开始施工，分两期至1937年竣工。

烟台教区的昌邑、潍县、坊子的情况是：1934年，坊子教会学校建立，校名"崇光女子小学"；昌邑县饮马创办教会小学，学生免费入学；1935年，由教会拨款2000元，在昌邑张家埠建教堂4间；同年石神甫在饮马传教，并在饮马西街建立教堂。

七七事变后，形势的恶化使潍坊地区天主教也发生变化。因在华外籍神甫的国籍不同，其处境也有所不同。其间，属德国圣言会的诸城天主教会比较突出。天主教在光绪十三年（1887）传入诸城后，至光绪三十二年（1906）已发展到230户。诸城沦陷后，德籍神甫吕修礼等借助当时的形势聚集武装，自行保护教会、维持教会，并购买500余亩的土地，高息雇用农民耕种。因德、日轴心国的特殊关系，日军扫荡时，对挂天主教堂牌子的所在皆不进入，当地与教堂接近的百姓为躲避灾难亦挂上天主教堂的牌子，故在此期间入教者反而有所增加。1940年，诸诚天主教会扩建了教堂，至此，教会拥有房屋43间；1943年，创办修女院招收修女，同时在修女院举办诊所一处，取名"若瑟诊所"；还创办小学一所，收容因战乱而停课的学生百余人，1941年，学校扩大到6个教学班，一时出现畸形的兴旺景象。

日伪统治时期的益都教区情况日益惨凄，兵燹天灾使得教务活动江河日下，其经费主要来自欧洲，此时交通断绝，资金无望，教区所辖县天灾人祸严重，身处水深火热之中的教徒无任何能力奉献教会，竟致神甫们的生活几乎难以维持。

作为潍坊天主教发祥地的临朐县，遭受摧残尤为严重，原是38万人口的大县，人口锐减。昌乐天主教的座堂神甫法籍傅神甫和堂内工友、修女等惨遭

日本人杀害。因时局动荡，经济拮据，益都教区的监牧主教卫国栋原设想扩大教区，增设分堂的计划也化为泡影；1942年，教会被日本人封锁，伪政府将益都图书馆从新民教育馆搬出迁入教堂；益都若瑟修道院被迫停办，崇新小学也宣告停课；医院也因资金药品无着而关门。

与学校、医院等形成对比的是孤儿院，因灾重年荒，兵祸匪患，孤儿弃婴激增，每日孤儿院都会应接不暇，面对此种局势，收则无力，拒则不忍，只有竭尽所能惨淡经营。

临朐城里教堂一贫如洗，座堂神甫还俗。日军进犯临朐城时，炸毁城关教堂。北石庙教堂的崇德男子小学和崇贞女子小学也于是年停办。北石庙天主教面对现实，考虑到有些教友原是医术精湛的医生，加之本村原就有教会诊所，于1938年夏组建"石庙村天主教慈善团"，在本村天主教小学宿舍内和孙建成家中设立医疗所。慈善团救治受伤群众多人，亦为地方抗日部队巡回医疗。1941年以后，日军疯狂扫荡，"强化治安"，慈善团药源枯竭，不得不停止慈善活动。

属烟台教区的坊子景况更为萧条，修女院路济亚院长躲避日军迫害，离任出走，外国修女多避祸归国，教会学校和教会济贫医院也因经费困难停办，坊子孤儿院院长白加拉离职去济南，孤儿院处于半停顿状态。

潍县沦陷后，乐道院成为关押外侨的集中营，2000多名外籍人员的人身自由被剥夺，烟台教区的代牧主教——加拿大籍的杜安坤主教也被囚于此。他们的处境十分危险，生活和日用品奇缺，为给予必要的补助，经与日军交涉，费用由青岛补助。经常来潍的瑞士领事艾格每次来就住在潍县天主堂内，教堂承担起补给站的义务，座堂神甫张琴堂也备办鸡蛋等食品前往周济难侨，但受到日军的严密监视和百般刁难。

南关教堂原来的经费靠烟台教区拨给，1941年以后支付完全冻结，资金来源枯竭，教堂只有靠自己的园地生产来自救，所办学校也无力支撑，关闭一处，合并一处。直到日军投降后，瑞士领事受托捐白面百袋给教堂，才解决了教堂的燃眉之急。

昌邑县的西黄埠教堂被土顽四纵队王裕民盘踞，并以教堂为教室举办"军政训练班"，神甫远遁他乡，天主教的活动转入家庭中。

昌南饮马街教堂、饮马小学、张家埠教堂、小学均因资金无着停办。

日伪统治时期，潍坊天主教除几个大型教堂仍能举行小规模活动外，其他教堂的活动均被停止。

1946年，益都教区的监牧主教狄加略离任回国，向罗马教廷正式提出辞呈，辞去益都教区监牧主教之职。他离任前将教区的管理权交给了小修道院院长、益都教区方济格会会长法籍神甫法式善。

1948年，益都解放前夕，法式善神甫迷信罗马反共宣传，不理解共产党的宗教政策，同法籍神甫乘飞机逃往青岛，临行前将教区的管理权交给代理监牧中国籍神甫杨洛桥，至此中国人开始自己管理教会。

潍县南关教堂，被国民党军队四十五师用大量炸药炸毁，同时，还有几名民夫被炸死，教堂内的财物和神甫、修女们的个人财物也被抢劫一空，教堂内的神职人员被赶出教堂，迁入城内。

1948年4月27日，潍县战役胜利结束，解放军严格执行党的宗教信仰自由政策，迅速消除教会中敌特分子反动宣传的影响，纠正教徒的糊涂认识。坊子解放后，解放军立即将教堂保护起来，开展深入细致的政治思想工作，赢得了信教群众的拥护和外籍神甫的理解。

二、教区沿革

1839年，山东从北京代牧区分出，自成山东代牧区，属方济格会，主教公署设在十二里庄，1863年迁入济南。此时山东代牧区的保教权属于法国，一切有关天主教事宜均由法国公使出面。

1882年，方济格会建立山东北境总堂。1894年，从北境总堂分出东境总堂，总堂设在烟台，由法国主教常明德任代牧主教，属方济格会，负责管理莱州府、登州府和青州府的教务。随着德国在山东实力的膨胀，1904年，德国人接管了北境总堂和东境总堂。1924年，北境总堂区改为济南代牧区。翌年，东境总堂更名为烟台教区，原辖府县不变，其职责为代表主教处理西部教务。同年，从兖州代牧区分出青岛教区，统辖青岛、高密、诸城、日照、胶县、即墨的教务。1931年，从烟台教区分出并成立威海独立区和益都监牧区，益都监牧区统辖益都、临朐、博山、广饶、博兴、安丘、高苑、寿光等十县的教务，主教府设在益都天主教堂。潍县、昌邑、坊子仍然留在烟台教区。至此潍坊区域分属三个教区。

（一）益都总堂时期

烟台教区成立后，主教常明德于光绪元年（1875）派王保禄神甫（山东掖县琅琊庄人）来益都传教，在益都城南门里购买地基筹建教堂，奠定传教基础；光绪二十一年（1895），又购地扩建教堂瓦房20余间，使益都教堂初具规模，引起主教府的重视，主教府陆续派神甫来益都充实传教力量。法籍神甫梅某驻堂时，又购地进一步扩建，使益都天主教的影响力与日俱增，教友急剧增加，教务日趋繁重。烟台教区请示教廷批准将益都划为总堂，将青州府所辖各县教务归其负责，座堂神甫是法籍梅神甫。

益都总堂期间，先后有法籍梅神甫、董神甫，华籍王神甫座堂。后来法籍的李神甫、德籍的路神甫也来到益都，使总堂的影响力越来越大，本来就有深厚天主教基础的益都一带，更加活跃起来。

中华民国建立后，封建军阀拥兵自重，各据一方，战乱频繁，但对外籍传教士却秉承逊清遗制，礼遇有加，外籍传教士乘机购地扩产。益都总堂的法籍神甫孟爵德、李神甫大量购买地基扩建教堂，先后建成心寺街修道院，教堂内的崇新小学，天主教堂南院的修女院、孤儿院、施医院等大批的教会场所和设施。所辖各分堂的房地产也大都在此时购置，其费用均由烟台教区下拨。

（二）益都监牧区时期

益都总堂因其地理位置与影响，升格教区的条件日臻成熟，罗马教廷于1931年将其从烟台教区划出升为益都监牧区。

益都监牧区辖原青州府所辖各县，主教府设在益都教堂内，教区账房设在上海和天津。益都监牧区第一任监牧主教是法籍传教士卫国栋。同他一起分到益都监牧区的法籍神甫有法式善、艾天礼、袁神甫、郭神甫、文志荤、苏光华、狄加略、傅神甫等，狄加略为副监牧兼当家管理账房。1936年又分配来法籍神甫路道明、李神甫。1938年，法籍凯德风、王达理神甫又来到益都。

卫国栋任益都监牧主教以后，募集外资，于1933年建造益都大教堂，将益都天主教活动推向最高峰。1939年，罗马教廷正式委任狄加略为益都监牧区第二任监牧主教。这一时期监牧区已拥有神甫30多人，教友5000多人。

1937年，全面抗日战争爆发，正常的宗教活动受到严重干扰。1942年，益都教区所属各县大灾，信徒无力奉献，国外资金无望，教区陷于瘫痪。1946年，狄加略辞去益都教区监牧主教的职务，回国前将益都监牧区的监牧权交给法籍神甫法式善。

（三）潍县总铎区

潍县地处山东中部偏东，是昌潍平原上的政治、经济、文化中心。晚清以来，潍县被辟为商埠，外国势力纷纷涌入，天主教随之迅速传布。益都教区划出后，此地成为烟台教区和益都教区的分界。

烟台教区的主教府设在教区的东边，对教区西半部的教务管理存在诸多不便，于是烟台教区采取相应措施，将教区内化为四个总铎区，分片管理，即烟台总铎区、蓬莱总铎区、平度总铎区、潍县总铎区。潍县总铎区辖昌邑座堂、坊子座堂、马宿座堂等，其附近高密、安丘等县的教务也多来潍县总铎区办理，潍县总铎区的教务由原益都修道院院长张琴堂来管理。

三、天主教堂

天主教在发展过程中，形成了一套完整的组织体系，主教是一个教区的主要管理者，主教区下设堂区，堂区是教会的基层单位，堂区的管理人是主教委派的堂区主任司铎，主任司铎管理隶属于自己堂区的一切教务。

（一）潍县南关教堂

坐落在潍县南关东市场大街，1904年烟台教区原德籍神甫来潍县购置谭姓的园地一处，拟作教堂地基。于1917年建成哥特式大教堂一座，总占地面积36.5大亩。该教堂平面为大十字架铺地，整个为石砖结构，红瓦脊顶，砖砌高大单立钟楼，内置金属大钟三口。

教堂院内的东南部分是私立三德小学的教室和办公室，学校东侧就是一座圣母山，圣母像脚下建有祭台一座，两边各种黄杨树两棵。山后山侧大树环抱，树下山缝布满迎春花。圣母山前筑大圆形荷花池，拱桥将荷花池一分为二，西池中心假山环立，上有小亭夹路，荷花池周围砌以小花篮、小荷叶等不同形式的小花池。圣母山东边约20米处，有一高亭翼然，再东边是套院一处，内有北屋6间，有磨坊和工人宿舍、伙房。东门外是教会公墓。

教堂四周除北边外，三面皆密植构橡树。教堂南面开红漆铁门，下有台阶数级，大门两侧各有相对长条形小门穿通，为打钟通道。由教堂门向南是学校体育场，再南是教堂南大门，高达5米，为长宽相等的石砖结构，平顶门洞。门上镶有白理石一方，上刻建堂年代"1917"字样。大门以南是苹果园、田地、葡萄园等。

教堂的北面向大路开有大门和旁门，门里有影壁一座，西面有北屋4间，东面有传达室2间。教堂的西边有3间北屋是教室，教室南头有外文墓碑。教堂东边是8间北屋，为神甫宿舍。再东是3间宽大的饭厅兼会客室。饭厅的东西两头各有1间厢房，厢房各有2个门，内门通饭厅，外门通饭厅前面的是出厅，此房隔道面对南面的圣母山。教堂院内树木成林，花圃成片，紫藤蔓绕，幽静清洁，构成园林式庭院。

1931年，教友李寿昌、董贯祥、陈延瑞、李馥堂等创办了3处教会学校：东关棘子沟的名"崇德小学"，城关太平街的名"爱德小学"，南关教堂内的名"三德小学"。三德小学有2个教室，4个复式班。1938年，爱德小学合并入三德小学，张安东任校长时，学校设4个班，1946年扩大到6个班，1948年停办。

1948年，潍县战役前夕，困守潍县城的国民党军队将教堂内的财产和神甫及修女们的个人财产全部抢走后，将教堂炸毁。

（二）坊子天主教堂

坊子天主教堂于1905年由法籍罗神甫和德籍梁神甫主持修建，位于坊子三马路西首路北，占地70余亩，教堂四周为枸橼和铁刺条交织的篱笆。坊子教堂分东西两堂，东教堂建筑规模宏大，呈十字形，大门上建单尖顶大钟楼，悬吊合金钟一口。教堂镶有彩色玻璃，教堂大门里是音乐楼，置有钢琴。教堂内正中是木制祭台，祭台上有耶稣圣心像，像高一米，呈立体。祭台正中有圣体楼，吊有圣体灯一盏。堂内设更衣室、跪凳等。

教堂院内是花园，甬路罩以葡萄长廊，遍植花草、核桃树和苹果树等。教堂北侧是菜园，教堂的西边穿过铁路涵洞有田地一块，中有窑厂，将窑厂填平后建四合院，北屋5间、南屋5间、东屋2间、西屋1间、厕所1处，四合院周围全是良田，北面低处有地一块，约2亩，为教徒墓地。西教堂与东教堂隔街相对，门口北边有走廊，高台上有屋20余间，屋内皆是木质地板，中间是会客厅，东头有小教堂一所，西头房为宿舍。

坊子修女院于1905年与教堂同时建立，归属玛利亚方济格修女管理，活动经费除自己生产收入部分外，其余的由修女会拨款。抗战期间，路济亚院长离开坊子，外国修女离开坊子回国。

教会学校设在东教堂的北面，由白加拉院长于1934年设立，校名"崇光女子小学"，分4个年级，学生200余名。

教会医院设在东教堂大门口的东边，院名"济贫医院"，有病房数间，床位30多个，医护人员是法籍尧修女和五个华籍修女。

仁慈堂分孤儿院和残老院，在学校附近，1910年由法籍白尔德、西班牙籍葛士利纳、德籍戴尔非负责创建，直到1952年由政府接管。

绣花房在东教堂大门口两边，有5间平房，由法籍高修女和华籍路修女管理。工人是从街道和农村招收来的女工，最多时有70余人，一部分人打花边，一部分人绣花，制成的成品大部分销往国外，工人计件领取工资，抗日战争时期停办。

（三）其他教堂

潍坊境内小型天主教堂分布较多，形成一个组织完整、管理周密、层次分明的宗教体系，到20世纪50年代全市尚有80余处。有的教堂宗教活动正常，教堂设施完好；有的处于半停顿状态，教堂也呈颓败之势；有的教堂无人管理，宗教活动完全停止。

第二节　基督教在潍坊的传播

一、传播概况

（一）晚清时期

早在7世纪，基督教就曾传入中国，当时称为景教。唐武宗会昌五年（845）下诏灭佛时，景教同时遭禁，一时绝迹于中原。当明末清初的罗马教廷和耶稣教会积极向中国传播天主教时，基督教（新教）作为天主教中分离出来的派别，尚未将中国作为开展活动的目标。

清咸丰八年（1858）《天津条约》签订后，山东登州被迫辟为通商口岸，基督教也从此传入山东。

光绪元年（1875），英国浸礼会派遣传教士李提摩太牧师到青州，他在青州城里伙巷街租房3间开始传教。光绪四年（1878），李又在城里民主街设立小教堂。

光绪九年（1883），美国基督教北长老会牧师狄乐播及其夫人狄珍珠来到潍县传教，在李八先生的协助下，由美差会拨款，在潍县城东南的李家庄西北角建起了乐道院。乐道院包括教会、学校、医院三部分，成为基督教在潍县的第一个传播点。

光绪十六年（1890），瑞典牧师狄奎德来诸城具体兴办瑞华基督教浸信会。光绪十八年（1892），瑞典浸信会牧师文道慎到高密设立布道所。

光绪二十六年（1900），爆发了反帝爱国的义和团运动，乐道院被焚毁。光绪二十八年（1902），美北长老会利用"庚子赔款"及教会拨款，重修乐道院。狄乐播以乐道院为中心，到各县传教，发展信徒。同年，德国信义会派遣传教士何士谦牧师从胶南到诸城，建立基督教鲁东信义会。光绪二十九年（1903），德国牧师绍锡恩在诸城设立礼拜堂。同年，瑞典浸信会牧师金波尔（又名金约翰）到诸城传教，在城里北关建起教堂、住宅，于光绪三十一年（1905）成立诸城基督教浸信会。

（二）民国时期

1915年，山东省各城市组织起城市布道网，狄乐播在山东选了五个重点布道县，并在这五个县设布道干事；不久，建立山东省基督教"区会"，会址设在乐道院。区会下设寿光、昌邑、昌乐、安丘、广饶、益都、高密、诸城、临朐等支会。1918年秋，潍县长老会的执事张灵生去北京真耶稣教会访道，返回潍县后联络谭公田等在潍县城东关成立了真耶稣教会。1922年，原长老会的滕虎忱、张舆忱等教友，不满于外国差会的控制，联名向美国差会提出中华基督教会自立、不受外国差会控制的要求，创立了由中国人自办的教会——潍县中华基督教自立会。1923年，基督教复临安息日会山东区会牧师沈建磐来潍县，在城里坝崖建立了潍县基督教复临安息日会。

1925年，德国信义会柏林教会因第一次世界大战德国战败，无力东顾，将在潍坊的教产全部转让于美国信义会。1932年，潍县牧师于廷恩、魏精一等去费县求灵恩，回潍县后建立了基督教灵恩会。1938年，传道工人李长受、张子洁二人由青岛基督教聚会处来潍县布道，设立潍县基督教聚会处。1941年，青岛远东宣教会牧师李耀东到青州建立青州远东宣教会。1942年，日本侵略军占领潍县乐道院，将华北战区的传教士、战俘及侨民2000余人囚禁于此，乐道院变为外国人的集中营。1945年春，泰安马庄耶稣家庭派遣张崇德等到潍县城内建立耶稣家庭。1946年，美籍北长老会牧师芮道明、医生梅仁德来潍县，组成乐道院复兴委员会，芮道明任乐道院院长，梅仁德任医院院长。1947年，原美北长老会信徒陈兴廷、戴立贞等在潍县城内南寺前巷成立潍县基督教救恩堂。

二、主要教派

（一）潍县基督教长老会

长老会属加尔文宗，加尔文宗产生于16世纪欧洲宗教改革运动时期的瑞士，由加尔文创立。长老会依据加尔文的教会组织原则，主张长老为教会的主要职务。长老由信徒推选，牧师由长老聘请，长老与牧师共同治理教会。

1875年到1880年之间，美国基督教北长老会牧师狄考文为扩大传教范围，邀同旅烟经商的潍县人李始元（人称李八先生）来到潍县，他在城东李家庄李八先生家中住过一段时间，这是其为在潍县筹建乐道院进行的首次勘查。

1883年，美国基督教北长老会牧师狄乐播来潍传教，在李八先生的协助下，由美国北长老会拨款，在潍县城东南李家庄西北购地5.5亩建起乐道院，包括教堂、学校、医院三部分。

1900年，爆发义和团运动，当地义和团领导人陈双辰（陈锡庆）等7人火烧乐道院及文华馆，毁房屋178间。1901年，清政府被迫签订《辛丑条约》。1902年，美北长老会利用清政府赔款白银10万两在乐道院西、北两面增购土地60余亩（大亩，约合市亩200亩），趁机扩大规模重建乐道院。狄乐播以乐道院为中心，到各县传教发展教徒。

1915年，山东省各城市组织起城市布道网，狄乐播在山东选了五个重点布道县，各县设布道干事，有潍县（所设布道干事未查清）、高密（滕祥五）、莒县（刘福田）、广饶（黄乐德）、济南（刘福增）。不久建立了山东省基督教最高机构——山东省基督教区会，会址设在乐道院，下设支会，支会分布在寿光、昌邑、昌乐、安丘、广饶、益都、博兴、桓台、高密、临朐等10余县。区会规定年终在乐道院召集一次会议，各支会派两三人参加汇报新收教徒数和宗教活动情况，并在区会上决定教牧人员的任免，此时教徒有2000余人。

1921年，狄乐播在乐道院病逝，各支会均派人到乐道院吊唁，并于八角楼教堂前立纪念碑。狄乐播死后，其妻狄珍珠掌管教会，狄珍珠死后，继任者是美国牧师范都森，再后，依次是美国人芮道明、吴克敬、梅戈登。

1941年12月8日，太平洋战争爆发，乐道院被日本侵略军占据，乐道院成了美、英等战败国战俘、侨民的集中营。美国人芮道明、吴克敬、梅戈登等离华，乐道院由中国牧师马镜堂、黄乐德、滕景瑞、李道辉等4人主持。

1945年，日本侵略军投降，乐道院恢复教会活动，由黄乐德负责教会工作。1946年，美籍牧师芮道明、医生梅仁德来潍县，组成乐道院复兴委员会，芮道明任乐道院院长，梅仁德任医院院长。1947年潍县解放前夕，美籍传教人员撤离。

1951年，潍县的潍安、昌潍、乐寿三区会成立联合办事处，于廷恩任主任，赵介宸任副主任，干事为郎君德，书记为张寅生。下设堂会及分堂130处，有教徒7386人。1958年与其他教派合并。

（二）潍县真耶稣教会

1917年，魏保罗在北京创立真耶稣教会，发了所谓"灵命"的传单，申明办会的宗旨是自立、自养、自传，与外国差会不发生关系，独立自主、自办教会，自己创立自己的教会才是真耶稣教会。其教义为：①安息日是诫命，必须遵守；②浸身洗礼；③接受圣灵；④吃圣餐；⑤奉行洗脚礼。在"主日"问题上，真耶稣教认为星期六这天为安息日，应当停止一切工作，敬拜上帝。

1918年秋，潍县长老会执事张灵生到北京真耶稣教会访道，返回潍县后，联络谭公田、张佃举、王来祥、岳雅各等人，在城东关于德珍家成立真耶稣教会。

1930年，岳雅各、王来祥等在北关租房6间，作为聚会活动场所，此时有信徒100余人，不久，北京真耶稣教会派邦荣光执事来潍县，帮助教会工作。

1931年，邦荣光等募捐1500元（现洋），在城内金巷子街租平房5间、小楼房2间作为聚会场所。1932年，上海真耶稣教总会派王重信到潍县，协助教会推选李承荣、陈宝容、刘树义等同理教会工作。1932年冬，金巷子街租赁期满，又在城里西门里大街（今东风街西段）路南租到房屋10间。

抗日战争期间，日本侵略者成立了"华北宗教团"，迫令各宗教团体换用日本宗教团的牌子，否则一律停止宗教活动。当时，上海真耶稣教总会也行文到潍县，征求该会的意见，该会全体信徒一致表示宁愿停止聚会，也绝不向日本侵略者屈服，因而该会被迫停止了宗教活动。

1945年，日军投降，潍县真耶稣教会恢复活动，租北门大街42号厅房12间，作为教会活动点。同年冬天，济南真耶稣教会派王明亮来潍县，帮助该会选定执事刘树义、丁庆福、张风仪、谭圣恩等，由济南省会发给执事证、传道证，领导管理教会工作。

1948年，潍县解放时，北门大街所租房屋毁于炮火。次年，真耶稣教又在北门大街37号买房18间作为聚会场所，教徒最多时不过200人。传道点有坊子、夏庄、前姚家埠等。

1959年，教会合一，真耶稣教会停止聚会活动。1982年潍坊教堂开放。

（三）中华基督教自立会

1922年，原长老会的滕虎忱、张舆忱、陈西之、郎寿臣、谭述铭、王洪升、丁执庸、张执符等人，面对教会内部事无巨细均须求得外国教士同意后始作定论，中国教士一般无权过问的不平等现状，不满于外国差会的控制和干涉，联名向美国差会提出中华基督教会自立，不受外国差会控制和干涉的要求，并发《告中国各教会"中华基督教自立"倡议书》。倡议发出后，立即得到全国各教会的支持，潍县的教友群情高昂，经过筹备，成立潍县中华基督教自立会。

该会实行长老制，经信徒民主推选德高望重、熟悉教义的人担任长老，受理财经收支及所有事务，聘请牧师讲道及主持礼拜，每年春秋两季协同长老考堂会收教徒，并推选执事若干人共同办理教会事务。

1924年，商号筹款和各地教徒捐款现洋7500元，自立会向乐道院长老会购买了城里南门大街（今向阳路）及东关猪市口子街两所教堂。

中华基督教自立会建立之后,城区内的教会主权和传统事务完全由美国长老会移交给自立会,南门里教堂聘请住堂牧师领礼拜讲道,东关教堂只有一个住堂长老负责,教徒人数多达六七百人。教会经费主要依靠华丰机器厂提供,因该厂经理滕虎忱是自立会发起人。

1934年,爱国将领冯玉祥来到潍县,慕名拜访了潍县中华基督教自立会,并书写了"人格救国"匾额。

据原自立会长老陈廷壁等人回忆,冯玉祥将军与随行20余人来到中华基督教自立会门前,滕虎忱等人将他们接入教会招待室内。冯玉祥将军装束朴素,态度热情和善,谈吐直爽,当他获知潍县中华基督教自立会的创始人为滕虎忱等人时,紧紧握住他们的手说:你们是爱国爱教的,作为炎黄子孙、中华民族的儿女,就当摆脱洋人的控制,建立中国自己的教会。我本人是基督教徒,我爱教,但我更爱祖国,尽管我们的祖国目前正像暴风雨中的"破船",但我始终相信总有一天那些蚕食中国的盗寇们,会灰溜溜地从中国的土地上逃跑。努力奋斗吧,中华民族的同胞们,信徒弟兄们,胜利是属于中华民族的……

冯玉祥将军回到宿营地后,亲笔题写了"人格救国"四个大字,并制作了金字大匾,派人送往自立会。大匾被悬挂于南门大街教堂内,"文化大革命"初期被毁坏。

潍县中华基督教自立会建立以后,在该会先后任职的长老、执事、牧师如下。

长老:滕虎忱、张舆忱、牟松贞、颜美英、陈爱真、谭清连、魏洁廉、刘清真、郎益方、王美容、陈西之、郎寿臣、张仲元、黄柏祥、丁执庸、于萃亭、王洪升、李宪武、张梅五、丁寿卿、牟枫亭、丁真光、王韶九、颜西村、张相可、刘祥林、陈承吉、邓天祥、陈廷壁。执事:谭省武、郎惠亭、李先承、张玉光、张庆第、郎益绪、代智远、陈智全、王光礼、陈俊德、王玉礼。牧师:冯受益、刘茂林、王启明、李道辉、孙来章、刘子耀、谭述铭、刘召兴、邓镜堂。

1959年,中华基督教自立会与其他教派合一,统一聚会。

(四)潍县基督复临安息日会

基督复临安息日会是基督教复临派和安息日派相结合的综合性派别,19世纪40年代产生于美国，总会设在美国华盛顿，布道网点遍及各地，中华分会设在上海，华北联合差会在北京，山东区差会在济南。

1923年，山东省基督教复临安息日会派沈建磐牧师到潍县，建立了潍县基督教复临安息日会，在城里坝崖临时租房3间作为会址。1929年，沈建磐调回济南。不久，济南又派杨含章、沈学明到该会。1940年，该会迁至东关北大路，沈学明调去青岛，杨君明来潍县接任；同年，在北大路购置房屋4间，设立三育小学一所，谭悦俊任校长，宋奎正、郭贞娟、张启炎任教师。

1949年，杨君明离职后，由济南派王天斗主持该会的教牧工作。1950年，该会在北门里大街购置大院一所，有房14间，此时教徒有30余人。

1959年，基督复临安息日会与其他派别合并。1932年，教堂开放后又恢复活动。

（五）潍县神召会

神召会1900年创建于美国，属基督教新教"五旬节"派之一，为属灵派。神召会主讲圣灵的道理，不分宗派，没有"差会"，因而各地的神召会都是各自为政，互不干涉。他们规定，接受教徒，随时皆可，教徒入教须下河，受全身浸洗礼，宗教生活中有接受圣灵这一活动，每年春季为信徒施行一次洗礼，洗礼后聚一天圣餐会。

1929年，青岛的杜金城到潍县布道，在城里太平街王筱梅家租房3间成立潍县基督教神召会。开始由杜金城负责，杜金城返回原籍后，讲道人有张恒满、王教恩、李雅各，这3人都是美国教会设在北京的"真理学院"的学生。

潍县基督教神召会后来迁到北门大街，又迁至大十字路口西侧，再迁至大十字路口东侧原考院附近。这时教会的经费，一部分是由北京汇来的。

1938年，王教恩、李雅各主持教务，他们走后，王大光由北京来潍县主持神召会，并推选杜子建、冯义为长老。1945年，该会在城里城隍庙买北屋3间作为聚会场所。

1959年，神召会与其他教派合并，此时信徒不足30人。

（六）潍县灵恩会

1930年，山东费县杨玉林牧师创立了灵恩会。灵恩会的教义是"我们独得圣灵恩惠"，主张即使是一个罪大恶极的人，只要进到会堂痛哭认罪，悔改前非，灵便进入他的心中，他便能看见"异象"与做"异梦"，并能心情愉快地度过终生。这一派别在国内曾经风靡一时。

潍县基督教灵恩会成立于1932年。潍县牧师于廷恩、魏精一、赵志聪、咸荣辉等去费县求灵恩，回潍县后，即在"大生药房"杨秀山长老家聚会7天，到会信徒有500余人，会后即建立了潍县基督教灵恩会，于城南门西大街买房15间作为教堂。

灵恩会除于廷恩等4位领导外，后又增添马景舆（又名马殉道）牧师，推选了执事孙竹卿、杨秀山、张纫秋、刘相谋、刘京文等。1936年，信徒自愿捐款现洋2000余元，在城南门里买到郭家大院一所，有北厅房5间、东厢3间、南房2间、门房1间，作为聚会场所。

1937年前，灵恩会主要牧师为于廷恩，随着信徒的日益增多，1938年，推选孙松桥、刘松樵、陈洪声、张绍光、张玉璞等为执事。

1937—1959年，王虎文牧师主持灵恩会工作，直至1959年灵恩会与其他派别合并。

（七）潍县耶稣家庭

1921年，泰安中学教师敬奠瀛、夏全真在泰安马庄办起圣徒信用储蓄社。1926年又办"桑蚕学道房"，发展信徒，当时教徒多系老年妇女，他们一面传教，一面种桑养蚕维持生活。1927年，他们兴建新房，扩大规模，正式命名为"耶稣家庭"。

耶稣家庭一创建就本着"自立、自养、自传"的精神，不受外国教会的支配，凡愿参加耶稣家庭的人，均以耶稣家庭为家，男耕女织，自谋生活。信徒在加入耶稣家庭以前，必须处理掉自己的私有财产，将变卖的钱财救济当地的贫困者或捐献给教会，然后赤手入家。因泰安马庄是耶稣家庭的发源地，所以称马庄为"老家"，其他家庭为"小家"，所有家庭都向泰安老家交纳总收入的1/10。

耶稣家庭的组织机构：①正副家长及秘书；②家务委员可数人或十数人，因家庭之大小而异，家务委员会研究通过后就职，领导分派农田劳动工作。耶稣家庭里组织成员们个个都工作，有比较严密的管理制度。生产部门有农工部、石工部、铁工部、木工部、鞋工部、针线房、医药房、婴儿部、小学部、学道组、总务部和磨坊、粉房、大小伙房及洗菜部等，总务部又分内务、外交、接待，由男女家长、司账、主书及事务等人员组成。

耶稣家庭每天举行"晨更祷告会"，都是天不亮就起床，齐集在礼拜堂，唱诗祷告。到天亮彼此作见证，述说自己的"异象异梦"，然后分赴各部门工作。

潍县耶稣家庭有：

1. 官亭耶稣家庭

1939年，官亭村程砚堂、程修堂到临朐瞿家圈参加家庭大聚会。

1940年，程砚堂将家中的中药药柜卖得的1300元（现洋）全部奉献给瞿家圈家庭，然后又卖掉家里的6间房子和40多亩地，利用这笔钱建官亭耶稣家庭。程修堂献出3大亩地，盖草房7间，成立官亭耶稣家庭，程砚堂任家长。

官亭耶稣家庭种地3亩，养奶牛3头，生活异常困难。

1943年春，临朐瞿家圈家庭派程砚堂到寿光东里耶稣家庭负责，官亭家庭由程修堂任家长。

1943年12月24日，国民党秦三部队闯入官亭耶稣家庭，将程修堂打死，抢光东西，烧毁房屋，官亭耶稣家庭就此结束。

2. 高里耶稣家庭

1944年，高里村耶稣家庭成立，家庭成立后又买了6大亩地种粮、种菜，临朐瞿家圈家庭派回程砚堂任家长，高里的崔秀英任女家长。

1945年，临朐瞿家圈耶稣家庭派赵炳昌夫妇到高里家庭任男、女家长，此时家庭里不到20人。

1948年，潍县解放后，赵炳昌夫妇调回临朐瞿家圈家庭负责，瞿家圈耶稣家庭从西圈耶稣家庭派张孵三任高里耶稣家庭家长。耶稣家庭扩大了菜园地，增设了粉房、豆腐房，并且对外出售。

1951年，张孵三被调往濮阳跟冯兰馨大夫学医，王春平夫妇任高里耶稣家庭家长。农工部部长为丁云堂，大厨房厨长为孙进真（女），幼稚院负责人兼教师为曲学芝（女），针线房主任为赵月桂（女），家庭里有20人，礼拜堂有5间，房屋有25间。

3. 潍县城里耶稣家庭

1944年秋，潍县城内亚东药房经理丁寿卿，将自己在城内东门里大街（今东风大街中段）的60余间房子捐献给泰安马庄耶稣家庭，全家迁至泰安马庄居住。

1945年春，泰安马庄耶稣家庭在一次家务会议上，讨论决定派张崇德（女）、周玉贞（女）、朱信德（女）到潍县城内建立耶稣家庭。当时住址在城内东门里大街222号亚东药房的旧址。上述房屋除潍县耶稣家庭使用一部分外，余下的全部出租，年终将全部租赁费上交泰安马庄耶稣家庭，张崇德等因生活收入无着，只得用手工针织毛线衣（包括加工销售）维持生活。

1945年，抗日战争胜利后，泰安马庄耶稣家庭将泰安、昌邑等家庭的男女20人调来潍县耶稣家庭，并拨款在潍县城南黄家庄子买15亩土地，建房10余间进行生产。农工部主任为韩永良，针线房主任是黄瑞静（女），大厨房主任是朱信德（女），幼稚院主任是李香云（女），账房主任是孙伟堂，粉房主任是于家栋，磨房主任是郭改新，豆腐房主任是韩桂荣（女），早点部主任是孙继通，木工部主任是王显尊，组织部主任是张崇德（女）、周玉贞（女）。

潍县耶稣家庭每天早上举行"晨更祷告会"，每晚举行读经聚会，礼拜天早上禁食一次，将禁食所省的粮食分给穷人。

1952年，在马庄耶稣家庭分家后，潍县耶稣家庭也分了家，根据潍坊市医疗卫生事业的发展和新建市立医院的需要，通过协商，家庭60余间房屋卖于市卫生局。所卖房款的一半分给耶稣家庭的成员，让他们购置新房，自立分户，一半由耶稣家庭另购房屋，建立基督教堂。

1953年，在城内松园子街1号购得一所庭院，共计房屋12间，经该会研究，报市委统战部批准，成立松园子街基督教会管理委员会，委员有程德甫、程舜卿、张连甲、张继宣、丁彩云（女）、秦淑臻（女）、孙洪美（女）等，主要负责人为张崇德（女）、周玉贞（女）。

（八）潍县基督徒聚会处

基督徒聚会处简称聚会处，1922年由倪桥声等在福州创立，早期曾称小群聚会，后改用"某地奉主名聚会"或"某地教会"等名称。1926年以后，实际以上海聚会处为全国性工作中心。

该教派主要特点为：①提倡脱离宗派，主张每一地方（城市或乡镇）建立一个地方性教会，各自独立；②信徒互称弟兄姐妹，提倡每个信徒均可侍奉神，不设牧师制度，专职传道者称"同工"，地方性教会管理教务者称长老（或"负责弟兄"），下设执事助理教务；③每星期日举行一次"擘饼聚会"，由同工、长老、执事与信徒共同主持，此外还有讲道、传福音、祷告和交通（教徒交流灵性经验）等聚会；④信徒入教采用"受浸"礼；⑤女教徒在参加宗教活动时，戴帽蒙头表示顺服神的权柄；⑥坚持基要主义信仰，注重宣讲属灵生活之道，不重礼拜仪式；⑦聚会场所没有十字架、圣像、圣画等教堂布置，凡《圣经》未规定的圣诞节、复活节等传统礼俗，概不随从。

除礼拜外，聚会处经常举行各种聚会，比如祷告聚会、读经聚会、姊妹聚会、特别聚会，这也是聚会处得名的主要原因。

1939年底，传道工人李长受、张子洁由济南到潍县，成立潍县基督徒聚会处。同年，青岛聚会处派陈大忠、周朗山来潍县传"福音"。1940年，上海的倪师母、许大卫来潍县聚会处布道，历时2个月。聚会处建立初期，教堂设在增福堂街丁成方家，有北屋3间。随着信徒的逐渐增多，教会处原有的房屋不够使用，丁成方等经过商讨，用现洋500元租到城内水巷子街周宇唐家房屋10间作为聚会场所。聚会处人数最多时不过200人。该处主要负责人先后有丁成方、李延文、高鉴光、丁禄卿、郎锡全、于建明等。1959年，聚会处与其他派别合并。

（九）潍县救恩堂

救恩堂是由美国长老会的部分教徒自己设立教堂、自主办教的小型教会。

1947年，陈兴廷、戴立贞、于建东议定，借戴立贞两间楼房作活动场所，从乐道院请人讲道，为正式建立教堂，后购置南寺前巷一处四合院房屋9间，命名为"救恩堂"，由陈兴廷、刘廷俊、董春会为执事，由赵光汉主管会计，所有上述人员多半都有自己的专业，无须教堂付出工价。

救恩堂的一切宗教制度礼仪，完全与长老会礼仪相同，教徒最多时到会二三十人，完全是潍县乐道院、中华基督教自立会原来的教徒，自己不吸收新教徒。最初乐道院牧师每周来堂讲道，后东关的黄伯祥长老经常来堂讲道，最后多由陈兴廷、刘廷俊、董春会3人领导教徒活动。

三、基督教的自立运动

（一）早期的自立运动

近代基督教是伴随西方殖民势力传入中国的，教会的主权控制在外国各差会的手中，传教被帝国主义所利用，这使一些民族意识强烈的教徒甚为反感，主张教会摆脱外国势力而自立。19世纪下半叶至20世纪上半叶，随着民众反帝情绪的高涨，部分基督教徒发起了中国基督教自立运动。1885年，山东登州文会馆发起酬恩布道会，自筹经费，作自立教会的传教基金。1900年，义和团运动失败后，签订了丧权辱国的《辛丑条约》，一些基督徒提出反对帝国主义的口号，要求废除不平等条约，收回教权，脱离外国差会，成立独立自主的中国教会。五四运动爆发后，反帝反封建的革命运动日益高涨，不少爱国教徒投入这一运动，主张中国教会立即实现独立自主，并纷纷脱离外国差会，成立自立教会。

（二）潍县基督教的自立

自1883年美国北长老会牧师狄乐播以潍县作为开拓宗教活动基地，于1915年作为山东省基督教最高机构"区会"以来，潍县教会的事务均由外国差会传教士决断，中国教职人员一般无权过问并处处受歧视。1922年，潍县原长老会的滕虎忱、张舆忱等面对这一现状，出于爱国爱教的思想愿望，联名上书美国差会，强烈提出"潍县中华基督教会自立"的要求，表示坚决不受外国差会控制和干涉，并发出《告中国各教会"中华基督教自立"倡议书》。倡议书发出后，立即得到全国各地教会的纷纷响应，特别是潍县的教友们群情激昂。尽管美国差会当局不同意中国教会自立，但面对这义正词严的要求，毕竟在中国的土地上，他们不得不答应下来。经过筹备之后，中国自己的教会——潍县中华基督教自立会很快建立了起来。

该会的领导机构采用长老制，经广大信徒民主推选出德高望重、熟悉教规教义的人担任长老，长老受理经管财务收支，聘请牧师讲道主持礼拜，协同每年春秋两季的长老考堂会受洗信徒，并推选出执事若干人共同处理教会事务。自立会经费主要依靠华丰机器厂提供，该厂经理滕虎忱作为自立会发起人，被推选为第一任长老。

自立会创立不久，滕虎忱、张舆忱等人出面向美国基督教差会提出将潍县城里南门大街与东关猪市口子街两所教堂划归自立会所有，而美国差会却千方百计故意刁难，并提出只能借用，不能归自立会所有。后经反复交涉，最后双方同意将两所教堂作价7500块现洋出售。为早日摆脱美国差会和洋人的控制，自立会迅速向山东各地教会宣传募捐，众教友听说潍县要成立中华基督教自立会，积极响应，争相捐款。1924年，潍县商号与各地教徒捐现洋7500块，自立会向美国差会乐道院长老会购买了上述两座教堂，城区内的教会主权和传教事务由美国长老会完全移交给潍县中华基督教自立会，自立会教徒多达700人。潍县中华基督教自立会的创立，结束了美国北长老会把持潍县基督教会40多年的历史。

第三节 潍坊"丁戊奇荒"与传教士的赈济

光绪初年，北方数省发生近代以来最严重的大旱灾。此灾从1875年开始，一直持续到1879年，席卷山东、直隶、河南、山西、陕西5省，波及苏北、皖北、陇东、川北等地，持续时间之长、波及地区之广、造成灾民之众、死亡人数之多，史所罕见。灾情以1877、1878年最为严重，这两年按传统干支纪年分别为"丁丑""戊寅"，故时人称此次大旱灾为"丁戊奇荒"。[①] 其间，山东是受灾最严重的省份之一，山东又以今潍坊所属地区为最重，出现了"草木皆枯""赤地千里""典妻鬻子""饿殍遍野"的惨状。

灾情发生后，清政府、社会各界及外国传教士分别采取不同的方式进行赈济。"丁戊奇荒"中，在潍坊的传教士积极参与赈灾，在减轻灾民痛苦和增加基督教影响上取得一定成绩。潍坊地处沿海，交通相对便利，是传教士最先赈济的地区。

一、潍坊的"丁戊奇荒"

只要能吃的，都成为百姓的"口粮"，刚发芽的野菜、青草被连根掘净，才出叶的树枝被撸光，能吃的树皮被剥去……大批饥民还围聚潍县县衙，向潍

---

① 李文海等：《中国近代十大灾荒》，上海人民出版社1994年版，第80—113页。

县知县王德功乞食。王德功为解危局，劝百姓去找潍县的富绅，于是潍县的富绅大户如陈家等被围了个水泄不通。

（一）灾情突显

自光绪元年（1875）秋，潍坊境内就出现了灾情的征兆——各地不是大风就是干旱：

《益都县图志》："七月，大风伤稼。"

《潍县志稿》："七月初八日至初十日，大风伤禾。八月二十日，雨雹。"

《寿光县志》："七月，谷熟未割，大风五日，粒委地，贫者扫食之。"

《临朐县志》："秋，大风害稼，冬恒旸。"

《高密县志》："秋，大风伤禾。"

《增修诸城县续志》："七月十六日，大风三日损禾稼，旱（麦失种，豆歉收）。冬无雪。"

《昌乐县续志》："七月十七日，大风磨谷（三昼夜不息，谷粒殆尽）。大旱，菽不实。"

《昌邑县续志》："秋，七月狂风五日，折损田禾。"

《续安邱新志》："秋，七月大风，损禾稼十之四五；旱，菽不实，麦苗半枯死。"

由以上记载可以看出，光绪元年七月（1875年8月），各地普遍遭受风雹灾害，有的县在上旬，有的在中旬；短者三两日，长的达四五天。灾害导致即将收获的谷子倒伏，谷穗落地，谷粒入土。富裕人家弃之不收，穷者只好连土带谷收起，即使这样也收不回多少。

除了风雹灾害，有的地方还出现了旱灾，致使麦苗枯死。秋种夏收的"二麦"（大麦、小麦），春（或夏）种秋收的谷子，是当时的主要粮食作物。谷子无收或大面积歉收，一年的口粮便少了将近一半，难以接续到来年夏收。秋旱导致大麦、小麦或无法播种，或出苗后半数枯死。

冬天仍是干旱，诸城"冬无雪"、临朐"冬恒旸"。"旸"即晴天之意。整个冬天一直阳光普照，连个阴天都没有，何来飘雪。其他县尽管没有"无雪"的记载，但是凭后来发生的旱情推断，这些县即使有雪，降雪的规模和程度也是非常小的。

到了1876年春天，人们依然没有盼来雨水，清末民国时期各县编纂的旧志记载均为"旱"或"大旱"。居于青州城的英国传教士李提摩太在致上海《北华捷报》的信中写道："从去年中历八月前数日，青州所属或有几处得雨；自八月以后，无一处有雨水。"当时青州府辖11个县中属于今潍坊的就有益都、寿光、昌乐、临朐、安丘、诸城。李提摩太了解到的只是青州府驻地周围几个县的情况，莱州府属潍县、昌邑受灾同样极重。

如此一来，好不容易熬过冬天的弱苗，难再返青，全部枯萎，夏收无望；春旱又导致谷子等作物无法播种，秋收眼看又是绝产。

（二）救灾乱象

在当时，旱、涝、风、雹、虫、疫等各种自然灾害连年不断，由此而导致的饥荒几乎年年出现。或局部饥荒，或大面积遭灾，持续时间短则三两月，长则半年左右，已成常态。一般情况下，官府并无什么作为。几个月的时间，老百姓吃糠咽菜、逃荒讨饭，也就应付过去了。即使有赈济行为，也是地方富绅自发组织，或是官府倡导，或是商绅捐助。这次灾荒之初，府、县官员并没有放在心上，以为一如往常，挨到新粮收获就过去了。灾荒持续发展，官府救灾不力，以致百姓卖田卖地，流离失所，饥民载道，饿病而毙，各地偷盗、抢夺等乱象频频出现。

1876年4月19日，潍县知县王德功邀请城内富绅商议赈济办法，最终议定：从农历四月初一日开始，在白浪河大石桥北、南沙滩铁牛处，以及西南关、西关、北关，设立5处粥厂。各粥厂分别由丁善宝、郭襄之、刘潨、陈介祺、张仔任董事，施粥一个月。潍县城四乡饥民得知开办粥厂，免费供应粥饭，纷纷涌来。后来粮价连续上涨，知县王德功才勉强开仓平粜，抑制粮价。

与潍县相比，青州府状况却不乐观。起初灾民还"各安本分，无抢劫吵闹"，不久各地"劫掠叠起"。在临朐，"社有流亡，劫夺纷起"。到了六月，马如瑜、吴公仁等招集一批饥民，聚集牛山一带，准备劫掠富户，但尚未起事即被官兵捕杀；另一支饥民队伍在临朐与沂水交界处的大弁山起事，于临朐境内四处抢掠粮食；等等。旧志中仅记载了影响较大的几起，李提摩太在发往上海英文报纸《字林西报》的信函中描述的其在青州的见闻则更为详尽。他在回忆录中写道："男人们认为此法不错，便组成了五百余人的'掠食大队'，像蝗

灾时啃食庄稼的蝗虫一样，这家村子富户的粮食吃完后，再移动到下一家。"受到这种风气的影响，一些士兵在下级军官的带领下，开始公然抢掠老百姓的食物。益都境内的盗抢事件也频频发生，或许是考虑到此乃饥民无奈之举，官府很少惩办。后来，在官府的镇压、威慑下，治安状况有所好转，穷人们的饥饿之苦却日甚一日。

（三）灾年惨状

益都、临朐、昌乐、寿光、潍县等7县饥荒日重。尽管有官府、绅商的赈济和邻里的互助，但对于数百万之众的灾民，这无异于杯水车薪。困顿之中，人们只好以糠麸、树皮、树叶、草根、草籽充饥。莱阳人宋星垣致函《申报》，记下他当时在青州地区的见闻："饥民采取草种作食物者，实亦费事。见其凡得草种，先用口吹作簸扬势，次则去其沙土、石块，须费如许工夫，然后可食。而所净者，多不过一两盅，少仅一撮而已。"李提摩太也记录了1877年春在益都乡间见到的情形："地上青草已掘尽，再将草子扫起与麸皮和食。近三日来，杨柳放青，乡人视为至宝，都有采食者，惜柳芽少而食者多也。所有树木或砍其本，或折其枝，无不损坏。"种桑养蚕本是临朐、益都山区一带的副业。但在大灾之年，大片的桑树都被砍伐拿去换钱，田野一望无垠。

到了冬季，地冻草枯，野无青色，灾民就将房屋拆毁，门窗、檩木等能卖的卖掉，屋顶所盖的高粱秸秆剥去外皮，留下秸瓤充饥。这些高粱秸已在屋顶铺盖数年，大半霉烂不堪，连牲口也不吃。房屋拆毁，衣物卖光，冬天不能御寒，饥民便在院子里挖掘洞穴，一家人挤在里面，聊以避寒。

灾区粮价飙升，官府却无力抑制。灾荒初期，当地尚有收地、买房、购物者。灾荒日重，无限期延长，即使富者，存粮也已耗尽，只好高价外出购粮。到后来，各类物品价格不及平时的十分之一二，粮价却数倍增长，以致一些富裕者也成穷人，甚至沦为乞丐。无钱买粮，便卖物、卖房、卖地，无东西可卖，甚至这些东西根本没人去买了，只好卖妻、卖女、卖儿媳。

遭此数百年不遇的大灾荒，百姓只好远走他乡。潍坊地区受灾最重的益都、临朐、昌乐、寿光、潍县5个县，究竟有多少人逃往他乡，没有准确的统计。据《潍县志稿》记载，到1876年冬，灾荒发生不到一年，"壮者散至四方不下数万人"。来自常州、在青州办赈的李秋亭估计，青州府属益都、临淄、临朐等5县，

"连荒三年，散之四方几十万人"。逃往他乡，也并非全是生路，"尽有欲外出谋生仍半途而死者"，"逃荒在外，因冻且饿以至于死者，不计其数"。

二、传教士的赈济活动

（一）募集赈银

"丁戊奇荒"发生时，在潍坊的传教士有李提摩太、倪维思等，他们都为赈灾做出了一定贡献。其中，李提摩太是最突出的一位。李提摩太是英国浸礼会传教士，1876年潍坊大旱时，李提摩太正在青州府，严重的灾情引起了他的注意。李提摩太认为救济灾民是上帝分配给自己的任务："我既不能为保全自己离开这里，也不能持有任何财富，当可怜的民众正在忍受饥饿——正是为了他们，上帝才派遣我来到这里。"① 灾情发生后，他积极投入赈灾中来。

实行有效的赈济，募集赈款是首要任务。李提摩太主要采用以下两种方式进行筹款。

一是向海外披露灾情，进行募捐。1877年2月，他写给英国浸礼会差会部的报告称："去年夏天广大群众的呼声是雨、雨，而现在则是求生了。玉米都已吃光，他们现在吃的是玉米壳、番薯茎、榆树皮、荞麦秆、芜菁叶和草籽。这些草籽是从地里采集的，把尘土筛净。当这些东西都吃光后，他们把房屋拆掉，把木材卖掉。据报，到处有许多人在吃屋顶上已经腐烂的高粱秆。晒干的叶子一般是用作燃料的，无疑他们都在吃那种干叶。千万人在吃它，另有千万人因吃不着它而死去。他们在卖衣服和卖孩子。"②

二是在近代报刊上广泛宣传灾情，呼吁人们捐款、捐物赈济灾民。1877年4月14日《万国公报》刊登了李提摩太的"劝捐书"，详细描述了益都、临朐两县灾情。益都灾情最严重的黄家庄五十余家，饿死十二人，逃出十家；江家泉子四十余家，饿死五十二人，卖出二人；宿家庄百余家，饿死一百一十人。

---

① ［英］李提摩太著，李宪堂、侯林莉译：《亲历晚清四十五年——李提摩太在华回忆录》，天津人民出版社2005年版，第82页。

② P. R Bohr. *Famine in China and the Missionary*：*Timothy Richard as Relief Administrator and Advocate of National Reform*，*1876—1884*. 转引自顾长声：《从马礼逊到司徒雷登——来华新教传教士评传》，上海书店出版社2005年版，第275—276页。

临朐灾情最重的孙家庄五十余家，拆屋三十间；两县庄五十家，饿死二十一人；河团五十余家，饿死二十二人，逃出二十家；杨家集六十余家，饿死三十一人，逃出十五家；安家庄一百一十家，饿死五十五人，卖出二人；卜家庄五十家，拆屋三十间，饿死二十二人，卖出二十一人；董家庄一百三十家，饿死一百零五人，逃出五十家。李提摩太的劝捐收到了一定效果，海外慈善机构、在华西人、江南士绅纷纷响应，慷慨解囊，出资赈济。截至1877年7月底，李提摩太收到捐款达一万三千八百三十五两。① 1877年3月，山东赈灾委员会在上海成立。该会由英国牧师慕维廉主持，主要任务是募集赈款，有关灾区的放赈事宜，则委托李提摩太统一办理。

在为潍坊灾民募集赈款方面做出贡献较大的另一位传教士是倪维思。倪维思是美国长老会传教士，1854年来到中国。1877年2月，他来到青州府临朐县，看到沿途都是难民，灾情十分严重。他决定放下别的事情，专门从事赈灾活动。为了募集赈款，倪维思经常写信给在烟台的妻子，描述当地的灾情，再由其妻转发至国内外，试图以严重的灾情唤起人们的同情心，捐资助赈。从以下两则材料中可以看出倪维思描述的潍坊地区的灾情：

一八七七年三月：此处灾情极为严重，几乎人口的一半，被迫分散到邻近的几个省逃荒要饭。过去六个月平均百分之十五的人口已经饿死了，有的地方死亡率比这个还要高。好地只卖十分之一的价钱，实际上是无论多少钱都没人要。老百姓的粮食已经吃尽了，连小米糠、地瓜秧、豆秸也都吃尽了。现在是靠树皮、草根充饥。我们所遇到的人，十个中就有九个都是脸面饥瘦，眼睛凹下去，有的骨瘦如柴，仅仅有个骨架子。他们不敢求吃饱，但求能活下去。许多人以售妻鬻女作为最后的一着。六七岁的女孩卖一二元钱，十至十二的卖三至五元钱。

一八七七年六月：过去几个星期死亡率更高了……五百人的村庄就有三百人饿死。三百人的死了一百多。临朐有个村庄，去年夏天有一百八十人，现在只有九十三人。他们衣服卖光了，没有衣服，就在地底下挖个大坑，拥挤着取暖，死了一个就补上一个，青州东关就有四个这样的大坑，挤着二百四十人。

---

① 《万国公报》1877年7月28日。

每个星期有三分之二的人死亡。①

在山东赈灾期间,倪维思共收到赈银七千六百二十两零二分。其中,由英国牧师慕维廉转来的有八十二两一钱,由烟台领事转来的有七千五百三十七两九钱二分。

传教士在募捐时利用了近代报刊,对灾情进行了详细描述,使世人能够知晓,从而捐资助赈,这种大规模的劝捐活动是中国传统社会所没有的。在传教士的带动下,部分中国人开始转变以地域为限的赈济模式,出现了江南士绅出资赈济灾民的局面。一些素不相识的人也把自己的捐款寄给李提摩太,请他代发。据李提摩太记载:"南京一位职位不高的中国官吏在听了有关山东救灾工作的报告后,汇给我一百两白银,尽管他根本就不认识我。"②传教士在中国的赈灾工作走向组织化、系统化,中国的赈济事业从此向近代化转型。

(二)放赈

募集到赈款之后,下一步就是放赈。传教士放赈时面临的第一个问题是清政府部分官员对传教士放赈的顾虑。清政府大臣瞿鸿礼认为,外国人放赈,"其事虽在情理之中,而其居心则险不可测,彼盖知近畿等省,灾苦甚深,民多愁困,乘间而为收拾人心之际,且得窥我虚实,肆其诛求以逞志于我也"③。面对这种情况,李提摩太决定走上层路线,在放赈时首先取得地方官的认可。1876年6月11日,他收到了在烟台的朋友卡米吉尔博士所募得的捐款,把捐款送给了青州府的地方官,让地方官代为发放。地方官"看起来非常高兴,说他一定会告诉民众这笔钱是从什么地方来的"④。在取得了地方官的信任后,李提摩太自己放赈就成了情理之中的事情了。但是,随之而来的问题是,"找到

---

① Helen Nevius. *The life of John L. Nevius, for 40 years a Missionary in China.* 转引自顾长声:《从马礼逊到司徒雷登——来华新教传教士评传》,上海书店出版社2005年版,第161—162页。

② [英]李提摩太著,李宪堂、侯林莉译:《亲历晚清四十五年——李提摩太在华回忆录》,天津人民出版社2005年版,第99页。

③ 瞿鸿礼:《请防外患以固根本疏》(光绪四年)。

④ [英]李提摩太著,李宪堂、侯林莉译:《亲历晚清四十五年——李提摩太在华回忆录》,天津人民出版社2005年版,第85页。

一条合适的办法,把救济金发放到所有人手里,同时又能确保已领过的不回来冒领,并不是一件容易的事情"①。为解决这一问题,李提摩太采用了以下方法:"我站在城里最贫困地区的一条狭窄小巷的尽头,让申请救济金的人排着长队从身边走过,每有一个人领到救济金,我就在他那脏兮兮的手上用墨水涂一个不易被涂掉的标记。有些人利用充足的时间跑到巷子的另一端重新排队,每当干干净净的手伸出来,我们就会怀疑这些人早已领过救济金。只不过用力把墨汁洗掉罢了。这样,我们只继续向剩下的那些依旧脏兮兮的手上发放救济金。"②

发放救济时遇到的另一个问题是灾民领取赈济时发生的拥挤。李提摩太采用的办法是让饥民坐在地上等候发放救济。"因为坐着的人群是不会发生拥挤的。"结果,"人民都得到了救济金,没有一个人离开自己坐的地方。他们是那样安静,就像在参加一场宗教仪式"③。等李提摩太手中有了相对充足的资金,可以救助更多的灾民时,再用这种办法就不合适了。他采用了一种新的放赈方式:"在发放救济金之前,我先派人到下边各个村子里去,仔细地把那些最需要救助的人的名字登记下来,发给他们一张领取救济的票证,并定下发放的日期。届时所有持票人将集中到一个地点。"④ 至1877年7月,李提摩太先后赈济了益都、临朐、昌乐、潍县等地饥民二万余口。⑤

倪维思受烟台领事之命,1877年春天赴青州府放赈,在"安丘、临朐、昌乐三县接界之区……平原、高崖、蒋塔、双山、河磐阳五处,靠近地面实行赈济"。为了能使赈济顺利进行,倪维思制定章程如下:"各庄受赈必须遣人到庄亲自验实开写名姓,以备到局领钱。各庄上名者每口分给京钱贰拾文,每五日一领。各庄上名者必须公举一愿为帮办的公证人代为领钱,到家按各人名姓照单分给。本局既应许舍钱,并拟以定数,领钱人亦应许为照数分照,秉公办理,不可失信……倘或代领钱之人不按名分给,或与分给时扣留一二,凡在应

---

① 同上,第82页。
② 同上,第82页。
③ 同上,第83页。
④ 同上,第88页。
⑤ 《万国公报》1877年7月28日。

第一章 西方宗教在潍坊的传播

得钱之人，须立即报明，为另举一领钱之人，秉公办理，其本庄仍受济照常。"① 可以说，倪维思制定的章程是较为完善的，在这一章程指导下，受赈人数日益增多。"起初收接捐项未甚多，时注明领赈者唯与高崖邻近诸村庄而已。数不过三四千人。以后，别村连络不绝赴局告急求济，散施愈远，户口愈多，至四月间受赈人数增至三万二千五百三十九名，其村数计有三百八十三处，与高崖相距较远者至四十余里。"②

传教士赈灾的另一项重要工作是收养饥饿儿童。父母与孩子的感情应该是世界上最真挚的感情，但是，严重的灾荒会影响人们的心理，践踏人伦道德。大灾之年，父母为活命而遗弃或弄死孩子的事情屡见不鲜，并出现了大量父母死亡而孩子存活的状况，这些孤儿无依无靠，只能坐以待毙。在这种情况下，收养饥饿儿童成了传教士的重要工作。为此，李提摩太呼吁专门建立基金。"安德生夫人募捐了二百元，通过托马斯先生交给了我，烟台的外国人团体捐助了五百元，当地的中国人寄来了二百元。在不同港口都成立了救灾委员会，大量资金汇到青州府，记在我的名下。"③ 李提摩太在益都、临朐设立了五处孤儿院，救助孤儿四百多名。④ 在孤儿院，李提摩太实施了"教养并重"的救助办法。"因为没有人能给孤儿们传授新式的工商业技能，我们不得不求助于各种古老的职业，以便使孩子们，从十二岁到十八岁不等，得以掌握谋生的一技之长。他们被教以铁工、木工、纺织丝绸和制作绳索等各种工作。我订购了许多外国机器，从各种小玩意到威力巨大的手动机床都有。同时我还根据需要购买了其他一些必要工具，向孤儿们推广了一种新的制毯工艺。这发展成了一个拥有多种工具的工场。"⑤ 这种"教养并重"的救助办法是中国传统社会赈济中所没有的，它的实施是中国救灾史上的创新。除李提摩太外，倪维思也在赈灾区域进行了收养饥饿儿童的活动，并且，他贯彻"救人救彻"的原则，灾情过后，将没有亲友的十几个"难

---

① 《万国公报》1877 年 7 月 28 日。
② 《万国公报》1877 年 8 月 4 日。
③ ［英］李提摩太著，李宪堂、侯林莉译：《亲历晚清四十五年——李提摩太在华回忆录》，天津人民出版社 2005 年版，第 90 页。
④ 《万国公报》1877 年 4 月 14 日。
⑤ ［英］李提摩太著，李宪堂、侯林莉译：《亲历晚清四十五年——李提摩太在华回忆录》，天津人民出版社 2005 年版，第 90 页。

童"带回烟台,把"将要饿死的孩童,收为学生,养至成人"。①

(三)赈灾的目的及效果

传教士来中国的主要目的是传教,他们所做的大部分事情都是为传教服务的。在"丁戊奇荒"时期的赈灾也不例外。赈灾是途径,传教是目的。1877年以前,在华传教士发展的教民较少,传教的成绩不佳。以李提摩太为例,在刚来到中国时,他采取了街头传道的方式,但屡受挫折。当李提摩太到宁海州(今山东牟平)时,租房都成了问题。当他散步时,会有一群孩子和一些成年人跟在后面,高喊"洋鬼子",并向他投掷碎石和土块,晚上在他的门上涂上各种污秽肮脏之物。到1875年底,李提摩太在山东仅发展了三个教徒。②

随着李提摩太对中国人心理认识的加深,他认识到:"使基督教本土化的最佳途径是采用中国人自己的传教方式。主要的问题在于,当把基督教介绍给中国人时,以什么样的方式诉诸他们的良知——比他们所拥有的任何东西都更崇高的事物。"③ 因此,当大旱灾发生时,李提摩太认为:"上帝给了英国教会一个千载难逢的机会,向中国人表明真正的基督教意味着什么:无论对这个民族整体还是对任何个人来说,都是上帝的祝福。"李提摩太希望通过赈灾"把中国人从饥荒下解救出来,使他们能够奉守正确的道德准则,使这个国家得到拯救和持续繁荣"④。赈灾伊始,李提摩太准备了几张用黄纸写的海报,上面写着:"若想求得雨,最好抛弃死的偶像,追求活的上帝,向上帝祷告,按照他的戒律和要求生活。"结果"效果出人意料的好。每到一个县城,我都住在最大的旅馆里休息。经常是还没等我吃完饭,由当地老人组成的民众代表们便来到旅馆,跪下来哀求我告诉他们如何侍奉上帝,如何向活的神明祷告。后来,有一些小脚女人跋涉二十里山路来青州府找我打听同样的问题。几年以后,这

---

① 顾长声:《从马礼逊到司徒雷登——来华新教传教士评传》,上海书店出版社2005年版,第162页。

② [英]李提摩太著,李宪堂、侯林莉译:《亲历晚清四十五年——李提摩太在华回忆录》,天津人民出版社2005年版,第77页。

③ 同上,第87页。

④ 同上,第104页。

些人成为那一带山区的基督教堂的核心人物"①。除印刷海报张贴外，李提摩太还准备了宣传基督教的小册子。"他们不断地把大批的信徒带到青州府，向我咨询宗教方面的事情。"李提摩太送给所有的咨询者《教义问答》和《赞美诗》，并要求他们背诵。"回到家以后，他们会把他们的书讲给自己邻居听。这样，以这些人为中心又会有许多问询的人。最后，每个中心成为一个教堂的核心。"② 在每一个中心，都会自发成立周日学校，由基督徒给前来探询的人上课，举行礼拜活动。一年之内，就有超过两千名对基督教产生兴趣者在数十个中心定期举行礼拜，遍及青州的东、南、西、北。③ 在这些教徒中，有一些人还非常虔诚。李提摩太记载："一些六七十岁的老妇人，从前从未读过一个字，现在却要背诵我们的书。礼拜天，她们踮着残废的小脚步行十多英里的路程来参加礼拜仪式。"④

倪维思的赈灾同样具有传教目的。他声称："我的救灾工作从一开始就具有宗教因素。"与他有联系的人们每日早晚参加礼拜。"礼拜天我们举行盛大的布道会，讲了很多道，发了很多书。""我所发放的金钱和我救灾的努力，都被认为是基督教的延伸和发展。"一年之内，他发展了一千多名教徒。⑤ 在赈灾工作结束后，倪维思赈济过的灾民给他送了一顶"万民伞"，上面写着对他深怀感激的一万个灾民的名字。这种伞，一般情况下只有各级政府官员才有资格使用。从中可以看出，传教士通过赈灾取得了人们的信任。美国公理会传教士明恩溥和谢卫楼的赈灾也取得了一定成绩。

传教士通过赈灾进行传教之所以能取得如此成效，跟中国人的信仰有很大关系。中国人在大灾的打击下，生活极端困苦，出于急于摆脱生活困境的目的，出于求生这一本能需求，他们对宗教的信仰具有很大的功利性，不管是道教、佛教，还是基督教，什么能给老百姓好处，老百姓就信什么教。大灾伊

---

① ［英］李提摩太著，李宪堂、侯林莉译：《亲历晚清四十五年——李提摩太在华回忆录》，天津人民出版社 2005 年版，第 79 页。
② 同上，第 86 页。
③ 同上，第 87 页。
④ 同上，第 103 页。
⑤ 顾长声：《从马礼逊到司徒雷登——来华新教传教士评传》，上海书店出版社 2005 年版，第 162 页。

始，灾民首先向中国传统的神灵祈祷。"各乡之民盈千累万越数日必会齐入庙诚求，地方官自亦贯索而求，以昭诚敬。或此庙祷求不应则更彼庙再求，殆各庙历遍而竟无灵验，则又从最初之庙求起，周而复始。"① 当灾难中的中国人求助于中国传统的神灵不起作用时，李提摩太所提倡的上帝——基督教就有了一定的市场。虽然传教士所发的赈济非常少，却给了灾民一线生存的希望。在这种情况下，灾民信教就是情理中的事情了。

"丁戊奇荒"时期是传教士大规模、有组织地在华实施救济活动的开始。潍坊等地发生灾情最早，交通相对方便，灾情最先为传教士所知，传教士在潍坊等地赈济最早。因此，传教士在潍坊等地的救灾是这次赈济活动的起点，其影响非常深远。

---

① 《万国公报》1876 年 7 月 19 日。

第二章
乐道院与潍坊教育医疗事业近代化

第二次鸦片战争后,依据不平等条约,西方基督教教会纷纷涌入潍坊。新教传教士们在潍坊建教堂、发展教徒,并从事"慈善"活动,其中教育和医疗卫生事业是传教士们活动的重点。在传教过程中,他们把西方教育和医学传入潍坊,在潍坊的土地上办学校、设诊所、建医院,开展西方医学教育。尽管西方教会办学、办医的目的是传教,但客观上对推动潍坊近代文化教育和医疗卫生事业的发展起到了积极的作用。

第一节 潍县乐道院的学校和医院

1883年,美国基督教北长老会牧师狄乐播创建了潍县第一个基督教新教传播基地——潍县乐道院,其集传教、施医、教授新学为一体。1900年,义和团运动兴起,"反洋教"风潮波及潍县,乐道院被义和团放火烧掉。1902年,美国北长老会利用清政府的"庚子赔款"和美国教会的捐款在原地开始重建乐道院,至1904年基本完工。同年,登州的文会馆和青州的广德书院大学部合并为广文大学,也迁往乐道院。潍县乐道院重建以后,各项事业发展很快,一度成为潍坊地区教会、教育和医疗中心。1937年,七七事变爆发后,潍县乐道院学校停办,乐道院成为当地百姓的避难所。1942年,潍县乐道院被日军侵占作为外侨集中营。抗战胜利后,潍县乐道院各项事业得以恢复。潍县解放前夕,乐道院美籍人员撤离;解放后,潍县乐道院的学校、医院被政府接管。

一、初期的教会学校

1858年、1860年,《天津条约》《北京条约》签订后,山东登州被辟为商埠,基督教新教传教士进入山东传教。在传教过程中,他们发现中国人民并不接受依靠不平等条约传来的宗教,于是这些传教士就想从办教育入手。据《文会馆志》记述,在山东省首办学校的美国北长老会传教士狄考文说过:"教育的重要是为教会提供有效而可靠的教牧人员,为教会提供教师,通过这些人把西方的优良教育介绍给中国,配备他们,使他们能够带头将西方文化、科学与艺术介绍给中国。"

狄考文,美国基督教北长老会来华传教士,近代教育家、翻译家、慈善家,在山东从事传教、教育长达45年之久,创办了中国第一所现代高等教育机构——文会馆,并开设博物馆,传播西方的科学与文化。在人生最后18年,其担任《圣经》翻译委员会主席,主持翻译了流传至今的《圣经》中文译本"和合本"。

最初的教会学校,在办学规模和办学方式上并没有超过当时的私塾,大都由传教士聘请一名教师,教学生识字、背书、写字,划出一间房子作为教室,同时也作为教堂和饭堂。教师不但教中国学生,也教外国传教士说中国话,传教士会说中国话之后,就来教学生读《圣经》,背唱基督教的诗歌,学写阿拉伯字母和简单的心算和笔算。各地的教会学校在初创时期大都如此简陋,学生人数也不多,一个学校只有几个学生,最多也不过几十名。

二、教会学校的发展及学制的形成

1876年《烟台条约》的签订和1877年的大灾荒,大大扭转了教会学校招不到学生的局面,前者为传教士提供了进入内地的特权,后者使他们通过放赈救灾吸收了数量众多的教徒和缺衣缺食的儿童,为开办学校解决了学生来源问题。

1877年,英国浸礼会牧师李提摩太、仲均安,通过放赈救灾在青州招收了600多名孤儿,办起了"学房"和"书房"。

英国差会的经济势力薄弱,采取学校由地方自办、差会酌情补助的办法。

当时各县乡村设有"私塾",私塾教员的薪水靠学生的束脩维持。由于天灾人祸连年不断,民不聊生,学生入塾和教员的薪水都经常得不到保障,英国浸礼会用少量的经济补助,把这些私塾接过来,由传教士监督,使其成为英国浸礼会的"揽馆"。课程除私塾原有的外,增设《圣经》项目,教员必须是教徒。随着学生受业年份的递增,若干学校也由初小程度提高到高小程度,但多数还是初小。

1884年,美国北长老会在潍县东关外乐道院创办的文华馆开学时有学生12人,1895年办文美书院时,学生亦寥寥无几。但因教会在潍县、昌邑、昌乐、安丘、寿光等县城乡迅速发展,到1913年各地设男校54处,女校35处,学生达1100人。当时各村庄只要有教会的地方,都设有四年的初小,念完初小的可以进入较大城镇所办的高等小学,高小毕业后可以上中学,中学毕业后又可以升入其他教会大学。

教会学校起初的教师是老学究或儒生,有了文会馆毕业生当教员之后,课程有了新内容。所学功课除浅近之科学外,文章以八股满篇为度,其不能者则作策论。其他功课有教授法、《圣经》指略、教会史记、地理略论、虔诚练达、博物之理、十诫详解回答、卫生论、孝敬父母、官话问答等,而丁韪良所著的《天道溯源》为上下馆必背之书。以后,又根据需要增设了一系列课本,如《心算初学》《笔算数学》《对数表》《声学揭要》等。随着形势的发展,学校又增设了英语课、体育课和课外活动。

基督教办学的目的,可从1927年美北长老会在中国总部印发的《致在长老会里负责办中小学的人员,有关学校若干问题的紧急机密信》中看出:"本校办学的宗旨在于始终不渝地忠于基督耶稣,坚持追求基督教教育的目的——健全的文化、基督徒的品格和人格的发展。我们确信,学生和教师都应当随时全力以赴地注重学校所规定的正常课程,才能达到这个目的。"

三、乐道院的教会学校

潍县乐道院教会学校的产生和发展是和外国资本主义的对外侵略联系在一起的,传教士创办学校的目的是通过输入西方文明使中国基督化。正如卢茨所说:"教会大学的建立是出于西方人的需要,并不是中国人的要求。"但潍县乐

道院教会学校的创办,在许多方面开了潍县近代教育的先河,打破了潍县陈旧腐化的教育观念,促进了潍县近代教育的变革。先进的教学理念、科学的课程和教学方法,培养出了一批优秀的近代人才,推动了潍县乃至中国社会的发展。"传教士们在山东办教育是历史的产物,历史的沧桑巨变也充分展示了其动机和结果之间那种一致而又不一致的复杂关系。"

(一)文华馆

光绪九年(1883),美北长老会牧师狄乐播在潍县城东南的李家庄建立乐道院。院内除教堂、医院和家属住宅外,并设学校,名为文华馆。光绪十年(1884),学校招收男生正式开学,时有学生10余人,教员1人,讲经传道,兼授新学,狄乐播自任校长。文华馆创办后,狄乐播任校长16年。在反帝爱国的义和团运动中,乐道院于光绪二十六年(1900)被焚毁,文华馆停办。光绪二十八年(1902),文华馆恢复开校,美国人狄珍珠(狄乐播夫人)任校长。光绪三十年(1904),又聘美国人卫礼士任校长,文华馆改名为文华书院,又于1912年改名为文华学校,再于1915年改名为文华中学。

文华馆春季开学,实行六年制。文华馆更名为文华书院和文华学校后,学制都为三年;在校学生从高年级到低年级,依次编排成甲、乙、丙三个班。1915年春,学校改名为文华中学后,根据民国政府教育部规定,由原春季始业改为秋季始业,学制随之改为四年。1917年,学校迁入广文大学旧址。1925年,学校根据教育部改新学制指令,由四年制改为三、三制,初、高中各三年。

文华馆的课程较少,教法也简单,据校友张达忱在《母校五十周年纪念特刊序》中回忆,当时"课表只列经书、作文、算术等"。文华书院和文华学校时期,宗教课是必修的,还设有国文、英文、算术、地理、历史、博物等课目。文华中学前期,学校课目有修身、国文、英语、历史、地理、数学、博物、物理、化学、法制经济、图画、手工、乐歌、体操等。文华中学后期,初中课程分社会科(包括公民、历史、地理)、言文科(包括国语、外国语)、算术科、自然科、艺术科(图画、手工、音乐)、体育科(生理、卫生、体育)等六学科。高中课程分公共必修课目、分科专修课目、纯粹选修课目三部分。文华中学从建校到合并,学生逐渐增多,1915年在校学生有83人,1925

年在校学生近300人。从1921年到1930年，有据可查的毕业生有310人，这些毕业学生，有的考入大学，有的成为牧师，多数到教育、邮电、工业部门工作，也有的返回乡村从事农业劳动。1926年，中国人尹焕斋任校长，至1931年。1931年，文华中学并入广文中学。

（二）文美书院

光绪二十一年（1895），狄乐播在乐道院创办文美书院，专招收女生，美国人宝安美任校长。文美书院按美国教育体制，只设初中，修业年限为三年，仿照男校设置课程，成为当时山东最早的一所女子中学，第一期收学生20余人。

光绪二十六年（1900），乐道院被焚毁，文美书院停办。光绪二十八年（1902）学校复课，美国人方振义任校长。光绪三十四年（1908），狄珍珠代理校长，继任至1912年。1931年，文美书院改为文美女子中学，又名文美女子学校，美国人李恩惠任校长。1927年，中国教师徐焕滋任校长至1930年。从1898年至1930年共有19届毕业生，总计217人。1931年，学校增设师范训练内容，学制改为四年，学生分为甲、乙、丙、丁班，不分初中和高中。同年，学校并入广文中学。

（三）广文大学

光绪三十年（1904），广德书院大学部与登州文会馆合并，同时迁往潍县乐道院内，取两校名称第一个字作为新校名，即"广文大学"。广文大学是山东省基督教共和大学的文理科（神科和师范科在青州、医科在济南），没有分科分系，一般是中学毕业后再读四年。1917年，三科在济南合并，学校定名为"齐鲁大学"。

广文大学自1905年至1917年搬往济南，12年间共有毕业生433名，"这些毕业学生，多数人从事教职员职业，其余的有牧师、布道员、经商者等"。可以看出，乐道院教会学校的确培养出了自身所需要的牧师、教师及其他传道人才，一定程度上实现了他们的办学目标，但另一方面也为社会提供了大量人才。

（四）广文中学

1928年，民国政府颁布私立学校立案规程，要求全国所有私立学校，无论是大学、中学还是小学，都必须向相应政府主管部门立案，由学校设立者负责组织校董会，办理立案事宜。校董会由9至11人组成，外国人可以为校董，但不得超过三分之一，校长必须由中国人担任。此时，潍县教会出面，在遵守立案法规的前提下，以保护学生信教自由，使教会学校中国化为由，给文华、文美、培基三校建立了由11人组成的校董会，其中有7个中国人，4个美国人，后樊都森回国，美国人校董只有3人。

1929年春，校董会召开第一次会议，选举马景唐为主席、崔德润为书记、美国人芮道明为司库和会计并兼学校设立者代表。会上还决定在同一个校董会领导下，三个学校各自预备表册，分别向政府有关部门请求立案。但是经过近一年的周折，立案没有头绪，当时尚未立案的教会学校，受官办学校歧视，面对学校状况，人心浮动，学校秩序开始混乱。

1929年冬，校董会召开第二次会议，崔德润提出"三校合并成一个学校，由校董会申请立案"的建议。接着，省教育厅督学董渭川来潍视察，认为三校舍相连，经费来源出自一处，又归同一校董会经营管理，便建议教育厅指令三校合并改组再行呈请立案。

1931年，省教育厅指令下达，校董会奉令于3月18日召集临时会议，20日全体一致议决将文华中学、文美女中和培基小学三校合并为一校。鉴于校舍大部分是广文大学旧房，而"文华文美以联合而文益广"，所以，合校后取名为广文中学。

1931年冬，在校董会第四次会议上，张达忱提议，推举崔德润任校长。崔德润到校后，一面整顿校风，一面在校内做好申请立案的种种准备，亲自到济南洽谈立案事宜。1932年，省教育厅正式批准学校立案，颁发了学校钤记："山东省潍县私立广文中学"。

广文中学中学部学制为三、三制，初中、高中各三年；小学是四、二制，初小四年，高小二年；在高中，学生男女合堂上课；在初中，男女分别编班；在小学，初小一、二年级混合编为一班，三、四年级混合编为一班；高中两个年级各自编班。学校所设课程有：国文、数学、理化、生物、英文、史地、卫生、图画、音乐等。另外，男生加设铁木工、农业等科目，女生加设缝纫、烹饪、刺绣、家庭卫生等家事科目。

1933年，学校有高中班5个，其中男生146人，女生33人；初中男生有5个班，学生232人；初中女生3个班，有学生101人；小学6个班，有学生118人；全校共有学生630人。以后每年增收学生百余人。到1937年，在校学生达960余人。

七七事变后，日军占领潍县，鉴于广文中学和乐道院均系北美长老会所办，当时美方在战争中持中立态度，日本侵略军尚不进入美国人所属地区，因此有许多青年便成群结队涌入学校和乐道院避难。1941年，太平洋战争爆发，广文中学和乐道院被日本侵略军占领。华北地区的传教士及欧美西方侨民等2000余人被囚禁于此，名曰"敌国人员生活所"，围墙上设置电网，不准人员自由行动，时间达3年之久。日本投降后，学校于1946年重新招生复学，有初中学生2个班。1948年潍县解放后，学校改名为"潍坊特别市私立广文中学"。

四、乐道院医院

1882年6月，美国北美长老会派遣牧师狄乐播来潍县传教，他"于光绪九年（1883）春来到潍县，购地筑创建乐道院"①，同时开设了一处诊所。随着教会的发展，诊所亦逐渐扩大。1902年，北美长老会利用"庚子赔款"增购土地60多亩扩建乐道院，此时诊所扩大为医院，开设门诊部，设置病房。1918年，医院附设护士学校，学制四年，半工半读，招收高中毕业生，为教会培养医务骨干。

为迎合中国男女授受不亲的习俗，医院实行男女分院。医院不但看病，还施药、施饭，前来诊病的人日渐增多，原有房屋已不敷应用。

1924年，医院西北角扩建西式四层楼一幢，呈"十"字形，建筑面积2461平方米，称为十字楼，为当时潍县之最高建筑。1925年秋，医院举行开幕典礼，乐道院中外执事人员及当地社会名流百余人，集聚医院庆贺，并摄影纪念。此时病房迁入十字楼，合并男女分院，医院有病床72张，分特等病房、二等病房、三等病房及免费病床。病房设置二楼为内科、妇产科病房，三楼为

---

① 潍坊二中校志编纂组：《山东潍坊二中校志（1883—1983）》，1983年，第44页。

小儿科、外科病房。医院还设有手术室、X光室、化验室，人员增至80余人（包括护士学校3个班20人）。美籍医务人员有外科医生、内科医生、护士长和护士各1人，另有中国医生3—4人。此时医院已能做肾脏、肠穿孔、肠阻塞等腹部手术。来院就诊的人已远及高密、平度、寿光、安丘、沂水一带。医院尤以外科著称，此时达到鼎盛时期。

乐道院医院的创办，打破了当地传统的中医治疗的格局，为潍县民众提供了看病治疗的一种新选择。乐道院医院的繁荣景象，说明了当时的潍县及周边各县人民对西医、西药的认同。也就是在此基础之上，1920年，毕业于文华书院的乐道院医院大夫张执符与他人合资在潍县东关购置房产，创办了西药房——惠东大药房，当年就获利1500多元。1925年，他们又发动广文校友和乐道院教友入股，扩大规模，创办惠东医院。乐道院医院的张同和、张中行、韩立民、张斟滋、张冠增等许多优秀医生都先后坐诊，医院很快发展成看病、制药、卖药为一体的综合性医疗机构。

1929年底，乐道院医院因故停业，后经过一年左右准备，于1930年秋重新开业，梅仁德任院长。1931年，护士学校恢复，护士长尹连登任校长。1934年，美籍医生章和鸣任院长。1935年，章和鸣回国，院长一职由美籍护士长巴路德接任，直至太平洋战争爆发。

七七事变后，附设护士学校即将毕业的第四班绝大多数男生和医院部分人员共30余人毅然投身抗日洪流，加入了国民党组建的第三后方医院。他们辗转南方数省，最后到达四川，为抗日战争做出了贡献。

1941年12月8日，太平洋战争爆发后，日本侵略军侵占乐道院。在日军占领期间，乐道院成为日本侵略军的集中营。医院则成为集中营的医务所，其医疗设备均被日军抢劫一空，暖气管道、上下水管亦被日军拆卸运走，致使医院遭到严重破坏。

1945年日本投降后，中国牧师黄乐德着手恢复医院。1946年1月1日，医院正式开业，黄乐德任院长。医院设内、外两科。张斟滋负责内科，李温仁负责外科，张冠增负责对外联系事务等工作。全院有医院、护士、工人40余人，病床50余张，能做胃大部切除等腹部手术。同年3月1日，附设护士学校开学，定名为乐道院高级护士学校，招收初中文化程度的学生31名，学制三年，

第二章 乐道院与潍坊教育医疗事业近代化

沿旧制半工半读。1946年春，美籍牧师芮道明、医生梅仁德相继来潍县，组成乐道院复兴委员会，梅仁德任医院院长。此时，联合国善后救济总署空运大批物资来潍县，充实医院，使医院有所恢复。

1948年，潍县战役开始前夕，为防止国民党将医院迁走和破坏，医院成立红十字会宣布中立，以保全医院、迎接解放。4月16日晚，医院迁往潍县城东20余里处的辛冬村躲避战火。潍县解放后，4月28日，全部人员返回医院，5月1日，医院恢复营业。此时医院有内科医生1人、外科医生2人、护士4人、职员4人、技师1人、工人28人、布道员1人、护士学校学生24人，病床72张、X光机1架、显微镜3台、孵箱1个、普通器械及试药121件。

第二节　齐鲁大学在潍坊的创建及其沿革

晚清时期，英国和美国基督教会在登州、青州、潍县等地办学，历经半个多世纪的发展，各校几经撤并易名，1917年9月合并于济南而成齐鲁大学。齐鲁大学创建前期在潍坊半个世纪的办学，谱写了山东近代教育起源和发展的历史篇章。齐鲁大学按其历史沿革可分为创建前期和英美联合办学期。

一、齐鲁大学创建前期的办学历史

清朝末年，第二次鸦片战争迫使清政府签订了《天津条约》，登州等10个海港城市被辟为外国的通商口岸。英美基督教会于1860年从登州始入山东，以行医办学为主要手段服务于宣教，在登州、潍县、青州等地开办了多处学校。

（一）美北长老会在登州的办学

1864年，美国基督教北长老会狄考文牧师和夫人狄朱莉亚来到登州，创办登州学堂，学生可以从小学一直读到高中。1976年改称文会馆。1882年经美北长老会总部批准升格为"登州学院"，中国校名仍为"登州文会馆"，狄考文任院长。"登州文会馆"是山东最早的一所教会大学。[①] 1895年赫士任院长。

[①] 山东省地方史志编纂委员会：《山东史志资料》1983年第2辑，山东人民出版社1983年版，第128页。

1901年7月,他应邀去济南开办省立山东大学堂,柏尔根接替院长职务。1904年,登州文会馆与英国浸礼会设在青州的广德书院合并迁至潍县改名为广文学堂。①

(二)英国基督教浸礼会在青州的办学

青州是有着两千多年历史的古城,在政治、经济、文化等方面保持着发达的地位,也是山东封建教育很发达的地区。1864年,美国基督教北长老会首先在青州办起一所教会小学。后英美协商,青州由英国浸礼会布道,美北长老会退出。1875年,英国浸礼会传教士李提摩太来到青州赈灾。1876年,仲均安也来到青州开办学校。一场可怕的饥荒在山东蔓延,他们把大批私塾、学馆的孤儿接管过来,办成了教会学校,称为揽馆。三年间,揽馆办起几十处,接手学生1000余人。英国浸礼会伦敦总部派出大量传教士陆续来到青州。他们在城内举办各种类型的住宿学校和医院,至1892年,办起从小学、中学到大学14所教会学校(《英国基督教浸礼会1897年度报告》)。

青州培真书院。1879年,英国基督教传教士怀恩光博士来到青州。1881年,仲均安与怀恩光创办圣经学堂培养布道员。后卜道成来到青州。圣经学堂于1885年发展成为青州神学院,中文校名青州培真书院,学制五年。1887年增设培养小学师资的师范学校,由卜道成主管。1893年,因得到英国布瑞斯特尔城爱德华·罗宾逊夫妇的慷慨捐赠,青州府的城里主街上建立起一座新校。这笔捐款是为纪念葛奇博士和伊利沙·罗宾逊的,因此青州神学院改名为青州葛罗神学院,中文校名改称青州葛罗培真书院。新校舍分上、下两馆:上馆为神学科,下馆为师范科。1887年开设社会教育科,建有博物堂,由怀恩光负责。博物堂展出西方现代科学成果,每年参观人数达7万人,为我国传入了西方现代科学文明。该校是山东最早开办的近代师范教育学校,至1902年,神学科与师范科共有毕业生227人,为近代教育的兴起发挥了重要作用。

青州广德书院。1884年,英国浸礼会传教士库寿龄博士夫妇在青州东华门街以美北长老会开设的男生寄宿学校为基础建立青州中学,按课程将学生分为

---

① 陈学恂:《中国近代教育史教学参考资料》下册,人民教育出版社1987年版,第224页。

短程、中程、全程三部分,相当于小学、初中、高中三个阶段。1886年,校舍进一步扩建,校名定为青州广德书院。1897年,广德书院开设大学部,学制七年,成为一所大、中、小学教育兼施的综合学校。该校毕业生有宋传典、白玉章等。1897年,西皇城街建立起一所女子学校,这是专门招收贵族女子的寄宿学校,称为青州崇道书院。青州的现代教育形成了完备的教育体系。

青州广德医院和青州医学堂。青州的医学工作开始于1880年,有5位英国浸礼会医学传教士在青州工作。1882年设立教会施医所。1885年,英国基督教浸礼会医学传教士武成献博士和夫人爱格妮丝博士来到青州,在明代衡王府旧址西皇城以教会施医所为基础组建了"青州大英帝国浸礼会施医院",同时开设"附设医学堂"。医院分为男子医院和女子医院,共设病床46张。这是青州府的第一家医院和山东的第一家医学堂。1892年利用国外募捐扩建成了"青州广德医院"和青州医学堂,当年招生14人。同年,英传教士巴德顺博士来青州工作。1893年,清政府直隶总督兼北洋通商大臣李鸿章视察青州时会见了武成献,对其医学教育工作给予高度评价和支持。① 当时的青州医学教育在全国名列前茅。②

(三)济南华美医院医校

1890年,美北长老会聂会东博士由登州调往济南,在美北长老会冯夏克开设的诊所里工作,并招收了5名医学生。1892年,聂会东夫妇休假,医学生被送到沂州府由章嘉理医生上课。同年济南华美街文璧医院落成开业。1893年,聂会东回到济南时,文璧医院扩建,招收了新生,称为华美医院医校。

综上所述,西方教会在山东开办的登州文会馆、青州培真书院、青州广德书院、青州医学堂和济南华美医院医校都是齐鲁大学的前身学校。

二、齐鲁大学在青州和潍县的创立及其沿革

1900年后,西方教会在山东联合举办高等教育,把山东举办高等教育的学校合并为规模较大的学校。

---

① *History of Chinese Medicine*,1897:368.
② *The Annual Report of the Committee of the Baptist Missionary Society. For the Year ending March 31st*,1892:48.

（一）山东新教大学

1902年6月13日，英国浸礼会和美国北长老会在青州举行联席会议，通过了联办"山东新教大学"的决议，形成了《联合教育工作基础》这一文件。[①] 山东新教大学包括三所学院：将青州广德书院和登州文会馆合并为潍县文理学院，取两校原中文校名之首字为中文校名"潍县广文学堂"；数处神学班合并于青州培真书院，校名为"青州共合神道学堂"；青州医学堂与济南华美医院医校联合成立医学院，设青州、济南、邹平、沂州4个教学点，这所一校四处的医学院称为"山东共合医道学堂"。大学由6人组成的董事会进行管理，英美各3人。在资产所有权和管理上，潍县文理学院归美国北长老会，青州神学院和医学院归英国浸礼会。

潍县文理学院。1904年，青州广德书院和登州文会馆两校合并于潍县城东李家庄，组成潍县文理学院。在文理学院搬到潍县之前，这里曾是由狄考文的弟弟狄乐播与夫人狄珍珠于1884年开办的传教站，建有男子中学"文华馆"、女子中学"文美书院"和医院"乐道院"，1900年6月被义和团放火夷为平地，后通过"庚子赔款"和美国募捐重新建校。1904年文理学院搬往潍县时建筑尚未完全竣工。学生中84人来自登州，30人来自青州。教员中有10名中国人，4名西方人为英国浸礼会的库寿龄和波特、美国北长老会的柏尔根和路思义。柏尔根被选为校长。1915年，德位思接任校长。潍县文理学院至1917年共有毕业生387人。青州广德书院大学部迁至潍县后，中小学部更名为青州崇实中学。

青州共合神道学堂。1904年，美北长老会在烟台的教士馆，登州、曲阜、潍县、沂州等地的神学班都合并到青州共合神道学堂。仲均安任院长。1905年，仲均安在泰山旅游时遇难，卜道成被选为院长。1906年，卜道成回国休假，库寿龄从潍县调回青州共合神道学堂暂任院长。1908年，卜道成回来后继续任院长，库寿龄赴上海工作。至1914年，神学科10个班毕业50余人，师范科9个班毕业159人。

山东共合医道学堂。青州设主校，武成献任校长，学制为四年。济南由聂

---

① *The Chinese Recorder*, 1902.8: 417–418.

会东负责，邹平由巴德顺负责，沂州由章嘉理负责。来自西方教会的学生从青州入学，在青州学习一年半后转到济南，再学习一年后分别到四个教学点完成专业实习，最后半年再返回青州完成毕业考试。1903年招收医学生13人。1911年前共毕业38人。

山东共和医道学堂首届学员毕业照

1909年1月，校董事会将山东新教大学更名为"山东基督教共合大学"。

1909年，山东的第一位英国基督教传教护士劳根小姐来到青州广德医院工作，说服了青州女子中学里信仰基督教的女生参加护士培训。这是山东基督教共合大学最早举办的护理教育。

山东共合医道学堂得到英国利兹城阿辛顿基金会慷慨资助筹建新校，在济南趵突泉南侧至城墙购买了16英亩的土地，建起以阿辛顿楼为主的建筑群。9000英镑耗资全部由阿辛顿基金会拨款捐赠，所有权归英国浸礼会。1911年，在济南的医学院新校建成，4月17日，山东共合医道学堂从青州迁址济南新校，济南的华美医院医校也搬入新校，称济南医道学堂。聂会东当选为校长。山东巡抚孙宝琦出席庆典。1913年，英浸礼会从山西调来华5年的巴慕德博士到济南，由英国浸礼会出资筹建医院，1915年医院建成。在青州，自1911年山东共合医道学堂迁址济南新校后，护理专业教育在青州继续进行，校名更为"青州广德医院护士学校"。1914年，劳根护士调往济南，从青州带走3名护士筹建护士学校。1915年，山东基督教大学护士培训学校开始招生。1949年新中国成立后，青州广德医院护士学校更名为山东省立医院第二分院护理学校，几经易名，连续办学至今，后为山东省益都卫生学校，现为潍坊护理职业学院。

青州培真书院的博物堂和广智院。1904年，青州培真书院的博物堂将部分展品移至济南，易名广智院。怀恩光在济南把博物馆的规模和影响进一步扩大。青州培真书院的博物堂一直保留着，1904年后每年还有很多人参观。

（二）齐鲁大学

1909年，美国巴顿教授访华时提出山东基督教大学的校址应集中于济南。1911年，西方教会获准建新校，1912年，在济南购买城外南郊毗连城内新建医学院的74英亩地，与城内占地16英亩的医学院和广智院相连。

1915年，校务委员会批准：山东基督教共合大学以"齐鲁大学"作为非正式用法中的校名，意思是齐鲁大地上的大学，英文缩写为CHEELOO。此时的齐鲁大学各校分布在青州、潍县和济南。

1917年，济南齐鲁大学新校建成，9月，青州共合神道学堂和师范科、潍县广文学堂迁至济南，山东基督教共合大学正式用名更为齐鲁大学。山东共合医道学堂成为齐鲁大学医学院，青州共合神道学堂成为齐鲁大学神学院，潍县广文学堂成为齐鲁大学文理学院，广智院成为齐鲁大学社会教育科。卜道成当选为齐鲁大学校长，路思义为副校长，波特接替卜道成任神学院院长，德位思任文理学院院长，聂会东仍是医学院院长，怀恩光任社会教育科科长，巴慕德任医院院长，劳根任护士培训学校校长和医院总护士长。

北京协和医学院、金陵大学、汉口医学院和加拿大的教会学校先后加盟齐鲁大学，齐鲁大学成为国内外负有盛名的大学之一。

齐鲁大学1951年1月由华东军政委员会教育部接管。1952年9月改称山东医学院。1985年4月更名为山东医科大学，现为山东大学趵突泉校区。

综上所述，英美联合举办高等教育，将前期的学校合并为三所学院，称为山东新教大学，后更名为山东基督教共合大学，后定名为齐鲁大学，并从青州、潍县迁址济南。

第三节　西方教会办学与文化教育

教会办学对推动晚清的文化教育、科技发展和社会进步有着积极的作用。山东近代教育不仅起步早而且水平高，西方教会在潍坊的早期办学起了重要作用。

一、西方教会在潍坊办学促进了近代教育的兴起

山东近代教育是第二次鸦片战争后由外国教会办学开始的。虽然西方教会

伴随殖民主义侵略进入中国，但在清朝末年腐朽没落的封建社会里开办西式学校，传播现代科学，客观上对我国社会进步起到一定的推动作用。回顾清政府废除科举制之前的半个世纪，西方教会在清末科举制度下在登州、青州、潍县等地开办的西式学校是山东近代教育的先驱，开启了山东近代教育的先河。正是西方教会的办学和发展，推进了潍坊乃至山东近代教育的发展，使山东地区较全国先进了近半个世纪。尤其是青州培真书院的师范教育，培养了大量近代学校的师资，对山东近代教育的兴起发挥了重要的先导、推进作用。齐鲁大学前期开办高等教育的登州文会馆、青州培真书院、青州广德书院、青州医学堂和济南华美医院医校，都比清政府在戊戌变法中建立的第一所高校京师大学堂（北京大学前身）早得多。齐鲁大学驰名于世，彰显着山东近代高等教育的水平。

二、西方教会办学对我国社会进步的促进作用

基督教会在中国开办教育初期的对象是社会下层的文盲群体，为了向他们传教，施以教育是一种很好的手段。传教士非常迫切地需要一批既熟悉当地文化习俗，又深谙基督教义理的中国传教人员，这支队伍的造就唯有通过教育来实现，于是教会教育应运而生。

西方教会在华的教育事业经历了一个从自发办学到有组织地举办教育事业、从培养信徒到培养人才、从以传教为主到以教育功能为主的历史发展过程。大量的教会学校，形成了从小学到大学完整的教会教育体系。自19世纪后叶，随着城市工商业的发展，社会需要大批懂近代科学知识和英语的人才，教会学校展现出广阔的前景。教会办学影响了传教，曾引起教会内部的激烈争论，争论修正了办学为布道服务的片面性。教会要通过办教育造就一批能将西方文明引入中国的领袖人物，使教会大学毕业生进入中国社会关键性岗位，对中国社会的发展起决定性影响。从此，教会大学成了教会办学的重点，教会大学被要求永远保持领先地位，领导中国的高等教育。

在20世纪20年代，随着中国人民民族意识的觉醒，教会学校都必须向中国政府立案，由华人任校长，校董事会的中国成员要超过半数，不得以传教为办学宗旨，不得将宗教课列为必修课。教会大学相继向中国政府立案，教会作

用相对减弱。中国教会大学在中国民族主义浪潮的猛烈冲击下，逐步趋向本土化、学术化、民众化，成为我国近代教育事业的组成部分，成为中国高等教育中一支重要力量。到20世纪30—40年代，中国教会大学具有较强的实力和优势，在许多学科领域有着较高的成就和国际地位。

据1937年对我国万名教会大学毕业生的统计分析可知，教会大学虽为宗教背景，但毕业生从事专职宗教的人数并不多，大多数服务于社会各个层面或从事较高层次的教学与研究工作，不少人还担任要职，成为中国社会的中坚。教会大学培养了大批外语素质良好的中国人才，成为中西文化交流的使者（《中国基督教简史》）。教会办学对中国的近代教育发挥了积极的推进作用。

1905年，在清政府废除科举制之前，西方教会在青州和潍县已经办学40年，形成了完备的近代教育体系。齐鲁大学前身的四所学校在潍坊境内，标志着晚清中西文化交融时期潍坊近代教育的发达，西方教会在潍坊的办学对山东近代教育的兴起有着重要的历史贡献。

第四节　西方教会的医学教育与医疗卫生

西方教会把医学传教视为最有效途径，于是建立教会医院，开展医学教育，培养中国医生，西方医学传入中国。山东的近代医学教育主要从潍坊起步并得以发扬光大，1949年新中国成立后，改造成为社会主义医疗卫生事业。

一、从医学传教到教会医院

西方教会的医学传教士早期在华游历行医，免费发放药品和书籍。医学传教被视为传教的最佳途径之一，于是教会在各地开办诊所和医院。英国浸礼会建立了青州广德医院，美国北长老会在潍县建立了乐道院医院。

教会开办医院的初旨是把医院办成有效的传教场所，随着医学传教事业的发展，医学传教呈现出以职业行医为主、以传教为辅的现象。作为医生，职业要求他们不断提高业务水平，越来越多的病人使他们忙于医疗工作，没有时间顾及传教。身兼两任的医学传教士感到顾此失彼，无法避免地发生行医和传教的分离。教会花费大量财力、物力建立的医院，出现了偏离传教初衷的结果，支持相对减弱。

早期的教会医院经费有差会支持,其目的是吸引人来传播福音,因此看病不收费。后来教会医院收取一定费用,以获得经济来源,支持医院的生存和发展。随着西医药被中国民众所接受,服务对象遍及社会各阶层,医院经济有了保障,在业务和规模上得到了发展,更加正规化、专业化。教会医院设有专职传教人员向病人传教。从总体上来说,教会医院的传教功能逐渐淡化,成为以医治为宗旨的医疗机构。

西方教会医院还开设了一些治疗特殊疾病的医院,如青州、潍县、济南等地都建有教会麻风病医院。传教士医生在诊治病人的同时,还进行公共卫生宣传、传染病预防等工作,以转变中国人的观念,改变中国的卫生环境。例如,1911年,我国鼠疫(黑死病)大流行,很快从东北蔓延到京津鲁豫。武成献应邀作为专家指导我国的鼠疫预防。1916年,武成献得到中华民国政府的表彰。

在潍坊境内,英国浸礼会开办的青州广德医院和美国北长老会开办的潍县乐道院医院,是山东规模较大的教会医院。在民国时期,受中国民族主义觉醒和教会在华差会津贴缩减的影响,教会医院向中国人移交医院管理责权,并迅速趋向本土化、中国化,逐步成为以医疗为主旨的正规医院。后经战争的洗礼和时代的变迁,教会医院排除了基督教文化的影响,以医疗为主旨服务于社会,优秀的品质得以传承,成为社会主义医疗卫生事业的组成部分。青州广德医院现为益都中心医院,潍县乐道院医院现为潍坊市人民医院,这两所医院至今仍是当地的医疗中心。

二、西方教会的医学教育

教会医院的发展需要西医人才,医学教育的迫切性十分突出。医学传教士自开设施医所起就招收中国当地人为助手,以师带徒的形式培养医生,逐步发展出高等医学教育院校。

西医科学是实践性很强的学科,必须以有一定设施和规模的医院作为基地才能训练医生。随着教会医院的建立,医学教育规模逐步扩大。1892年,青州广德医院建成,青州医学堂招生必须通过考试择优入学。学生入学后需保持紧张的学习状态,成绩不佳随时都有可能遭淘汰。严格的治学校风,培养了高质

量的中国医生。1909年开始培养护士,同样实行严格的淘汰制,培养出了一批批高素质的护士。

1903年,英美联合成立山东共合医道学堂,办学能力有所增强。1911年,山东共合医道学堂从青州迁往济南,1915年建立起共合医道学堂医院后,很快发展成为国内一流的齐鲁大学医学院。医学院设立编译部,翻译的中文医学教材被国内所有使用中文教学的医学院校使用(《基督教会与近代山东社会》)。医学院附属医院是一所现代化程度很高的医院,拥有当时先进的医疗设备,不仅使病人可以得到良好的医治,也为培养优秀医学人才提供了良好的教学基地。

在医学教育的发展中,教会医学院发挥了很大作用,经过数十年创办了高质量的医学院校,培养了一批批在医学领域颇有影响的人才,不少人后来成为国内著名的医学专家。从山东近代医学教育事业的发展历程不难看出,从青州医学堂到齐鲁大学医学院,创业者们从晚清开始工作,业绩非凡。潍坊地区作为山东近代医学教育的源头,使近代医学在山东落地生根、发扬光大,创造了历史的辉煌。

综上所述,回顾山东一个半世纪的历史,清朝末年西方教会在登州、青州、潍县的办学,谱写了齐鲁大学前期的历史,奠定了山东近代高等教育发展的基础,表明了潍坊地区在中西文化交融时期近代教育的超前和发达。纵观山东近代教育的起源和发展,潍坊作为齐鲁大学的主要起源地,对山东近代教育的发展与中西文化的交流做出了重要的历史贡献。

三、潍坊教会学校的历史影响

西方教会在潍坊兴办教育的时间前后接近一个世纪,教会为之投入了极大的人力和物力。教会在中国开办学校的目的,是希望借此传播基督教,其更远大一点的目标,就是扩展西方文化在中国的影响,为教会培养适应在中国活动的人才。教会学校的发展,有很长一段时期处于列强与中国所签订的各种不平等条约的庇护之下,从这个意义上来讲,教会学校显然是一种文化侵略的产物,所以,教会学校理所当然地遭到了争取民族独立的中国人民的反对。然而,事物的发展是多方面的。晚清以来,实现国家的近代化同样是中国人民孜孜以求的目标,教会学校的创立,客观看来其实顺应了这一时代的潮流。

晚清的教育体制基本上承袭明清旧制,教育的内容大多是圣贤经传,教育目的是为科举制度服务。在这种教育体制中,莘莘学子除了八股文之外,难以学到顺应世界历史潮流的实用科学知识。教会学校领近代中国教育之先,打破了中国旧式传统教育一潭死水的状况。正是教会学校第一次给中国的学子带来了西方科学技术发展的新信息,使多少年来埋首于故纸堆中的中国知识分子看到了四书五经之外的广阔天地并激发起他们探求新知的强烈愿望。教会学校已经有了非常完备的西学课程,当时国人知之甚少的数理化课一应俱全,课程包括代数、几何和圆锥曲线、三角和测量法、测量和航海、解析几何和数学物理学、微积分、天文学等。除自然科学外,有的教会学校还有心理学、逻辑学、万国通鉴、富国政策等包含中外历史地理的社会科学课程。音乐也从此登上了学校的"大雅之堂"。学校不仅传播西方的科学文化,实际上还介绍新的教育方法。为培养学生的讲学能力,学校还专门搞辩论会,要求学生用官话即白话进行演讲。因此青年学生在新学校学习之后,再也不愿意回到陈腐的旧学校中去了。关于教会学校的基督教性质,有的学者不无睿智地指出:"毋庸讳言,教会学校充斥着宗教气氛,一些学生信仰了基督教。不过宗教信仰与人的社会倾向并不能简单地等同起来。以近代观念来看,宗教是个人的私事。进而言之,学校虽然由教会创办,但毕竟是设在中国的社会环境中,是在中国近代社会剧烈变革的形势中发展起来的。……相当数量的教会学校学生投身革命的经历已经说明了这一点。另外,这些学生,特别是在五四以前,这是近代中国除了留学生外最早接受了西方科学文化教育的新式知识分子。"①

20世纪20年代,民族主义运动的高涨,特别是非基督教运动与收回教育主权运动的兴起,促使基督教大学内部的"中国因素"更为迅速增长,如华人出任校长,董事会乃至教职员中华人比例大幅提高,中文课程和中国文化研究加强,以及相关专业如农学、医学、社会学、经济学等更加适切地为中国社会服务等等。人们习惯于称之为"本土化"或"中国化",而从历史学家的眼光

---

① 陶飞亚、刘天路:《基督教会与近代山东社会》,山东大学出版社1995年版,第201页。

来看，这乃是不可避免的发展趋势。究其原因，并非只是由于教会大学在中国注册。章开沅曾这样说："一是其施教对象是中国学生，二是它处于中国社会历史议论的特定环境之中。在中国社会文化背景下出生成长的学生具有中国因素自不待言，就是校园以外的中国历史议论氛围也不可能不对它产生或多或少的影响。即使是西方的传教士，在中国这样具有悠久文化的环境中长期生活，也不可能完全不受其影响。"

第三章
潍县开埠与近代工商业发展

潍县是近代中国"自开商埠"的内陆城市之一。潍县、周村作为济南的两个分埠与济南同时自开商埠,这在中国近代是绝无仅有的。开辟商埠是潍县由封闭型传统城市向开放型现代化城市转变的起点,对外开放政策的实施,推动了潍县社会经济跨越式发展,使其呈现出蒸蒸日上的繁荣景象,进而对山东近代经济社会的快速发展也起到了重要的推动作用。

第一节 潍县开埠与城市经济发展

一、潍县"自开商埠"

"商埠"一词本义是指"与外国通商的城市"。商埠是一个国家对外开放的特定通商地区,最早存在于实行"闭关锁国"的国家。明清时期,我国两度宣布禁海政策之后,海外贸易迅速萎缩,对外贸易逐渐集中于泉州、广州、宁波等有限几个港口;到了18世纪50年代又进一步萎缩,广州成为当时中国仅有的一处商埠。鸦片战争后的清道光二十二年(1842),英国威逼清政府签订了《江宁条约》(俗称《南京条约》),规定中国开放广州、福州、厦门、宁波、上海五处为通商口岸。这五个城市成为中国近代最早的商埠,中国的"锁国"体制就此打破。此后,在西方资本主义浪潮的冲击下,商埠在近代中国大量涌现。根据有关史料记载,自签订《江宁条约》至1930年间,中国共开放77个城市为商埠,潍县为其中之一。这些城市都是当时条件下我国对外开放,

与外国通商的城市。

商埠相比其他城市和地区在中国近代史上有着更加突出的历史地位。这是因为：经济方面，商埠是实业与商业中心；文化方面，商埠是教育、科技中心；商埠还是在华外国人的主要集中地，西方制度、理念与古老传统在此直接碰撞和融合。因而，在中国近代化和现代化进程中，商埠具有突出重要的地位。

发生于清道光二十年（1840）的鸦片战争，标志着西方帝国主义列强用大炮轰开了中国原先只打开一道缝隙的对外通商大门。此后，帝国主义列强通过与清政府签订不平等条约，逼迫清政府开放国内多个城市为商埠，史称"约开商埠"。在"约开商埠"内，中国的主权如行政权、税收权、司法权等严重丧失。中日甲午战争后，中华民族面临的存亡危机日益深重。清政府为挽救危局，陆续自主开放符合条件的城市为商埠，史称"自开商埠"。为此，清光绪十五年（1889），清政府总理衙门提出《自开商埠办法》，规定："自开商埠"内应只设立以商、民为主体的工程局一处机构，负责征收房捐，管理街道一切事宜。局内应该有商埠所在省派驻的管理官员，督同局中董事，办理一切。由此可见，"自开商埠"由我国行使主权，相比于"约开商埠"，能更大程度地保留行政权、税收权、司法权等。

1899年9月，德国开始在山东修筑胶济铁路，其势力进一步侵入山东内地。为抵御德国在山东的势力扩张并推动山东近代化的进程，在胶济铁路通车前一个月，即1904年5月1日，清直隶总督袁世凯与山东巡抚周馥联名上奏，请求将胶济铁路的终点济南和途经的周村、潍县开为商埠。① 清政府批准该奏折，准许山东自行将上述三地辟为商埠。清光绪三十一年十二月十六日（1906年1月10日），济南、周村、潍县三地同时举行典礼，正式开放为"华洋公共通商之埠"。②

---

① 天津图书馆、天津社会科学院历史研究所：《袁世凯奏议》，天津古籍出版社1987年版，第929—930页。

② 山东省档案馆、山东大学：《山东历史上的今天》，山东文艺出版社2000年版，第13页。

二、开埠推动城市经济发展

潍县地处胶济铁路中段,为鲁东商业枢纽,又是胶东地区通往鲁西、鲁南的交通要冲。胶济铁路全线通车后,烟潍、台潍公路也相继通车,给潍县商业发展提供了极为便利的交通条件。潍县逐渐成为山东中、东部土货的集散中心,"昌乐、寿光、安丘、昌邑、青州一带商民,凡有需

胶济铁路坊子站遗址

求,金向斯地购买,一时交易总值甚大,不下五六百万元"。① 同时,潍县开埠后,清政府在潍县实行了一系列的通商惠工政策,并将南至铁路车站、北至霸崖、西至擂鼓山马路、东至白浪河的 1000 余亩地划为商业区,使潍县商业呈现较快发展趋势。1919 年前,潍县共有大小商号 110 家;截至 1932 年,全县大小商号已不下 3000 家,交易总值不下 4000 万元。潍县成为青岛、烟台进口洋货和内地出口土货的集散地,出口货物靠铁路转运青岛输出,进口货物由青岛用火车输入,其次通过烟潍公路转口烟台出入。大量的洋纱、洋布等源源不断地涌入这些地区,并通过这些地区销往各地城乡;外国资本势力也以商埠为据点,大量收购中国的农产品运往国外,这使得山东地区自给自足的自然经济结构发生了较大的改变。

由此,潍县的近代民族工业、金融业进入全面发展的新时期,并带动了文化产业、服务行业的相应发展,使城市经济的发展呈现出前所未有的兴盛局面。潍县的有识之士努力引进西方先进技术,凭借已有的传统手工业基础,充分利用潍县交通便利、商业聚集、人脉兴旺以及发展空间广阔等优越条件,纷纷投资建起织布、印染、机器制造、化工染料、医药、印刷、面粉等近代工业

---

① 胶济铁路管理委员会:《胶济铁路经济调查报告汇编·分编三·潍县》,文华印书社 1934 年版。

企业。1914年，李树俊、王世荣、朱亮之合资创建三盛永碱庄。1920年，滕虎忱在东关大街创办潍县第一家生产织布机、弹花机、压花机，而后生产柴油机的华丰机器厂；继而又在东关城外扩建新厂，在大马路建了第二厂，并在济南设分厂。由于潍县城乡织布业的大发展，华丰机器厂培养的技术、管理人员又在东关大街、李家街、南北下河街等地相继开办了洪丰、天丰、蚨丰、阜丰、大丰、新华等十几家铁工厂。1929年，曾留学日本的张干臣与其表兄于均生，在东关后门街创办大华机器染厂，其机染阴丹士林布极受市场欢迎。1930年，李惠之、李骏声投资，在东关创办因生产花格布、花素哔叽而轰动一时的惠祥染织厂。由丁叔言、毛寄尘等创办的和记印刷厂，1931年迁至东关大街后，发展成为全省闻名的现代化印刷大厂。1935年，陈孝禄、魏新泉等在南大街等地相继开办德聚、隆丰、大丰三家染厂，均以染硫化兰、硫化青等色布闻名。

在机械、织布、印染业形成潍县近代民族工业的支柱产业的热潮中，潍县的现代金融业和金融市场也逐渐发展起来，成为支持民族工商业和沟通城乡经贸发展的有力支撑。清末民初币制混乱，先是现银、制钱、银元，"废两改元"后是银元、钞票、铜元；银元有本国的、外国的，钞票有中央的、地方的；同样面值的银元和钞票，其市场币值也不相同，且有流通区域之别。这些都给工商业的发展带来极大不便，买卖双方常因要求支付的货币不同而产生纠纷，影响交易。市场急需有方便的货币兑换、融资渠道、远程汇兑，以加速货币流通、资金流转。先是有个别钱庄在东关交易市场"出桌"做兑换业务，后又有钱庄设点记账和出纸帖挂账结算，叫"写山账"和"出长帖"。货币兑换是当时金融市场的主要业务，因交易数额巨大，钱庄即使收取比率极低的手续费（佣金）也获利颇丰，城乡富户及胶东经贸大户纷纷投资开设钱庄（后改称银号），办理兑换、存放款和汇兑业务。国家和外地的银行也开始介入潍县金融市场，1914年至1934年，中国银行、交通银行、农民银行、山东省银行、山东银行、平市官钱局、中国实业银行、中鲁银行、上海商业储蓄银行等各大银行，都先后来潍设立办事处。至七七事变前，潍县已有私人钱庄（银号）49家。

潍县的文化娱乐、餐饮、西医西药、日用百货等行业，也有了长足发展。

四宝堂书铺于光绪末年成立于东关大街。1929 年，翰文斋书铺由伦修道创办于东关。1920 年，魏子宜、张执甫在东关创办了惠东大药房，并设制药厂和医院。1930 年，张有声、谭资九于西四平街创建永乐大戏院，以演京戏为主，也演过电影。东关大街、李家街的同丰货栈、悦来公司货栈、昌兴公司货栈、协和公司货栈，规模较大，长年有河北、河南、山西、陕西、四川等地的客商入住。潍县的洗浴业最早的是北下河的小型简陋澡堂；最大的玉露春澡堂，1915 年由韩维顺、韩明瑨父子创建于南下河；1925 年，刘翔九在北下河建了两层楼，开设新德楼澡堂；其后又有陈稚汝在南下河建两层楼房，开设三新池澡堂。潍县最高、最大的百货商店是东关大街路北的四层楼山东商店，20 世纪 20 年代初由潍县早期开拓商贸经营的民族企业家丁子明创建。

第一次世界大战后，洋广杂货的流入，刺激了猪鬃、发网、草帽辫等潍县手工业的发展，但发展最快、影响最大的是原已有深厚基础的织布业。尤其在华丰机器厂制成新式织布机后，城乡各地织布业户猛增，织布机由几千台增至十几万台，潍县遂有"十万织布机"之美誉。据统计，1934 年潍县年产白布 412 万匹，织布所需的大量棉纱基本依靠青岛的日本纱厂供给，潍县成为棉纱、棉布的集散中心，也是江北最大的棉纱、棉布市场。1935 年以前，潍县经营棉纱、棉布的布庄有 257 户。经营棉纱、棉布需要大量资金，多数由钱庄兼营，或线庄兼营钱庄业务，人们通称其为"钱线两业"，其经济实力十分雄厚，几乎能左右整个市场。织布业和银钱业成为潍县两大支柱产业。随着金融市场的发展与完善，银行、钱庄既互相竞争也彼此支持。金融业户申请政府批准，开发了期货交易和黄金交易市场，交易所都在东关，金融业实际已控制了潍县的经济命脉。东关的经济地位也由工贸中心跃升为全县的经济中心，当时的潍县也由鲁东商业区上升为华北的商贸中心。

第二节 潍县近代工商业的勃兴

一、滕虎忱创办华丰机器厂

滕虎忱是我国著名的民族企业家，他于 20 世纪 20 年代在潍县创办的华丰机器厂，是公认的潍县现代机械制造业的发源地。华丰机器厂以其产品质量

好、企业信誉高,产品行销 18 个省市,在多个领域产生了巨大的影响,为中国民族工业的发展做出了卓越贡献。华丰厂当时在同行业内被称为"江北第一厂"①,创始人滕虎忱被誉为"中国内燃机工业之父"②。

滕虎忱(1883—1958),原名景云,字虎忱,又作虎臣,以字行。清光绪九年(1883)农历七月初五,出生在潍县南乡滕家庄(后划归安丘县,今属潍坊市坊子区坊安街道)。7岁入本村私塾读书,3年后因家境困难辍学,跟着父亲学辘轳匠手艺,四处寻找活计。③ 滕氏父子常到美国基督教北长老会在潍县创办的乐道院做些修补零活,因此结识了美籍牧师狄乐播,后父子相继接受洗礼成为基督教徒。④

1898年,德国在山东修建胶济铁路。15岁的滕虎忱随父去青岛,在铁路工程处当修路工,参加了胶济铁路的修建。1902年,他考入青岛水师工务局,被分配到马尾岛船坞锻工车间当学徒。他在青岛当工人和学徒共17年之久,不但刻苦学习生产技术,还在业余时间到基督教青年会去读夜校。青年会不仅有程度不同的文化补习班,还有制图、外语、会计等各种职业培训班,滕虎忱便结合自己所需专业技术,有的放矢地选学各种文化理论知识。⑤ 坚持不懈的学习使滕虎忱的文化素质得到长足提高,这为他以后开展企业经营管理活动奠定了坚实的文化基础。

1912年9月28日,孙中山先生乘胶济路专车,离济南赴青岛。随后两天,他在三江会馆、广东会馆、德华大学、青岛基督教青年会发表了激情洋溢的演讲。孙先生在青岛基督教青年会发表的重要讲话中,高度评价基督教青年会在辛亥革命中的重大贡献,突出强调"实业救国"主张,勉励他们再接再厉,还特别鼓励产业工人"要学好生产技术,努力发展实业救国"。青年会创始人刘

---

① 济南柴油机厂编:《风雨八十年——济南柴油机厂 80 年厂庆》,2000 年内刊,第 3 页。
② 刘新勇:《民族资本家滕虎忱》,《春秋》2007 年第 3 期。
③ 中国人民政治协商会议山东省潍坊市潍城区委员会编:《潍坊市潍城区文史资料》第 1 辑,1984 年版,第 110 页。
④ 寿乐英主编:《近代中国工商人物志》(第 3 册),中国文史出版社 2006 年版,第 82 页。
⑤ 韩同文:《机械工业开拓者滕虎忱》,《山东文献》第二十八卷第四期,2002 年版,第 28 页。

 第三章 潍县开埠与近代工商业发展

寿山还特别向孙中山介绍了滕虎忱的事迹，大意是"在德国船坞工厂学徒的滕虎忱，刻苦学习生产技术，业余坚持学习文化理论知识，成为技术全面的能手，令德国技师折服"①等等。孙中山对滕虎忱给予高度称赞，并勉励他"继续努力学好机器制造技术，创办中国自己的民族工业，赶超世界先进水平，振兴实业救中国"②。其间，滕虎忱两次听讲，受到很大教育，萌生了创办机械厂，制造国产机器代替"舶来品"的愿望。

1904年，胶济铁路开通，便利的交通运输网络进一步促进了潍县工商经济的发展。1906年，潍县与济南、周村成为山东省第一批自开商埠，经济贸易地位有了突飞猛进的提升。1919年冬，滕虎忱根据自身的技术专长，着手集资兴办机器厂。1920年，滕虎忱、尹焕斋、梁启生、田蔚堂、于粹亭、韩登科等股东出资3000银元，于当年农历二、三月间，在潍县东关大街租赁几间草房，购置两部车床、一台发动机、一台发电机，成立了华丰机器厂。华丰建厂初期，由于设备简陋、资金短缺，只能为烟潍公路打造桥梁道钉，为济南电灯公司加工螺丝。时值潍县农村织布业迅速发展，滕虎忱看到当地对织布机的需求与日俱增，于同年十月，增资至10000元，扩大生产规模。华丰增购机器设备，增收徒工，开始仿制日本"石丸式"织布机，而后批量生产。北方地区气候干旱，农田需要灌溉设备，滕虎忱即带领工人设计制造转动式铁斗水车。这两种产品都很快打开了销路，获利甚丰。此后，华丰厂又设计制造出弹花机、轧花机、榨油机等。由于滕虎忱经营有方，华丰机器厂开始呈现欣欣向荣的势头。华丰厂与各方面的联系不断加强，资金和设备不断增加，先后两次在潍县东关东门外购地新建和扩建厂房。1928年，华丰厂正式建立了木工、铸工、锻工、金工、白铁装配等车间，职工也增至150人。1931年冬天，他亲自偕有关人员去上海，不惜高价购进优质车床、大摇臂钻、汽锤、龙门刨及德国设计、英国制造的15马力柴油机一部。华丰厂从青岛聘请技师王洪茂来担任技术指导，开始了复杂的研究仿制工作。通过努力，先后试制成功8马力、15马力、25马力、40马力卧式单缸低速柴油机，并批量生产。华丰厂从此成为我国生

---

① 韩同文：《机械工业开拓者滕虎忱》，《山东文献》第二十八卷第四期，2002年版，第29页。

② 同上。

产柴油机的主要厂家之一。1932年，滕虎忱又在大马路（今和平路）建立了华丰第二厂，由李占元任厂长，生产发电机和电动机。1934年，华丰厂在东关大街路南，新建了门市大楼作营业部。随着我国工业的发展，柴油机的需求日益增长，滕虎忱决心试制。

在滕虎忱的努力下，不仅华丰厂成为北方地区机械工业的重要企业，而且在其影响下，整个潍县地区的机械工业都得到了迅速发展。1934年，铁道部在北京、青岛先后举办的铁路沿线产品展览会上展出了华丰厂生产的各种马力的柴油发动机以及救火机、织布机、弹花机、轧花机、水车等产品，其质量与进口产品相比毫不逊色，为民族工业争得了荣誉，获得展览会的奖励。华丰厂从1920年建厂到七七事变十几年间，由3000元资金起家，发展到资产150多万元；培养造就了千余名技术人员，留厂工作的500余人，余者分散各处担任技术工作，有的还创办了同类企业，如洪丰、天丰、蚨丰、阜丰、大丰、新华、益民等。滕虎忱对此非但毫不介意，且以自己培养的人才有所成就而骄傲，认为大家都来办工厂发展实业是振兴中华、救国利民的好办法。尤其是新式织布机的仿制成功及推广使用，代替了手工织布，使民间纺织业户迅猛增加，使潍县成为拥有十万台大机的纺织基地。自1932年试制成功，到七七事变前的5年间，华丰厂共生产15马力、8马力、40马力柴油发动机250余部，为许多厂家解决了动力问题。1934年5月16日，爱国将领冯玉祥冒雨到华丰厂视察，对该厂艰苦创业、自强不息的进取精神给予高度评价。冯玉祥对滕虎忱说："全国有200人能像你这样有血性、能奋斗，国家前途就有很大的希望。"①

1938年1月10日，潍县沦陷，滕虎忱创建的总值150万元的华丰机器厂落入日本侵略者手中。1948年春，潍县解放，华丰机器厂得以复业。济南解放后，滕虎忱回到潍坊，重新主持华丰厂厂务。

二、张干臣、于均生创办大华机器染厂

张干臣（1894—1952），民族工商业者，潍县寒亭村（今潍坊市寒亭区）人。求学时期就有振兴实业、富国强民的志向，20岁时抱着学习外国经验、振

---

① 张功常：《冯玉祥胶东游记》，上海军学社1934年版，第9页。

兴国家实业的宏愿，凑集资金赴日留学3年。回国后，先任齐鲁大学教授，又谋得济南公立工业专门学校教务主任之职。1925年，与同乡技师郭立平，技工马长明、王寿之在校实习工厂搞了新法印染技术的试验，在潍县织布厂、周村丝织厂等厂家的支持下，白布、丝绸化工新印染法皆获成功。他谢绝周村丝织厂老板的高薪聘请，1928年返回故里，与于均生等人共商集资办厂事宜。

恰在此时，"双盛潍染厂于1918—1919年间购进日本造蒸汽发动机，以及整套漂染设备，在青岛建厂，请来留日染织学生试验成功。后来因受日货排挤，坚持二三年即歇业"①。1929年冬，潍县陈子玉以银价一万六千元，买妥了青岛双盛潍染厂全部染色的机器一套，先交了定金二千元，其余一万四千元至拆卸机器时全部交清。但陈子玉只知买机器之贱，而不知招股之难。他本人无此财力，招股东招了很久也没招着。至1930年春，双盛潍催他去拆机器催得火急，他遂找到张干臣，要将其买机器的权益转让与他。张干臣遂去青岛考察。经考察，双盛潍的机器绝大部分完整无损，他当即付清余款将机器买下；并以于均生为主集资3万元，购潍城东关后门街东首园地一块，兴建厂房。在安装机器时，除聘用铁工、木工、瓦工外，张干臣皆亲自动手。工厂一次试车成功，"于1931年正式投产，改名大华机器染厂。该厂所出布有'晴雨''越大夫''三顾茅庐'等商标"②。

试车虽成功，但原筹3万元资金已用尽，开工生产所需流动资金尚无着落。正在缺乏资金之际，适有王文蔚等投资3万元，共同经营。大华染厂根据股份有限公司法组成，成立董事会，由于均生任董事长，张干臣、王文蔚为正副经理，郭立平为厂长。资金解决后，赴沪添购染槽，购买颜料，在潍购买棉纱，放机收布得以正常运转。大华染厂是潍县第一家机械染布企业，设置染槽6对、拉宽机1部、烘干机2部、水洗漂布机1部及精炼罐等设备，职工100余人，日产色布400余匹。产品以质地良好且价格合理，畅销全国70多个城市。所产阴丹士林布，色泽之美、质地之精，在当时极受欢迎，城乡男女皆可穿用，一时穿士林布风靡四境，久盛不衰，改变了当地劳动人民只穿青衣粗布

---

① 曹振宇：《中国近代合成染料染色史》，西安地图出版社2009年版，第151页。
② 同上。

的历史。

大华染厂的建立为潍县机械染布业开创了局面，奠定了基础。继大华染厂之后，元聚染厂、信丰染印公司、德聚染厂、大丰染厂、隆丰染厂等数家染厂相继建立，潍县成为北方较早的机械染布工业基地。大华染厂自1931年开工至1936年，获得了不少利润，董事会决定将部分利润转为资金，资金为9万元，账面实收为86200元，因种种原因终未凑足，向民国政府申请注册为"股份有限公司"，几经周折未获批准。1937年七七事变爆发，日本帝国主义发动全面侵华战争，国民党节节败退。1938年1月10日潍县沦陷，日本占领者千方百计威逼利诱大华染厂实行日华合办，张干臣几经抗争周旋，使日华合作终未得逞。由于不与日商合作，处处受其控制，大华染厂难以发展。同时由于中国银行、交通银行均未在潍复业，工厂资金受到限制，设法联系鲁兴银行、大阜银行办了点信贷透支，维持生产，艰难度过接下来的7年。抗战胜利后，国民党军占据了潍县城，张干臣等曾竭尽全力，以图恢复振兴，但经不住苛捐杂税和物价飞涨之苦，残喘数月，终被迫停产。直到潍县城解放，大华染厂才获得新生。张干臣一生立志以实业救国，且努力付诸实施，几经坎坷，创办大华染织厂，成为山东机械印染业的创始人。

三、尹焕斋创办信丰染印公司

尹焕斋，名炳文，字焕斋，以字行。原籍寿光县星落村，1882年生于青州，先后在青州和潍县乐道院求学，广文大学毕业。1911年，以优异成绩毕业后，留乐道院文华馆任教；1915年提升为副校长。1917年，任广文中学校长。1930年冬，潍县文华中学学生因对该校办学宗旨和校规不满，尤其对校长尹焕斋不满，爆发了一次大规模的学潮，尹焕斋由是向校董会引咎辞职。

尹焕斋原系支持滕虎忱创办华丰机器厂的发起人、华丰机器厂董事会董事长。当时滕虎忱创建华丰机器厂已经十年，滕虎忱与华丰机器厂的声誉在社会上和教会中已很高，而且滕虎忱创办企业也积累了很多经验，因而强烈建议其办染厂。尹焕斋以为潍县已有大华染厂，担心再办没有生意可做，滕虎忱认为潍县织布业已有很大发展，现有织布机数万台，日产白布数万匹，只有一家大华是不够的，办染厂大有前途。经过勘察，他们认为将厂址设在大马路合适，以其靠近车站，运输货物方便，且当时大马路两旁大多仍是郊野耕地，在大马路以东有扩展余地，于是一次购得土地60余亩，开始建设厂房。1932年春，委派郭立平、王苇村等去日本购置染布机器，共购进日产拉宽机1部、烘干机2部、燎毛机1部、抓绒机1部、叠布机2部；又去上海添购染槽8对、丝光机1部、烘干机1部、精炼罐2部、五节锅炉2台，至此，染布机械购置齐全。1933年秋，厂房大部分建成，机械陆续运到，聘请华丰二厂厂长李占元指导安装，到年底安装完毕。1934年初，招收工人80余人，3月开始试车生产，定于同年旧历七月二十二日财神会正式开工，同时在东关李家街设立营业部，由王绍禹负责。所用坯布，由营业部购置棉纱发放给织机户，按规定的宽度、长度、密度收回白坯布，以供染色之用。

信丰所染色布保证了质量，因而遍销各地，市场迅速打开，日产色布达500余匹，所需资金颇巨。工厂一方面与当时潍县中国银行、交通银行办理抵押贷款，一方面通过股东关系吸收社会游资，最多时使用资金80余万元。信丰自1934年开工至1936年3月间，生产日趋发展，职工增至近200人，每年获利五六万元，东、西股均有可观的红利。由于经理人员管理有方，技术精良，产品畅销，信丰生产发展蒸蒸日上。

在信丰建厂前，有周村帮集资来潍县在东关南门里筹建元聚染厂，聘请大华染厂机械师李瑞安，并聘齐毓章任厂长负责筹建；相继又有魏新泉与陈启之、康子周合办德聚染厂；毕建初联络程希白等开办大丰染厂；赵堃、孙德建、李献卿合伙开办隆丰染厂；连同早先开业的大华染厂及信丰，潍县当时共有6家染厂，成为江北有名的机械染布基地，其中以信丰规模最大，技术力量最高，资金活动力最强。

四、潍县颜料工业与铸造业

潍县农村手织业的兴盛及由此形成的对原料、染料、织布工具、机器加工整理工作的市场需求，导致了近代潍县颜料业、漂染业、铸造业的肇始和勃兴。

"我国染料自古用土靛，自舶来颜料输入后，土靛生产日减"①，加之潍县印染业对化学颜料的大量需求，进一步促进了潍县颜料业的发展。潍县最早经营化学颜料的是德商在东关开设的德孚商行，后又有多家类似的颜料商店开办。到1934年，潍县从事颜料生产经营的商号（包括颜料厂）就达到26家②，其中规模较大的有北坝崖街的同和祥号、福聚成颜料店等，当时这些商号的经营情况较好，利润也相当可观。

1919年9月，青岛创办了国内首家化学染料厂——青岛维新化学工艺社。同年，以生产硫化染料为主的济南裕兴颜料厂也开始筹设并投产。③ 到1933年，山东共有5家化学颜料厂，分布在济南、青岛、潍县3地。④ 潍县最早制造化学合成染料的新式企业，是由蓬莱人张荆芳在火车站下炉坊街创办的裕鲁颜料股份有限公司。张荆芳曾在哈尔滨经商，经常到日本采购货物。他看到日本颜料工业发达，想到硫化青膏（黑色颜料）在我国畅销的情况，遂有归国兴办化工颜料业的打算。因此，他在日本学会了制作硫化青膏的技术。他看中了潍县交通便利，工商业尤其是纺织业发达的优越条件，决定在此设厂生产硫化青膏等颜料。他牵头联络了丛良弼、贺殿臣、贺继三等50余人集资现洋5万元，由丛良弼任董事长、张荆芳任总经理，经呈报南京农商部注册批准，公司于1923年6月8日开业。产品主要有"蓬莱阁""万年青""喜字"三种商标的硫化青膏，年产1000箱左右、每箱重60公斤。公司开工不久，产品即受到城乡用户欢迎，引起了外商的不安。如，德商的德孚洋行，趁裕鲁建厂未久基础尚不牢固之际，企图以降价竞争的办法挤垮它。他们将德国制硫化青膏价格由每桶100元降到40元，但生产青膏的原料却保持原价。因国内的颜料厂多用英德等国的原料，这种压价出售的情况如延续下去，国内企业必然会因成本高、售价低而破产。裕鲁迫于无奈，只好也降价与之竞争。国产青膏最终因用法简单、操作方便等特点，逐步打开市场，到20世纪20年代中期，"潍县东

---

① 《潍县志稿·卷24·实业志·工业》，1941年版。
② 《潍县志稿·卷24·实业志·附表》，1941年版。
③ 《民国山东通志》编辑委员会：《民国山东通志》（第2册），山东文献杂志社2002年版，第1220页。
④ 李平生：《山东老字号》，山东文艺出版社2004年版。

乡各织布厂之染布色，已悉用该厂所制颜料"①。但仅此半年的降价竞争，就使裕鲁损失现洋 25000 元。1925 年，裕鲁原股东补足了亏赔的 25000 元，同时又集资 5 万元，改进和增加了新设备，使产品产量、质量具有较大幅度提高。1932 年至 1935 年，裕鲁的生产发展进入兴盛期，职工由 30 余人增加到 100 多人，青膏年产 20000 箱左右，产品"行销山东、河南、河北、江苏、山西、湖北等省"②，每年获利达现洋 8 万到 10 万元。其时，该厂资产总值约达 56 万元，成为潍县首屈一指的大企业，一度担负潍县商会全部经费的比例达到 32%。

1935 年，潍县第二家染料厂——华德染料股份有限公司开业，生产"松美牌"青膏。为继续保持市场优势，裕鲁想方设法排斥华德公司，首先将"蓬莱阁牌"青膏由每箱 34 元降低到 18 元，但华德亦毫不示弱地降价为每箱 16 元。后为免两败俱伤，经潍县商会出面调解，双方经过反复协商后方得以合理解决，由此也促进了潍县青膏染料业的继续发展。

日伪时期，由于原料缺乏，销路受阻，通货膨胀，加之日伪政府的苛捐杂税，敲诈勒索，经营颜料的许多商店陷入困境，有的难以为继，有的关门倒闭。在此不利条件下，裕鲁公司不得不调整生产布局，将生产硫化青膏的原料改用粉剂，这样一来，不仅产品质量有所降低，产量也大为减少。

1945 年抗战胜利后，各颜料商号陆续恢复营业，同时还开办了农民颜料厂、鸿翔颜料厂等四五家小型颜料工厂，潍县颜料业出现了暂时的繁荣景象。但好景不长，内战爆发，交通阻塞、原料不足、销售不畅，苛捐杂税、货币贬值、物价飞涨，潍县的颜料商号纷纷倒闭。即使经济实力较强的裕鲁公司，生产也跌落到最低谷，市场继续萎缩，年产青膏不足 500 箱（合 30 吨），固定资产仅剩下三分之一。

1948 年 4 月潍县解放，成立潍坊特别市。在党和政府的领导扶助下，各颜料商店立即开始营业，工厂也很快恢复生产，各颜料商店的利润成倍增加，颜料生产厂家也出现了前所未有的繁荣景象。以裕鲁公司为例，到 1952 年底产

---

① 《山东潍县之经济状况》，《中外经济周刊》，1926 年版（187），第 11 页。
② 《潍县志稿·卷 24·实业志·工业》，1941 年版。

量就由此前的500箱提高到了8000箱，纯利润达18.5万元；1956年，该公司成为公私合营企业，更名为潍坊裕鲁颜料厂；1958年，更名为潍坊裕鲁化工厂；1965年，企业性质改为全民所有制，更名为潍坊市化工厂。①

潍县生铁铸造业（俗称翻砂业）的兴起，始于同盛铁厂的建立，后来伴随着华丰机器厂等机器加工企业的出现，逐步形成规模进而发展起来。1915年，河北省胶河县（今泊头市）的贾玉波、贾玉昆、贾玉峰等人，集资600元（银元），在潍县南关开办了第一家翻砂厂——同盛铁厂，生产当地的传统产品，仅可勉强维持生计。到1917年，生产经营出现转机。英美烟草公司在潍县甘里堡建起烤烟厂，同盛铁厂承接了烤烟厂炉条铸造业务。由于烤烟炉条生产工艺简单，质量要求不高，工人易于操作等原因，生产发展较快。到1920年，同盛铁厂的积累达7200元，为了扩大生产，便买了赵洪恩一亩半地皮，盖了十几间房，工厂由5人发展成有120多人的翻砂厂。贾玉波不仅去青岛成立同合铁厂，还向潍县晋鲁铁厂投资1000元。②

1920年，滕虎忱创办华丰机器厂，生产织布机、水车、弹花机、轧花机等，其铸件毛坯全由同盛铁厂供应。随着织布机铸件、煤矿、榨油等行业机修零件，交通、生活用生铁铸件等需求量的不断增加，在同盛铁厂生产经营规模不断扩大的同时，德盛泰铸件厂、晋鲁铁工厂、东鲁铁工厂等一批新翻砂企业也相继建成，潍县铸造业进入发展的兴盛期。1934年，华丰机器厂试制成功15马力、9马力、25马力、40马力柴油机，成为我国华北地区最早生产柴油机的厂家之一，进一步推动了潍县铸造业的发展。其间，同盛铁厂创新翻砂的"潮模"工艺取代传统的"干模"工艺，极大地提高了工效和质量，这在铸造工艺史上是划时代的变革。到1935年，铸造业在资本总额、职工人数、年总产值等方面发展成为仅次于机器制造业、染织业、颜料制造业的潍县第四大工业产业。③

---

① 寿乐英主编：《近代中国工商人物志》（第4册），中国文史出版社2006年版，第40—45页。
② 《潍县铁工业的兴起》，载《潍城区文史资料》（第23辑），中国文史出版社2006年版，第66—70页。
③ 《潍县志稿·卷24·实业志·工业》，1941年版。

翻砂所用生铁因是战略物资，由日本控制的东北鞍山生产，七七事变前两年已开始紧张，生铁货源逐渐减少，七七事变后来源断绝，翻砂厂均停工。1938年翻砂厂复工，主要生产铸锅，也生产少部分弹花机、轧花机、水车和厂矿修配铸件。所需原料先用库存的灰口铁，用完后就收购废生铁铸白铁锅，机器零件也90%用白口铁。当时同盛有职工30余人，东鲁10余人，德盛泰10余人，年产量约400吨。1948年，潍县解放后，翻砂业走上新生的道路。在党和政府的领导下，翻砂业恢复和发展很快。除原有的同盛、东鲁、德盛泰3家外，又创办了晋兴、福华、鲁兴、东安4家翻砂厂。1956年实行公私合营，同盛合并于华丰机器厂；其余几家合并为和平翻砂厂，1966年，和平翻砂厂改名为潍坊铸锅厂。①

潍县翻砂铸造企业既有自己的产品，又主动与当地的机械、纺织等传统产业相融合，在振兴传统产业和发展新兴产业的洪流中，发挥了不可替代的基础性作用。翻砂业在这一阶段所做的贡献，主要有以下几方面：为机械加工厂加工各类生铁铸件，有效地提高了机械加工母机的精度和强度，也提高了柴油机等机械的创新水平；铸造织布机、弹花机、轧花机配件，为改善织布行业机械化水平创造了条件；为农机铁工厂加工白口铧犁头和转盘斗子水车配件，为提高农业耕作效率，改善农业水利条件做出了贡献；生产并推广生铁炉条和炉排，大大适应了农民种植黄烟和烤烟叶的需求；制造和推广手动压水井，改善了城市居民饮用水条件；生产各种铁锅、饼鏊子等产品，为饮食服务业和居民生活提供了方便；等等。

第三节　中西交融的工商业文化

近代潍坊商品经济的早期发展和商品市场的初步发育，使当地在发展民族工商业方面具有得天独厚的优势。当地工商文化的主流是向西方学习先进的经营理念、科学技术、管理方式等。这些先进的资本主义工商业文化与潍县"勤朴俭约""敦礼教"②的风俗与"民生在勤，勤则不匮""既庶而富，既富而

---

① 《潍县翻砂业概况》，载《潍城区文史资料》（第5辑），中国文史出版社1990年版，第86—93页。

② 《潍县志·卷之一·风俗》，清乾隆二十五年。

教"的传统思想,共同深刻地影响着近代潍县工商业者的意识与行为①,对当地近代民族工商业的发展繁荣起到重要作用。

一、近代产权和分配制度逐步建立

20世纪30年代潍县经济繁荣时期,潍县一带的各类工商业实体接近3000家。这些工商业实体的产权形式在继承本地传统工商业的惯例的同时,又借鉴外国近代工商业实体的模式,形成比较明晰的产权和分配制度,这成为各类实体不断赚取利润的不竭原动力。

(一)股份制实体较为多见

华丰机器厂是公认的潍县现代机器制造业发源地。1920年创建之初,6名股东出资3000银元,租赁几间草房,购置两部车床、一台发动机、一台发电机,这几乎便是该厂初建时期的全部家当。随着生产经营形势的日益红火,该厂不断发展壮大,也不断吸收越来越多的投资入股者。到1936年,它的全部资产达到20万元,16年增值60多倍。

1936年,华丰机器厂再次面向社会寻求投资伙伴,近300名热心实业的各界人士投资加盟。该厂顺利融资400股共计20万元,使资本又翻了一番,企业获得更大的发展空间。依据当时的《公司法》,"华丰机器厂股份有限公司"宣告成立,原股东会也改组为董事会。当时,信丰染印公司、裕鲁颜料股份有限公司、大华染织工厂、聚祥永织布厂等相关行业的龙头企业也都采用股份制。商业店铺、药房、饭馆等行当中,几个志向相同的人共同投资入股创办实体的情况也很常见。在城市经济各类实体中,股份合作制经济占有很大的比重。当时的股份制运作模式还是颇具特色的,主要有三种表现。一是利益共享,风险分流。表现为多人投资一家实体和一人投资多家实体。前者主要是为解决投资办实体原始资本的不足。投资办实体的初始阶段,少则两三人,多则五六人,共同出资,风险共担,利益共享。股份合作制在潍县商界和实业界大行其道,说明业商们对这种方式是认可和欢迎的。后者则是作为个体的投资者分流风险,多头获取投资收益的惯用手法。如,投资创办华丰机器厂的主要股

---

① 《潍县志稿·卷二十四·实业》,1941年版。

东滕虎忱和尹焕斋也是 1932 年筹建信丰染印公司的主要发起人和投资商。二是让利"西股",留住人才。直接投资兴办实体的人士为该实体的股东,股东既可以单纯按照持有的股份照章分得红利,也可以在自己投资的实体中供职再获得一份收入。股份合作制实体中的股权一般有"东股"和"西股"之分。"东股"为投资股,即出资兴办实体者持有的股权;"西股"相当于现在的"干股",按照与董事会或股东会的约定,在实体中没有投资的部分员工,按照职位和作用的大小,也有分得红利的权利。这实际上是股份合作制实体笼络员工,留住人才的一种手段。1940 年开业的潍中饭店,绝大部分员工既持有东股也享受西股分红的权利,大家便自然而然地尽职尽责干好分内事,并团结协作。原因是显而易见的,饭店兴旺,赚钱多,收益必然"水涨船高",人人有份,否则每个人都要吃亏。三是退股"劈伙",伤筋动骨。股份合作制实体中,由几个人共同出资创办者居多。几个发起人或原始股持有者一般也是实体中的骨干和"顶梁柱",往往拥有不相上下的分量和权利。一旦意见相左且无法调和,便可能发生一方或数方负气退股的情况,俗称"劈伙"。大华染织工厂是潍县最早的一家染印企业,成立之初,各方仅仅约定所得盈利按照东(股)七西(股)三的比例进行分割(时称"分劈"),具体细节未做详细规定。1931年底,在大华染织工厂日产色布 500 多匹、产品畅销全国 70 多个大中城市、不足一年的时间即获利两万多银元、生产经营形势红红火火的情况下,张干臣和王文蔚两大股东对分劈红利的方法各执己见,互不相让,商讨无果,便只剩下劈伙一条道了。结果只能根据资金相等、两股相等的原则分劈全部资产了事,设备归张干臣,王文蔚一方抽走资金和红利。大华染织工厂厂长郭立平是厂里业务和技术方面的核心人物,他也对西股分红比例偏低和工作待遇菲薄感到不满,便愤而跳槽,带上两名技术人员到成立不久的信丰染印有限公司担任厂长。信丰染印有限公司凭借资金和技术人才优势,规模和效益在较短时间里就超过了大华染织工厂,位居潍县印染业首位。

(二)独资经营有利有弊

与股份制实体不同,独资实体则由业主独断一切。众多小商小贩等小本经营者多为独资经营,但也有规模很大的独资实体,以同祥号、福聚线庄等商号为主要代表。这类实体的创始人多为白手起家的"铁腕"人物,在商海中摸爬

滚打，经营谋略、抢抓商机、用人之道……"十八般武艺"样样皆通，属于"全才"。

由于独资，实体的盈亏状况便成为只有业主本人知道的商业机密。潍县绣货业龙头实体同祥号就是一家独资商号。业主李延文（字翰臣）每到年底，便向会计要一份龙门清单和一份年终货物盘存清单，拿回家中自己结算，无论多少红利全由个人独得，资格再老、贡献再大的员工也无西股分红的权利。同祥号鼎盛时期，一种说法是拥有资本10万银元，另一种说法则是拥有100万银元，两种说法相差整整10倍，真实情况则只有李翰臣自己知道。

遗憾的是，独资大实体业主的后代或许因为笼罩在强者的阴影中，往往庸才居多，或许因为此类实体缺乏职业经理人才，老业主一旦去世，他的后代往往难以承继祖业，走下坡路就不算什么新鲜事了，等待他们的可能就是"富不过三代"的结局。

二、将提高质量作为增强市场竞争力的有效措施

近代潍坊城市经济繁荣时期，潍县一带的工商业实体都把自产商品质量的精益求精作为自觉行动，其直接原因是市场因素的制约作用。当时，每个行业的同行实体多则二三十家，少则十几家，竞争激烈而残酷。工商业实体参与同行间的竞争，自产商品质量的高低便自然成为自身能否在本行业内生存下去的决定因素，没有人敢拿产品质量开玩笑。而工商业实体认真、执着追求自产商品质量的本能反过来又保持了潍县商品的整体市场竞争力，筑起城市经济得以繁荣的坚实基础。

复增酱园在潍县酱菜业内以及当地市民心目中，都是赫赫有名的。清光绪三十二年（1906），复增酒店业主陈德林将酒店转为酱园。几十年间，复增酱园虽不事张扬但名气大，潍县一带的市民家庭几乎都知道复增酱园的酱菜好吃。其中的诀窍，就是自产商品的过硬质量。例如，复增酱园的辣疙瘩咸菜，个个选用上好辣疙瘩（芥菜），用40年陈卤加新盐新水，从辣疙瘩入缸开始便不断倒缸，只要不下雨，每天都要进行晾晒，慢慢自然发酵，整个过程大约需要一年的时间，辣疙瘩咸菜才能腌成出售。制作甜面酱（当地俗称甜酱），先用面粉蒸成面卷，放进不透气的房间，面卷发霉生毛变成丝酱后，再放入大

缸，加盐水浸泡，也要每天晾晒，时间大约也需一年，其间还要数次用水磨磨细，不断用大耙子搅拌，让酱色由浅变深。成品疙瘩咸菜和甜酱都呈自然的暗红色，但整个生产过程并不添加任何色素，完全靠自然发酵而成，不到时间是不能出缸的。复增酱园的产品种类不多，主要是酱油、甜酱、食醋、辣疙瘩咸菜等数种酱菜。它们都以传统工艺制作，没有什么法定的质量标准可以参照，也没有什么现代检测手段，只靠感观判别。但从原料和配料的选用到按传统工艺流程制成成品的全过程，即使用现在科学的标准衡量，恐怕也是名副其实的绿色产品。无论是辣疙瘩咸菜的透红醇香，还是甜酱的咸中带甜，抑或是酱油的鲜亮，都是天成的味、自然的香。它们是普通市民生活中极普通的生活必需品，深受欢迎也是必然的。就是依靠这些畅销的普通商品，鼎盛时期的复增酱园拥有400口大缸、16间车间的生产规模。其整个产品制作过程全部对外公开，不少顾客在购货之余，喜欢现场观看产品制作过程，满足自己对复增酱菜为什么好吃的好奇心。凭着过硬的质量，复增酱园把买卖做到其他城市。上海、南京等地都有商家专销复增酱园的酱菜。

当时，潍县的工商业实体，不管是现代企业还是传统作坊，在重视商品质量方面都与复增酱园有共通之处。华丰机器厂创始人滕虎忱有个习惯，只要在潍，他每天都要提前进厂，到柴油机生产车间来回巡视，发现可能导致质量问题的隐患总是当场提出，现场解决，发现疑难问题则带回办公室仔细推敲，直到找出满意的答案。在一次巡视中，滕虎忱发现柴油机大甩轮精磨度不够标准，立即告知技师不准使用。当时他已买好火车票准备去青岛，但还是亲眼看到不合格的大甩轮用汽锤砸碎后才离厂去赶火车。类似事例不少，但华丰厂总是自己关起门来悄悄砸，因为出现不合格产品毕竟不是件光彩事。

三、注重营销策略，善于抢抓商机

潍县开埠后，在完全市场化的环境中，众多工商业实体想要最大可能地获取利润，除及时了解和掌握市场行情及客户需求，推销自我，把握商机以外，还要有商品买卖的成交次数和成交量为支撑才能实现。成交次数和成交量取决于客户的选择和客户的数量。于是，众多工商业实体便使出浑身解数，掌握市场信息、了解客户需求、揣摩客户心理、引导客户消费、满足客户需求、培植

老客户群体，在做成每一笔买卖上下功夫。

惠东大药房是潍县当时规模最大的西药营销实体。1920年开业之初，惠东大药房主要经销阿司匹林、山道年等多种西药及西医医疗器械。当时，西医西药是新事物，群众不了解、不认可，惠东大药房便利用各种形式推销，扩大药房的信誉度和知名度。逢集日，药房邀请市面上见多识广的经纪人群体到药店做客、吃饭，向他们介绍西医西药的特点和疗效，请他们帮助更多的人认识这个新事物。另外，还在县城各主要街道的显著位置和城墙上涂写广告；通过报纸等媒体发布广告；请外地大印刷厂商印制彩色广告在城内张贴，并委托邮局到农村各地张贴散发等。

西医西药逐步得到群众认可后，惠东大药房也不敢懈怠。为保证药品质量，其药品都来自上海、天津等地中外客商开设的大洋行和正规大药房。后来，惠东大药房自己开设药厂，对药品质量更是不敢马虎，经常搜集顾客对药品效果的反馈和对药品的需求信息，并因此受益匪浅。小儿瘫痪片就是得到西安分号的信息后组织生产的，投放市场后深受欢迎，获利颇丰。抗战爆发前后，药房扩大医用纱布、药棉、绷带等战场伤员急救用品生产，自己得利的同时也支持了抗战，这也是重视信息反馈的结果。

拥有固定营业场所的各类工商业实体在恪守货真价实、童叟无欺等传统理念的同时，在推销商品、方便购货业商和顾客方面的做法也十分周到。赊销商品便是在各类工商业实体中十分流行的做法之一，体现出厂商对老主顾群体的关照。大来面粉厂对购买两袋以上面粉或预约购买面粉的顾客都安排勤杂工送货上门，货到付款，一般不赊欠、不让价，但对面食小摊点业主和老主顾则可以赊欠和让利。点心业商对顾客特别是对大客户、老主顾的照顾就更周到了，顾客来到点心铺，买完口酥，伙计必问还买不买蛋糕等其他糕点；顾客购买数量较大时，伙计马上帮忙送到家；顾客购买的点心，当天可以退货。丁、郭、陈、张等大户人家，往往受到点心业商赊销的照顾。因为这类人家点心的消费量大，点心业商往往需要打点好他们的账房先生才能将俗称为"点心摺子"的赊销凭证送上。这类人家平时到约定的点心铺消费，持摺享受记账赊销的待遇。点心业商一般每年中秋节和春节到消费量大的大户人家结账，并给账房先生一定的折扣优惠。对于持摺但消费量不算很大的主顾，则一般在春节前结清

账目,并送上一宗糕点礼品和下年的"点心摺子"。这样,这些老主顾便可能享受到年初消费、年底结账的优惠。

线庄对棉纱不拆包零售,而个体织布业户因本小利薄,不能一次就购买一整件棉纱,于是棉纱零售商——线贩便应运而生。他们从线庄买进整件棉纱后拆包零售,价格却与批发价基本一致,一件棉纱只能挣一个包皮布、四条铁箍、四条竹板等包装材料钱。他们的目的就是多拉回头主顾,以便生意更有保障。农村织布业户大多趁来潍赶集之机卖掉土布,再买棉纱,线贩逢集日出摊都能卖出十件八件棉纱,生意很是兴旺。在东关北下河街洋线市,线贩最多时曾有二十多家。当地有名的蚨聚纱布庄就是做线贩起家,依靠逐步培育主顾群,步步为营,最后发展成为批发青岛流入当地棉纱总量25.4%的股份制大商号的。

坐落在潍县城东门大街上的福履斋是一家商品齐全、规模不小的百货商店,然而给福履斋带来更大名声的是店员推销商品、服务顾客的整体素质。在主动与上门顾客打招呼表示欢迎后,店员便全神贯注地对顾客察言观色,并迅速而准确地将顾客指出或说出的商品展示出来;如果暂时无货则介绍同类商品或替代品及其性能和特点;顾客买牙刷,店员顺便介绍牙粉,买毛巾介绍香皂。在周到细致的服务面前,顾客一般不会空手走出福履斋的大门。

在抢抓商机方面,独资大商号同祥号在当地极为出色。第一次世界大战前夕,天津德国瑞来公司急于抛售颜料存货回国。同祥号得知后,低价收购该公司的全部颜料,并设立福来祥商号经销。一战期间,因来源断绝,颜料价格急剧上涨十多倍,同祥号发了一笔大财。

四、行之有效、各具特色的用人之道

发展到一定规模的工商业实体,就要雇用打工人员。而维持和扩大规模、保持生意兴隆和人气旺盛,关键因素是拥有素质良好、忠诚敬业的业务骨干和员工队伍。业主要有一套行之有效的用人之道才能做到这一点。用人之道是否成功,能否以适宜的待遇和位置,让各方面人员死心塌地地为业主和实体充分发挥才能和作用是试金石。分析潍县开埠后众多工商业实体的用人之道,可以发现新兴工商业实体的现代色彩较浓厚,商号店铺则一般是传统特色的因素多

一些。

华丰机器厂在招揽和留住人才方面较为出色。该厂曾分别以月薪60银元和80银元的高薪聘请机器制造技术人员和设计绘图专业人员，而该厂经理的月薪只有40银元。该厂还十分尊重和注重培养人才，厂里出资让有发展前途的员工学习技能，宴会会餐时请有突出贡献的销售人员坐上座等事例在当时都传为美谈。该厂在成立之初即废除当时各厂商通行的徒工无偿效力数年的惯例。徒工4年学徒期间，管吃管住，并发给一定数额的补助费；学徒期满后发给固定月工资，且每两年增资一次。员工生产超额有奖、加班有补贴、周日休息、年终按工龄长短和工作优劣适当分红。该厂还拥有伙房、宿舍、俱乐部、篮球场、澡堂等设施为员工生活服务。当时，社会各界对华丰机器厂的实力、产品质量，特别是对它管理的文明和对人才的尊重都是有口皆碑的。

惠东大药房的用人标准是忠诚肯干、事业心强，对办事能力突出者委以重任。当时，求职者想被惠东大药房录用很难，一般要托亲告友介绍，经店方慎重考察后才可能录用。但惠东大药房店员的收入和待遇都让人羡慕：董事及副总经理以上人员的薪水随用随支，按期结转，其他人员实行月薪制，但个别医术高、名声大的骨干医师的月薪高于分号经理、院长、厂长，主要店员与一般店员的月薪差距也较大，学徒无工资，视个人表现年终一次性给予一定报酬；奖励待遇方面，每年春节，每人加发两个月工资以示奖励；工作待遇方面，店方供应伙食，所有人员一个标准，同桌就餐，每年圣诞节，所有人员每人发一件长衫，时称"圣诞大褂"，较高层次雇员和老店员每人每年发两套服装；福利待遇方面，每年春节，所有人员发5公斤猪肉、2条鱼，职位较高者增发10至15公斤橘子，所有人员及其亲属的治病费用，只要经理同意，都可由店方承担。

同盛铁厂是当地最早的现代铸造企业。该厂的徒工管吃穿，有年薪；三年出徒，学徒期间的年薪以10银元的额度逐年递增。熟练工、技术工的年薪60至120银元不等，员工被厂家辞退后仍可以在厂里吃住，直至找到用工单位重新就业为止，时称"住闲"，体现了厂商对被辞退员工的关照。

裕鲁颜料股份有限公司员工管理注重赏罚分明，根据员工各自工作业绩，年终发给一定数额的奖金，以示鼓励。

惠祥染织工厂注重任人唯贤，生产管理、财会、产品销售等关键和重要岗位的人员都慎重选聘资历深、业务精、能力强、对企业忠诚的员工，用人方面不搞家族制和裙带关系，确保这家拥有约100名员工的现代工厂生产和销售的长期兴旺。

当时，潍县的工商业实体重金聘用的技术人才并不完全是现代意义上的技术人才，而是以具有"人无我有"技术的人员为主。这些人员一旦被厂商聘用，他们所拥有的独门技术既是自己安身立命的"饭碗"，也是所供职厂商的"商业秘密"，是不示人、不传人的。

裕鲁颜料股份有限公司开业之初，配料技术是企业也是总经理的商业秘密，相关原料的配置数量由总经理自己过磅称量。

惠祥染织工厂聘用的棉纱染色配料技术人员，配色时是偷偷进行的。有时一种颜色需用几种配料，比如枣红色用大红、元青、粉红三种颜料，每种颜料所用数量只有技术人员自己知道。

同祥号雇用的一名伙计是绸子鉴别能手，平时商号进货，这名伙计发挥的作用十分重要。周村一家商号想用更高的待遇挖走他，同祥号的掌柜知道后不动声色，当年给这位伙计的报酬还是特别多，同时借口其一人太忙太累，安排另一名伙计给他当助手，实际是偷学他的技术，目的达到后便毫不留情地辞退了那名想跳槽的伙计，而此时周村那家商号已另做别的买卖了。

由此可见，当时的各类工商业实体中，尽管有的已具有现代企业形态，但限于当时的生产力发展水平和厂商的认知水平，其核心理念仍然是"一招鲜、吃遍天"的传统理念，运作模式仍然是传统的技术趋同化模式。现代企业也仅仅拥有外在形态，而不具备以技术进步为先导，对技术和产品拥有自主研发能力的内核。

第四章
西方势力侵入与文化交流

随着坊子煤矿、廿里堡烤烟厂等一批外国近代工矿企业在潍县的建立，西方列强势力的侵入使西方科技文化如势不可当的洪流一般强制性地涌入这片土地，真正撼动了当地根深蒂固的传统文化。这些外国企业在中西文化交流过程中扮演了特殊角色，其文化传播活动对中西方社会起到双重历史作用。主观上，这些外国企业掠夺资源、倾销商品的目的非常明确，具有浓厚的西方强权色彩；客观上，则促进了中西文化间的对话、交流与相互沟通，对于加快当地的近代化进程起到了一定的积极作用。

第一节　英美烟公司在潍坊的经营及影响

潍坊早在明万历年间即生产晒烟，本地群众称为"本烟"。起初，其作为一种药物，种植面积不大，而后随着吸烟人数的增加，种植面积逐步扩大。清光绪十六年（1890）后，美国老晋隆洋行、英国威尔斯公司等外商将卷烟相继输入中国，吸卷烟者渐渐增多，晒烟生产萎缩，烤烟生产逐渐发展。潍坊是晒烟发展为烤烟较早的地区之一。1913年，英美烟公司为了在中国就地获取原料以制造卷烟、攫取利润，遂引进美国弗吉尼亚州烤烟品种并在坊子试种成功，从而开潍坊烤烟种植之先河。随后，英美烟公司采取"发烟种、贷化肥、贷烟款"等手段，在东起峡山、西至辛店的胶济铁路两翼发展烤烟生产，并于1917年在潍坊设立中国兴建最早、规模最大的烟叶复烤厂——廿里堡烤烟厂。

经过一系列有计划、有组织的推广活动，到20世纪二三十年代，逐渐形成以潍县为中心沿胶济铁路的烤烟种植区。英美烟公司在潍坊的经营活动具有垄断性、剥削性和现代性的特点。它采取一系列有计划、有组织的经营活动，设置一些不正当的手段来实现垄断，获得最大利润，从而达到经济侵略的目的。英美烟公司的经营活动，不但对潍坊的烟草业产生较大影响，而且对潍坊乃至山东经济社会也产生一定影响。

一、潍坊烟草种植的历史

烟草，又名烟叶，属茄科一年生草本，原产于中南美洲，由西班牙人和葡萄牙人传入欧洲和亚洲的吕宋。根据烟叶本身的用途，可将其分为吸烟、嗅烟、咀嚼烟三种。根据调制方法，烟草可分为烤烟、晒烟、晾烟，其中晒烟、晾烟习惯上称为土烟。根据吸法不同，土烟可分为水烟、旱烟、鼻烟、嚼烟四种，烤烟可分为纸烟、雪茄两种。根据花种不同，烟草可分为普通种、黄花种、白花种三种。

（一）烟草在中国的传播

最初传入我国的烟叶基本属于普通种，其颜色为淡红色，英文为"TOBACCO"，印第安语原为吸烟管之意，汉语音译为"淡笆菰""淡巴姑""淡芭孤"等，满语称为"丹巴桂"，关西称为"蒸"，山东称为"蔫"，后来统一译作"烟"。① 烟草大约在16世纪中后期，相继由吕宋传入福建，由越南传入广东，由朝鲜传入辽东。大多数学者认为烟草于明万历年间由吕宋岛传入中国福建，然后逐渐向四周扩展，遍种于各地。

中国最早记录烟草的文献是成书于明万历三十九年（1611）的《露书》，书中记载："吕宋国出一草，曰淡巴菰，一名曰醺。以火烧一头，以一头向口，烟气从管中入喉；能令人醉，且可辟瘴气。有人携漳州种之，今反多于吕宋，载入其国售之。淡巴菰，今莆中亦有之，俗曰金丝醺，叶如荔枝，捣汁可毒头虱，根作醺。"关于烟草的传播和作用，明末名医张介宾所著《景岳全书》中也有记述："此物（烟草）自古未有，近自我万历时始出于闽广之间。自后吴、楚地土皆种之矣，然总不若闽中者，色微黄，质细，名为金丝烟者，力强气胜

---

① ［清］陈琮：《烟草谱》，卷一。

为优也。求其服食之始,则向以征滇之役,师旅深入瘴地,无不染病,独一营安然无恙,问其所以,则众皆服烟,由是遍传,今则西南一带,无分老幼,朝夕不能间矣。"再次说明烟草系明万历间自吕宋传入我国,始种于福建一带。另据董潮《东皋杂钞》记载:"烟草本夷种,嗜之者始于明季。今日士大夫习以为常,大庭众座中,以此为待客之具,至闺阁亦然。"由此可见,到了明末清初,烟草在中国已经广为流行,而且成为接待宾客的用品。

而关于烟草的传播速度,明末杨士聪在《玉堂荟记》中说:"烟酒(即烟草)古不经见,辽左有事,调用广兵,乃渐有之。自天启年中始也,二十年来,北土亦多种之,一亩之收可以敌田十亩,乃至无人不用。"由此可见,烟草是由广东兵携带到东北的,由于人们吸烟习惯的养成以及种植烟草的收益远远大于种植粮食作物,因此越来越多的人开始种植烟草,仅20年的时间北方大部分地方已经开始种植烟草。

(二)烟草在潍坊的传播

烟草种植传入潍坊的大体时间应该在清初或更早,到清代中期,烟草已成为重要的经济作物,种植区域分布广、品种多。较为著名的烟草产地有安丘、临朐等地。潍坊地方志最早关于烟草的记载是顺治年间,到民国初年英美烟草公司在潍坊推广美种烟草种植之前,潍坊区域的临朐、寿光、潍县所产较丰,昌邑、高密亦有种植。

1. 烟草在潍坊的传入及推广

在烤烟输入中国之前,中国的烟草因制作方法都是晒制或晾制,故统称晒晾烟,俗称土烟。晒干的烟叶称作晒烟,把烟叶挂在室内或檐下晾干,则称为晾烟。晾烟主要有白肋烟、马里兰烟等,是混合型卷烟的主要原料之一。山东是中国大陆栽培晒烟最早的省份之一。晒烟多为农民自种自吸,潍坊地区的临朐、安丘、潍县等地种植较多,以此盈利。到清代中期,烟草已成为重要经济作物,种植区域广、品种多,并有不少风格独特的名烟。晒烟的重点产区主要有临朐、安丘、潍县等地。

临朐晒烟明代由福建传入,开始在北部平原地区种植,质地优良,色黄味美。到清代已成为县内重要经济作物,产量虽然略少于丝,其收入也能达到数十万,所产烟叶切如细发,远销寿光、利津诸县。

安丘晒烟种植以县城西关区所产品质最优。安丘晒烟品种名称很多，有柳叶青、净把子、一捧笙和青烟等。青烟的品质，以紫色为上品，红色次之，黄褐最差。

晒烟原在广大农村多为自种自吸，购销范围小。随着烟草种植的推广，种植面积不断扩大，烟民增多，烟具也不断改进，潍坊的烟草加工业便逐渐发展起来。

2. 潍坊烟草的主要产地

潍坊大部分产烟县都设有烟行、烟铺，从事烟草购销与加工。较大的烟草加工中心有临朐、潍县等。清末以来，潍坊一带已经形成著名的产烟区。据《莱州府志》记载："烟草之著于本境者，昌（邑）潍（县）较胜。潍胜昌，昌胜掖（县）。昌邑昔种烟草（俗名旱烟），今皆用潍烟。"由此可见，以潍县为中心的地区在清末已经成为山东著名的晒烟产区。

至于晾烟，1934年英美烟公司曾派人到潍坊高密姚戈庄车站试种美种白肋烟，该烟属于晾烟，不用熏烤，不用日晒，自然阴干，烟叶味道浓厚，但经农民试种后，产量不高，遂在山东停止推广。

二、英美烟公司在潍坊的经营活动

（一）引进和种植烤烟

1. 英美烟公司的成立

1889年，老晋隆洋行的第一任老板、美国人菲理斯克从美国带来品海牌、老车牌卷烟各1箱到上海，开中国舶来香烟销售之先河。此后，由于卷烟日渐被吸烟者所接受，形成了潜力很大的销售市场，于是英美各烟草公司纷纷向中国输出卷烟，中国开始进入卷烟销售时代。因为初期的卷烟都由海外输入，故而人们习惯称之为"洋烟"。

为了获得更大的经济利益，避免因竞争而两败俱伤，1902年9月29日，英美两国的帝国烟草股份有限公司、奥格登烟草股份有限公司、美国烟草公司、大陆烟草公司、美洲雪茄烟公司、联合烟草公司联合出资600万英镑在伦敦注册成立英美烟股份有限公司（简称英美烟公司）。① 英美烟公司就这样作为国际独占资本迈开了烟草托拉斯的第一步，它不仅继承了加入托拉斯的各公司在海外的业务和销路，还开辟了新市场。在中国，英美烟公司收购了原来在华设厂产销的美国纸烟公司（已于1902年8月停业清理）和老晋隆洋行，并于1903年在香港成立了卷烟制造机构——美国香烟公司（1905年改名为大英烟公司）。到1919年2月27日驻华英美烟总公司成立之前，英美烟公司在中国的主要制造机构是大英烟公司，运销机构则是老晋隆洋行。

2. 土地调查和试种烤烟

由于卷烟原材料进口成本很高，在成功营销卷烟的同时，英美烟公司积极在中国寻找原材料基地。烟草质量的优劣既受自然条件如气候和土壤的影响，又受烟草自身品种及栽种方法的影响。潍坊原来种植的晒烟，因为品种和加工方法等原因，并不适合作卷烟的原材料，因此英美烟公司必须找到适合烤烟生长的土壤，才能从美国引进烤烟种子。

1913年，上海大英烟公司烟叶部派 E. B. 格雷戈里和 S. F. 布洛克对山东潍县和威海卫的土地进行调查。1914年春，英美烟公司由美国烟叶技师穆尔等人负责在威海孟家庄试种烤烟200亩，因该地区位于海滨，烟叶经不住海风侵袭，试种失败。此外，地价昂贵、煤炭运输不便等因素也制约了威海卫地区烤烟的种植和推广。同年，英美烟公司通过买办张筱舫物色到坊子一名活动能力很强的杂货商田俊川（又名田联增），通过他在潍坊租得原德国煤矿医院旧址及土地60.8亩（大亩，1大亩约合3亩），在坊子使用美国种子进行第二次试种，获得成功，继而在潍县推广。② 之后，通过提供给农民免费的种子和肥料，借给农民温度计和烤烟管，传授农民种植方法以及许诺高价回收烟叶等办法，进一步推广烤烟的种植。附近安丘、临朐、昌乐等县农民鉴于烤烟较粮食作物收入高出数倍，也纷纷改种烤烟。

---

① 上海商业储蓄银行调查部：《烟与烟叶》，上海商业储蓄银行信托部出版发行，1934年，第170页。

② 上海社会科学院经济研究所：《英美烟公司在华企业资料汇编》，中华书局1983年版，第256—264页。

3. 烤烟的种植、采摘与施肥

农民刚开始种植烤烟，对于栽培、施肥技术都很不了解，英美烟公司便派技师到田间指导农民。烟草一般于农历四月播种育苗，六月移栽，九月中旬采摘。其播种之法为先于畦内将土翻松，灌入足量的水，然后撒播，栽植时垄间距离约二尺，宜疏不宜密，其间除草二三次，长到两尺左右时，即打去其顶，这样可以使营养全部注入叶部，如叶间出现小芽则需拿掉，以免影响正叶的生长。

育苗方式一般有两种，一种是直播，一种是芽播。芽播即播前5—7天先催芽，待萌发后播种。烟田实行轮作换茬，一般要求间隔3年，最低2年。夏烟在芒种后开始至夏至前移栽，烟叶于秋分或寒露期间逐渐成熟，可以采摘。采摘时，可以先挑选淡黄色熟叶，留待两三个星期成熟后再摘。如果脚叶先熟，而顶叶还是生的，那就不能采摘。采叶一般从底叶采起，自下而上，通常采摘四次，每次相隔4—5日，其中以第二次采的烟叶为最佳，其余的或老或发育不全，都不如第二次。最后一次采摘时连根拔起，以免消耗地力。收割时以天阴为宜，如遇阳光暴晒，容易变黑。收割后的烟叶扎成束，置于炉屋内待用火烤法熏烤。

肥料对烟叶的产量及品质影响颇大，烤烟生长要求前期发棵旺长，后期落黄，所以施肥的种类、数量、时间不能有半点疏忽。烟叶需钾最多，氮次之，磷最少。吸氮与小麦相差无几，吸钾则数倍之多。对肥料的要求，农谚说："烟要小时富，老来贫。"通常烟叶在苗床期，需钾、磷较多，以后渐渐减少，钙则越到后面需要越多。而在苗床期、摘心期、收割期都需要较多数量的氮，而且数量基本相同。早年烟农施肥，以豆饼为主，一般每亩施100市斤，伴施厩肥，移栽后施追肥为主。20世纪20年代，英美烟公司开始从国外输入无机肥料，以硫酸铔最具代表性。硫酸铔为重要氮气化合物，用途相当广，可以用于工艺制造、农家肥田、军火等方面，开始为制造煤气及焦炭之副产品。第一次世界大战后，军火滞销，该产品几乎完全改为肥料之用，欧美各国除将其用于本国农业外，还大力向国际市场推销。中国当时工业落后，自己不能生产，全部依赖进口。1925年硫酸铔进口还不到30万担，到了1930年骤增到300多万担，之后应该是受到世界经济危机的影响，进口有所下降，但仍有100万—

200万担之巨。

向中国出口硫酸铔的国家主要是英国，其他国家如德国、美国、荷兰、加拿大等每年也有输入。中国当时使用的狮马牌、九牛牌肥田粉主要成分都为硫酸铔。硫酸铔的主要作用是催促烟草的初期生长，通常用于移栽前，每亩用30—60斤，施肥时最好混合厩肥或豆饼一起使用。硫酸铔通过刺激烟的根部，使其加快生长。如果烟叶生长不佳，也可用硫酸铔。

烟草需钾较多，国外一般使用硫酸钾，中国用草木灰或含钾之植物作钾肥。使用肥料时还应避免使用含氯化物的肥料，因为氯有易燃性，此外，强力很大的氮肥也会造成烟叶粗厚、脉大。

（二）收购和加工烤烟

烤烟是美种烟草经过熏烤而成的，熏烤分为初烤和复烤两部分，各烟厂所收购的烟叶为农民初烤过的干叶。初烤多由农民在家中完成，经济比较富裕的农户，在专门的干燥室（又称"炉屋"）里用火力干燥烟叶，普通农户，则多利用其居室或厨房的一部分，稍加改装，即可使用。潍县、安丘一带共有炉屋2万以上，益都、寿光、临朐也各有几千。初烤用煤炭为燃料，每干燥一亩地所产的烟叶，需用煤800—1000斤。干燥分两个阶段，第一阶段为熏黄，第二阶段为保黄，初烤大约需要5天的时间。干燥烟叶之复烤，对技术要求比较高，所以基本上由烤烟工厂完成。每年到了收烟季节，烟农们便将初烤过的烤烟运到指定的地点出售给烟厂或收烟客。

1915年，英美烟公司为了垄断山东烟草市场，在坊子建立第一个收烟庄口，收购附近农村所产的烤烟。1917年，该公司由坊子迁往廿里堡。英美烟公司选择这个小镇作为收购和复烤烟叶的中心基地，主要是因为按照条约，英美烟公司不允许在非开放口岸购地建厂，廿里堡这地方小，人们不注意，可以在这里通过中国买办购地建厂，恣意活动，避免招摇。此后，英美烟等烟草公司又陆续在胶济铁路沿线建立收烟庄口8处。按照所属县来分，属于潍县的有潍县站、廿里堡、虾蟆屯、坊子等4处，属于安丘者有黄旗堡一处，属于青州者有谭家坊、杨家庄、青州站等三处，属于临淄的有辛店一处，共计九处，其中英美烟公司主要在杨家庄、谭家坊、廿里堡、辛店、青州站及黄旗堡等六处。每庄口设一名译员（买办）负责主管，下设写字、计算、管理、过磅等若干人。各庄口的主要职责：一是在每年清明前向烟农发放烟种和"炕票"（向公司售烟的凭证）；二是从烟叶生长期到收获期，到烟区查看生长收获情况；三是收购季节负责收购、付款、打包、发运等事宜；四是了解市场动态，包括其他厂商收买情况及粮价、烟农的反应等，随时向甘里堡和上海总公司报告。

每年从9月中旬到12月底为烤烟烟叶收购季节，各烟厂建有玻璃棚房，种烟农民用牛车或大车将烟叶运至门外等候。有时排队长达四五里，烟农日夜守候，三四天不得进门，有的则花钱向门警贿赂，等到拿到一张号码后方可进门，进门后，即将烟叶分堆排列于玻璃棚房地上，将烟叶分类拣出，装在以高粱秸所制之烟帘子上。烟厂备购货单一张，填写烟农姓名及烟叶堆数，空白处备填价格及磅数。看烟员看货划价，判定价目，烟农无权争议。随行助员将价格写于定价单上，同时报价于烟农。若烟农愿意出售便将此堆烟叶推至过磅间称量，并将重量标入定价单上交给烟农，另抄一单送会计处；若烟农不愿出售，则将烟叶拿走，手续极快。买定之烟叶经称量后即运至堆栈，按种类与等级暂时分别储存，卖方拿定价单赴会计处领款，会计处分初算、复算、核对、发款和付款五组以确保严密无误。除收烟厂收买之外，还有收烟客赴各庄或借当地之烤烟厂或临时在车站附近租地搭棚，标贴广告收买各等烟叶。收买交易时，双方并无讲价、让价之举，先由买主看货定价，用笔写出，卖方合意则即交货，称量计算收款，不合意则将货拿走，绝无踌躇。

开始种烟的四五年内，英美烟公司为了使烟农多种烟，价格还较合理，1917年后种植面积扩大，产量剧增，便开始发"炕票"，依次进行收购。这样做的作用有三点：一是公司可以根据发放的"炕票"数对烤烟生产、劳动人数等进行社会调查，作为实行贷款、贷煤的依据；二是"炕票"规定烤烟收获后，无论价格高低，必须持"炕票"向公司出售，如嫌价格低转售他人，一旦发现即被取消种烟资格；三是"炕票"是按烤房发放的，没有烤房就得不到"炕票"，这样可以鼓励农民多建烤房。有的农民在售烟时因没有"炕票"，只得花钱租用。可见，烤烟的收购是将初烤过的烟草经过分拣、定价、称量等主要环节，然后按照种类与等级储存，以备复烤及运输。

到20世纪二三十年代，潍坊地区形成了以甘里堡、潍县、虾蟆屯、坊子等为中心的烤烟收购市场。在各大收烟公司中，英美烟公司所收烟叶居于首位，1915—1936年，潍坊地区年产烟叶的60%—80%由其收购，其中在廿里堡收烟最多，其余各公司收烟，均远远不如英美烟公司多。1919年，民族资本南洋兄弟烟草公司也在坊子设立收购场。为了防止烟叶霉变和便于烟叶的储存、运输，英美烟等公司相继建造了复烤厂，办理烟叶收购、复烤、包装、调运等事宜。

1915年，英美烟公司在坊子建成一座干燥、回潮工序相连的土复烤房，日烤烟叶1桶，重1000磅（约合454公斤）。1917年，烤烟种植面积扩大，烟区遍及寿光、益都、昌乐、临朐、安丘、潍县等地。为适应烤烟的发展，英美烟公司以买办张桂棠的名义，在胶济铁路潍坊廿里堡车站以东地段，购买土地32.92大亩（约合96.87亩），建起山东第一座烟叶复烤厂，即廿里堡烟叶复烤厂北厂，由美国费城干燥机械厂提供烟叶复烤机两台，昼夜生产可复烤烟叶125吨。1919年，英美烟公司又用同样的手段，在距北厂南面200米处，购得土地35.84大亩（约合107.52亩），建成第二座烟叶复烤厂，即廿里堡烟叶复烤厂南厂，设备与北厂相同。两厂区占地13.6万平方米，建筑面积2.72万平方米，最高年烤烟量达到2.62万吨。两厂区屋顶用玻璃，所以光线极佳，便于看烟与称量工作，另有装订房一间，专为制作烟叶木桶与装订等工作。

烤好的烟叶还要经过回潮，回软后的含水量为14%—16%。回潮方法有两种。一是自然回潮。在烟叶停烤后，将门窗全部打开，使烟叶吸收冷空气后稍待一段时间，即轻轻地将烟秆取出放在露天空地上借露回潮。卸炉时间一般选在黎明和日落，并注意检查或翻动烟秆，待叶片柔软，用手折搓主筋有响声时即可收起。二是潮房回潮。烟叶烤干后，将烟秆直接移到备好的潮房内进行回潮。潮房又分地上式、地下式和半地下式等多种，以地下式或半地下式较多，规模有大有小。其好处是省时、省工、回潮均匀，不受风刮雨淋影响，有利于挑色、分级、绑把。烟叶回潮解秆后，须经过一个短期堆放过程，亦有随加工随出售的。烟叶在堆放中，由于自然醇化的结果，品质将得到一定改善，如浮青可以变黄，色泽更加鲜明，青杂气可以减轻等。堆放时，叶尖向内、叶基向外、逐层堆放，将青烟放在里面，次烟放在外面。烟叶含水量保持在14%—15%，过高会发热霉变，过低又会产生破碎。每隔五六天还须检查一次，使烟堆温度保持在37°C以下。之后是挑色、分级、扎把等工序。

三、英美烟公司经营活动的特点

(一) 生产经营活动的垄断性

垄断组织的出现是生产力发展的必然结果。为了适应生产力发展的要求和垄断竞争市场的需要,由英美资本家共同出资设立的国际烟草托拉斯公司——英美烟公司便应运而生。垄断是英美烟公司经营活动最显著的特点。作为大型外国垄断企业,英美烟公司利用其强大的资本实力,购置先进设备,聘请专职科研技术人员和销售人员,在胶济铁路沿线产烟区建立起自己的烘烤和收购烟叶的系统,在通商口岸青岛设立巨大的卷烟工厂,垄断了整个山东烤烟的原材料市场、卷烟的生产市场和卷烟的销售市场。

与绝大多数规模极小的华商卷烟工厂相比,英美烟公司拥有无可比拟的巨大资本优势。根据1935年的统计,中国所有民族资本烟厂的资本总额仅占英美烟公司资本总额的9.24%,而单个民族资本烟厂的平均资本则仅占英美烟公司资本总额的0.16%。

在潍坊试种烤烟成功后,英美烟公司向农民大力宣传种烟,并许诺高价回收烟叶。此外,英美烟公司利用买办对依靠自身能力不能种植烟草的农民给予贷款,但条件是必须将收获的烟叶卖给英美烟草公司。

为了垄断原材料市场,防止日本及中国厂商插足烟叶的收购,英美烟公司先后在胶济铁路沿线设置收烟厂6处,分别收购烟叶。英美烟公司收购烟叶的基本方式是直接收购,直接收购可以使农民安心地种植烤烟,使收购工作有计划地进行,同时还能排挤收购的竞争者。收购烟叶时,中国收购公司一般想要收购中、低级烟叶,英美烟公司便故意抬高这些烟叶的收购价格,导致中国机构因没有足够的现金购买而被迫退出该地区。这时,英美烟公司又重新降低价格,垄断了最后阶段的收购价格。

在收买烟叶的各公司中,资本数最大的公司是英美烟公司,收烟最多的公司是英美烟公司,收烟最多的烟市是廿里堡,其余各公司无论是资本数,还是所收烟叶数量,都远不如英美烟公司多,英美烟公司的烟叶收购量占到山东烤烟产量的60%以上,基本上垄断了卷烟生产的原材料市场。

英美烟公司在决定潍坊烤烟的收购价格时,首先要考虑进口美国烟叶的价

格，如果进口烟叶价格低，收购农民烟叶的价格也就低。进口烟叶价格上涨时，收购农民烟叶的价格却不会按相同的幅度上涨，英美烟公司在不致使农民太失望的范围内，尽量压低收购价格。其次要考虑潍坊烤烟产区的供求情况和产区其他农产品的价格。在烟叶收购期间，公司会派人到产区搜集情报，打听哪些村有烟叶出售，产量是多少，各个等级的烟叶各有多少，日商和华商的收购价格和收购数量是多少，十分详细。英美烟公司根据收集到的情报，开会商讨，看势定价。当其他烟草公司对烟叶的需求增加时，英美烟公司会将决定了的收购价格略为提升。总之，通过各种手段，英美烟公司垄断了原材料市场，并凭借垄断烟叶的收购来迫使烟农接受他们决定的收购价格，从而又垄断烟叶的收购价格。

烟叶的收购和加工是相辅而成的，收购量大的公司，其复烤规模也相对较大。烟叶复烤是对经烟农初烤过的烟叶的再加工，是与烤烟种植面积、销售市场扩大同时发展起来的一个重要环节。英美烟公司先后在廿里堡设有4台复烤机，设立的时间比其他公司都要早，年复烤能力最多可达到25000吨，远远超过其他公司。除英美烟公司外，米星烟草公司在虾蟆屯建有烤烟厂，南洋烟草公司也于1924年在坊子建成烟叶复烤厂。从1917年至1936年，山东境内的8家烤烟厂、15台复烤机中，除青岛地区有烤烟厂2家、复烤机4台外，其余6家烤烟厂、11台复烤机全部都设在潍坊地区。

20世纪二三十年代，以南洋兄弟烟草公司为代表的华商烟草公司在与外国公司的竞争中，虽也占有一席之地，但是无论从收购还是加工的数量上来看都远远不及英美烟等外国公司，只能在列强势力的夹缝中生存。

英美烟公司能够垄断烟叶市场，除了因其本身作为国际垄断组织的实力和先进的管理经验之外，还仰仗于它由于不平等条约而在中国获得的特权。中国当时处于半殖民地半封建社会，弱国无外交，清政府、北洋政府、国民党政府时期，历届政府最初制定的烟税政策都遭到英美烟公司的强烈反对，最后都出现了与英美烟公司协定烟税的局面，从而使它负担的税率比华商企业要低得多，增强了其在市场上的竞争力。英美烟公司为了进一步垄断中国卷烟市场，还先后收购、吞并了日资村井公司、俄资老巴东公司和华资大昌烟草公司的振胜烟厂，并四次企图吞并最大的华资烟草企业——南洋公司，但都没有得逞。

 第四章 西方势力侵入与文化交流

此外，它还利用跌价倾销、注册商标等方式，打击中国民族企业，从而为进一步垄断烟叶市场产供销的各个环节扫清了道路。

（二）生产经营活动的剥削性

英美烟公司来华进行经营活动的目的是攫取高额利润，因此一方面拉拢政府官员，联络有权势的地方士绅，笼络有能力的经销商，另一方面尽可能地剥削和压迫烟农和烟厂的工人，以达到利益的最大化。

由于种烟的前期投入较其他作物成本较高，许多烟农没有本钱，只好向有钱的地主和富农赊欠豆饼，向高利贷者贷款买煤，因此在山东种烟区域，借贷的利息要比普通农村高出2—3分。种烟不仅投资大，费人工也多，种烟的劳动集约化程度远远高于其他农作物，小麦每亩花费人工数为5日，花生为24日，棉花为60日，而烟叶则需135日。烟苗未出来的时候，不能用水车辘轳浇水，只能用喷壶每天喷一次，烟种才能正常地发芽生长；到芒种以后，待烟苗长到三四寸高，浇水拔出，分栽到麦田里，每日需浇水一次；长到三四尺高时，蓄水尤多，需多灌溉，以保烟叶落黄，烤出金黄的上等烟叶。除灌溉以外，烟叶还需多施肥料，待收获以后还需进行初烤加工。美种烟草的引进，改变了中国农村的劳动状况。从前除非家庭劳动力严重不足，或者无力到外面雇佣工人，否则产烟区中的农妇是很少参加农业劳动的。然而现在，采摘、烟叶选级和扎把等，都成了妇女的主要工作。甚至连烤房烟叶运进运出，有时也由妇女分担。忙的时候，不管白天黑夜，老人孩子都要上阵帮忙，担心一旦烤糟了烟叶而换不到钱。

盼到了收烟的季节，烟农们的车辆要排四五里，有的排四五天都进不了门，只得向门警行贿。公司门前的门警经常拿着铁棒乱打，烟农们如果躲避不及，即头破血流。进门后，烟农们一个个都紧张地等待着公司对自己辛苦收获的烟叶的定价。公司经常故意压低价格和烟叶的等级，如果烟农对公司的定价稍露犹豫，他所领取的号码便立刻被没收，然后不得不拿走自己的烟叶，重新排队领取号码。如果不幸又碰到上次定价的洋人，会被他耻笑并再次压低价格，所以一般烟农在第一次定价的时候就忍痛把烟叶脱手。

收购价格直接操纵在各公司手中，他们可随意涨落，任意盘剥烟农。1934年烤烟丰产，烤烟价格由原来的50—60元降为20—30元。按当时统计，每栽

种一大亩烟草需要肥料费16元、煤炭费10元、工价12元、地价利息及赋税约20元，共计58元。而每大亩烤烟产600磅（每百磅5元），仅收入30余元，1933年在潍县，烟农得到的工资不及应得的1/5。烟农亏本严重，负债累累，甚至倾家荡产。

为了节省成本，英美烟公司招收的工人大部分为女性，后来干脆雇佣童工，每天工资仅0.25—0.50元，每天劳动时间却长达18小时，工资低，劳动强度大，工作时间不容半点松懈，如有违章情形，轻则罚扣工资，重则辞退出厂。在工厂里，工人上厕所要领"茅房牌"，几百个工人只有几个牌，领不到牌就不能上厕所。下班出门要搜身，监工把头则不断殴打欺凌工人，当工人们反抗厂主和监工的压迫，要求增加工资、改善待遇时，厂主便以"开除"威胁工人。外籍人对待中国工人，是高压手段加有限的物质引诱。厂方一再声称，一切福利设施由厂方逐步实现，工人不得提出"无理要求"。

（三）生产和管理的现代性

英美烟公司垄断烟草业，榨取高额垄断利润，阻碍中国生产力发展的同时，它的某些做法以及先进的管理经验对中国有一定的借鉴意义。英美烟公司成立之初，中国还不能生产适合制造香烟的烟叶。英美烟公司意识到，在中国能种植出合适的烟草之前，卷烟工业仅靠进口烟叶不可能兴旺起来。于是1904—1914年，英美烟公司派人分赴湖北、湖南、河南、江西、浙江、安徽、云南、山东、广东、四川、甘肃、陕西、吉林、奉天等省，调查各地土壤、土种烟叶种植情况及烟叶行情、烟叶质量等情况，分析当地烟叶发展的自然和交通条件，然后开展烤烟的试种工作。在坊子试种成功后，美国烟师带着翻译，骑着马到各村巡回，向烟农传授浸种、育苗、移植、施肥、摘心、去蘖、采叶、烘烤、绑把等种植管理技术，同时又通过提供给农民免费的种子和肥料，借给农民温度计和烤烟管，传授农民种植方法，许诺农民不管他们收获的烟叶质量如何都将给予最好的收购价格等办法，进一步推广烤烟的种植。

为了控制原材料市场，英美烟公司在产区设立了多个烟叶收购站，以保证原料的供应；随着种烟面积的扩大，为了便于烟草的储藏和运输，又在原料基地附近投资建立复烤厂；在保证原材料供应的基础上，为了节约运输成本，又在靠近原料基地、交通便利的青岛建立卷烟加工厂。英美烟公司通过发展卷烟工业，延长了产业生产链，反过来刺激了烟草的种植，从而获得了巨大的利润。将生产企业与市场有机地融合还需要建立强大完善的运销网络。英美烟公司采取产供销一体化经营，并使企业的采购、生产、销售等环节变成精细的专业化社会分工。英美烟公司对企业进行的科学化管理，值得学习和借鉴。

以上是英美烟公司在潍坊等地经营活动的主要特点。据统计，1902—1941年，英美烟公司在华实际利润达37797.3万美元。这再次说明它在中国经营活动的真正目的就是获取高额利润，同时，英美烟公司的经营活动对潍坊乃至山东的烟草业也产生了较大的影响。

四、英美烟公司对潍坊烟草业的影响

（一）对潍坊烟草种植结构和种植区域分布的影响

英美烟公司在潍坊试种美种烟草成功之前，潍坊所有产烟地区种植的都是土烟。自美种烟草试种成功后，潍坊的烟草结构发生了重大变化，原来土烟一统天下的局面被打破，美种烟草后来居上。到1949年，潍坊地区土烟种植仅有1.3万亩，占总植烟面积的6.3%。

根据山东实业志的统计，作为山东美种烟草主要产区的潍县、昌乐、益都、临淄、广饶、寿光、昌邑、临朐、安丘9县中，属于潍坊地区的就有潍县、昌乐、益都、寿光、昌邑、临朐、安丘7县。而以种植面积和常年产量来看，以1933年为例，首推临朐，分别为105000亩和362500担；其次是潍县，分别为85000亩和170000担；再次分别为益都、安丘、昌邑、寿光，产量最少的为昌乐。由于潍县种植美种烟草年份较久，不如生地种植烟草的质量好，因此呈逐渐衰落之势，所产烟草的数量已经不及临朐。

相对于美烟，土烟种植则分布不集中。土烟烟草，在卷烟未出现之前，为手工业制造，名烟集中产地出现烟丝加工行业和烟丝摊店以及代客买卖烟叶的行栈，但是在卷烟影响日益扩大的情势下，已逐渐呈消亡之势。在潍县，自英美烟公司输入烤烟烟草并教授人们种植后，由于其利润比土烟骤增数倍，原来将土烟烟叶碎为细屑装入烟筒的烟丝制造方法便逐渐被废弃不用，而用熏制法加工纸烟原材料的方法在当地普及起来。

当时烟叶的收购市场虽为英美烟公司所垄断，任其压级压价，但每收获50

斤烤烟，可换270公斤小麦，农民感到种烟比种粮合算而坚持种植。而且，由于种植烤烟的商品化程度很高，可以直接兑换成现金，用以购买其他生活和生产资料，原来种植农作物和其他经济作物的农民也纷纷改种烤烟。如黄豆，其培种在小麦之后，与烟叶同时，因黄豆销路不佳，价格又低，故农民多愿种烟叶。因此，英美烟公司大力推广烤烟种植，潍坊种植区的种植结构发生了一定的变化，农村经济对烤烟的依存度也相应地增加。

（二）对潍坊烤烟种植面积和产量的影响

美种烟草自引进以来，在潍坊地区的种植面积不断扩大，在潍县、安丘、昌邑、昌乐、益都、临朐、寿光等县都有种植。到1920年，烤烟种植面积达14.15万亩，产量1283万公斤，全部为英美公司垄断收购。继英美之后，日商、华商陆续来这个地区设点建厂，与英美争夺烤烟基地。同时，英美烟公司烤烟厂和卷烟厂的设立延长了烟草产业的生产链，刺激了烟叶需求的不断增加，其收烟数量也随之提高，这就导致了潍坊烤烟种植面积和产量的扩大。到1936年，全市境内烤烟种植面积达41万亩，总产3115万公斤。

七七事变后，烤烟生产大幅度下降。1938年种植面积降至10万亩，产量935万公斤。是年，日军侵占潍坊后，取代英美垄断了潍坊地区的烟草业，并实行"烟草统制"等手段，企图使烟草业复兴；1939年，成立"华北烟草株式会社"（亦称华北烟草公司），将原来日商南信、米星、山东合并组成"青岛支店"。但因战乱，烤烟生产每况愈下。

1945年8月，日本投降后，国民党政府又发动内战，致烟草业仍处于停滞、萎缩状态。中华人民共和国成立后，烤烟生产被纳入国家计划，稳步恢复和发展。1951年，烤烟种植面积达49.3万亩，总产4067万公斤，超过了历史最高水平。

（三）潍坊烤烟种植区的分布及其成因分析

烟草质量的优劣既受自然条件如气候和土壤的影响，又受烟草自身品种及栽种方法的影响。1904年至1914年期间，英美烟公司派员走遍湖北、湖南、河南、江西、浙江、安徽、云南、山东等省，调查土壤和烟草种植情况。土壤对烟叶的质量影响很大，一般来讲，壤质土壤具有沙质土和黏质土的优点，表层疏松，内层略紧，既有良好的透水、通气能力，又有较强的保水、保肥能力，生长出来的烤烟品质优良、色泽金黄、香味纯正。经调查，安徽、河南、山东适合烤烟种植，其他地方如湖北省雨水过多，对烟叶质量有害，甘肃省天气过于干燥，烟叶长得过矮。在三省中，河南是中国生产烤烟烟叶最好的地方，河南土质比山东、安徽都适宜种植烤烟，所产烟叶纤维细、色彩黄的比例高，适合种烟的地区广，且附近煤矿提供了烤烟用的燃料，但河南却没有山东发展那么广，原因是河南很多产地都处于战区或者是土匪多的地区，交通运输和能深入产地方面不及山东。安徽省的土质在三个省份中最差，为黏结性土质，排水性差，容易使烟叶受雨量大的危害，而且当地的农民不愿完全使用美国烟种，他们使用自己原来的土烟种子与美国种子进行杂交，所以安徽所产烟叶质量较差。山东中南部地区的淋溶褐色土属于沙砾质重壤，其有机质含量和肥力都比较适宜烟草生长。潍县地区的土地系沙土底层带有黏土，适合种植优质烟叶。

经过一系列的试种和推广，到20世纪二三十年代，形成了以潍县为中心的潍坊烤烟种植区。潍坊烤烟种植区形成的主要原因，一是产区具有适宜的气候和土壤等自然条件；二是附近坊子等地有较丰富的煤炭等自然资源，可以降低熏烤烤烟的成本；三是1904年潍县自开商埠和胶济铁路通车，提供了必要的交通条件，潍县交通便利，可以使买主直接进入种植区向烟农购买烟叶，胶济铁路通车，为大规模运输烟草提供了条件；四是潍县清末已成为重要的晒烟产区，当地农民有种烟的传统和经验；五是种植烤烟能给农民带来较大的经济利益，农民种烟的积极性很高；六是英美烟公司进行了一系列有计划、有组织的经营活动，并引进了先进的施肥、烤烟加工、卷烟制造等技术，最终促成了潍坊烤烟种植区的形成，使潍坊成为山东乃至全国最重要的烤烟产地。

（四）对潍坊烟草运销的影响

在美种烟草输入山东之前，山东各地所产土烟均在本地销售，也有部分售给邻县。一般是上集市上零卖，主要售给四乡赶集的农民。兖州晒烟每年9月成熟，各地烟商多来采购，运往济宁、曹县、邹县、阳谷、泰安、济南、临清等处；省外销往河北大名府、南宫等处。滋阳和济宁到清初烟草生产加工的规模已经颇为可观，所产旱烟丝主要是北销京师。1902年，英、美、日等厂商或其代办，直接在山东省产地设庄收购，运往上海、汉口、东北等各制烟厂。

英美烟公司的经营活动，使潍坊烤烟的种植面积和产量不断扩大，潍坊逐步发展成为山东乃至中国重要的烤烟生产、加工和销售地区。其主要原因一是潍县附近各县土壤、气候等自然条件适合烟草生长，而且潍县到清末时已成为山东重要的烟草产地；二是坊子等地有大量的煤矿，可以用于熏烤烟叶；三是胶济铁路通过产区并到达青岛，运输烟草既方便又快捷。各车站附近有集市，各大烟草公司设庄坐收，吸引附近各县所产之烟叶。经过收购、复烤后的烤烟烟叶，在廿里堡装运，大部分向东通过胶济铁路运往青岛，然后向日本、朝鲜等国家和上海、天津等地区出口，小部分则向西聚于济南，部分销给当地烟厂，部分转运天津或上海。廿里堡这个胶济线上的小站，因运输烟叶，每年货运收入仅次于青岛和博山车站，居全省第三位，因此闻名国内外。

第二节　外国资本侵入对潍坊经济社会的影响

建成于1904年的胶济铁路，东达胶州湾青岛，西抵济南，成为横贯鲁中地区的交通大动脉，也是当时德国进行殖民统治与经济掠夺的重要工具。随着胶济铁路通车和潍县商埠开辟，西方列强以资本侵入的方式对潍坊地区进行的经济侵略带给当地的影响涉及多个方面，其中包括社会制度、经济、军事、科技文化等领域。而随着工贸活动、教育活动、医疗活动的进一步加强，潍坊与周边地区文化交流的深度和广度也在不断拓展，来自区域外的新文化、新风气、新思潮等新兴事物不断涌入，为当地传统文化融入了不同区域文化的特色，与具有开放性和包容性的地方文化进一步融合和发展，促进了更为开放化和多元化的近代潍坊区域文化的形成和发展。

一、胶济铁路修筑与地方文化交流

早在胶济铁路开工30年前的1868年，李希霍芬便肩负地质调查与情报刺探的使命，纵横大半个中国。在考察山东半岛后，他提出胶州湾是最佳的侵略目标："山东矿产、物产丰富，经济富庶。煤藏是最好的蒸汽锅炉用煤。欲图远东势力之发展，非占领胶州湾不可！占领山东后修一条烟台直通济南、横亘泰沂山脉北侧的铁路，对开采和输出丰富的淄博煤和坊子煤最为有利。"根据李希霍芬的建议，德国政府开始了近30年的精心计划和安排，而这也彻底改变了近代山东城市的格局与发展历程。

1899年9月23日，胶济铁路正式开工修建；1902年6月，铁路筑至潍县；1903年4月，铁路通至青州府……1904年6月1日，铁路终于由青岛一路向西延展铺到了济南，当天张店至博山的支线也全线贯通。胶济铁路全长395.2公里，其中主干线384.6公里，是山东省境内最早的铁路，也是全国最早的铁路之一，这也预示着德国的掠夺线由胶州湾伸向齐鲁腹地。胶济铁路的建成，为德国的殖民掠夺装上了车轮，德国人开始大规模开采沿线矿藏，并经青岛港运抵其国内。代表着西方工业文明的胶济铁路的修建，加速了山东自给自足的自然经济的破亡过程，铁路沿线民生凋敝，人民的苦难加重。

据《胶澳志》记载，整个铁路工程造价为5290.1万马克，其中大部分用于购买德国器材和机车，征用土地所用仅占总投资的4%，近似无偿。线路开通后，德国人把青岛、胶州、高密和济南府等几个大站交给欧籍站长负责，而那些中等的和较小的车站以及停车站交由中国人管理。据不完全统计，1905年至1913年间，胶济铁路共运送旅客812.7万人次，运送货物556.7万吨，利润为1950.6万银元。

在修建胶济铁路的过程中，最严重的矛盾发生在修建胶州至高密段时。1899年6月，德国山东铁路公司勘测设计人员抵达高密，开始勘路置标，但是不仅山东铁路公司买地给价不足，中间商也从中盘剥，乡民得到的土地费和补偿金更少，许多人陷入了破产境地。德国人在勘测施工中，"遇有坟墓，不待迁徙，即行刨掘"，"所至之地，尽将村落民家拆坏"，严重伤害了素有敬祖传统的中国民众的感情。而且在一些地势低洼的地区，为修建铁路而筑起的堤坝会增加发生洪水的危险。到了1899年冬天，胶济铁路勘测延伸到高密城西濠里一带，当地居民担心路基阻水，祸害乡里，遂要求铁路公司多开涵洞桥梁以泄积水。铁路公司拒绝这一合理要求，激起民怨。为了抵抗德国人修筑铁路，108个村的数万乡民在孙文等人的带领下揭竿而起。1900年，在清政府和德军的联合高压下，4月9日，铁路工程得以复工，孙文被诱捕后杀害。但伴随着义和团运动的兴起，高密抗德阻路斗争愈加激烈，1900年6月，包括高密在内的胶济铁路工程全面停工，德国人员全部撤回青岛。总督叶世克下令出兵干预，对乡民展开血腥屠杀，多个村庄都有数百名乡民被杀死。虽然高密乡民的抗德阻路遭到残酷镇压，但它使德国殖民侵略者认识到"中国人民是不好惹的"。在以后的山东路矿交涉和经营中，他们不得不小心谨慎，尽量避免引发事端。

由于胶济铁路重要的战略意义，其成为各国列强争夺的对象。1914年，德国借巴尔干半岛爆炸案，在欧洲挑起了第一次世界大战。日本对山东觊觎已久，趁德国人无力东顾，以武力要挟袁世凯下令中国军队撤离胶济铁路沿线地区，日军轻松占领潍县、济南等火车站，进而强占胶济铁路全线；第二年，又逼迫袁世凯政府答应了写满耻辱的《二十一条》，攫取了德国人在青岛、胶济铁路乃至山东的全部权益。为了加紧掠夺山东资源，日本对胶济线进行了一些改造，以扩大其运输能力。仅1915年至1921年的7年间，日本从胶济线获得的利润就达1885万余元。第一次世界大战后，在中方的强烈坚持和争取下，直到1922年，由美英两国从中斡旋，中日才签订了《解决山东问题悬案条约》及其附约，规定胶济铁路由中国赎回。1938年，胶济铁路再次落入日本人手中。1949年青岛解放后，胶济铁路回到人民的怀抱。

近代以前，鲁中地区由于陆路交通不便，经济一直弱于鲁西大运河沿线地区。近代以来，随着胶济铁路的建成通车以及山东公路建设的展开，特别是随着胶济铁路的修建及设站，鲁中地区工商业逐步兴起，铁路更为沿线站点带来巨大的人流、物流。因资源优势不同，有的站点发展成为工矿业重镇，如坊子、博山、洪山；有的发展成为物产集散中心，如张店、辛店；有的更是成为近现代中国重要城市，如青岛、济南。1906年，潍县正式开辟商埠后，依托便利的交通运输条件，一跃成为胶济铁路沿线重要的土洋货集散市场，商业发展日臻兴盛，"11条贸易线路在此汇合，使这个地方的批发商业声誉远扬，大量外国商品如布、纱、铁和煤油从芝罘运来，甚至更多的土产从南方市场运到这里"①。开埠当年，从烟台、青岛输入的洋杂货即达400万银两左右，其中仅棉纱、布匹两项就价值350万银两，经15家洋布庄分销后，行销范围远达沂州、营州、泰安、临朐、蒲台、泗水等地。②

胶济铁路在对近代工矿产业的产生、近代城市格局的形成、重构区域经济

---

① 汪敬虞：《中国近代经济史》，人民出版社2000年版，第2135页。
② 庄维民：《近代山东市场经济的变迁》，中华书局2000年版，第169页。

及贸易网络、引导沿线农业产业化、打破自给自足的传统经济结构等方面产生重要作用的同时,对于区域经济及文化的整合、国人思想观念的变化乃至文化及民族的认同,也都具有前所未有的影响及作用。

二、外国人在潍县开办的其他企业

鸦片战争后,帝国主义扩大了对我国的经济侵略。它们在潍县开矿,办公司,销商品,大肆掠夺民财及潍县矿产资源。现将外国人在潍县开办的企业简介如下。

(一)坊子煤矿

坊子煤矿开采始于清初,清末已成为山东三大煤矿之一。1898 年 3 月 6 日,清政府与德国签订了《胶澳租界条约》。4 月底,德国地质工程师斯美德不顾潍县知县李务滋的反对,偕买办黄国香,带队在坊子一带强行购地凿井,探矿取样。1900 年,他们探得 188 米之地下煤层厚达 4 米,且储量丰富,于是决定正式开采。至 1914 年,德国人掠走坊子煤 199 万多吨。

1914 年,欧战爆发,9 月,德国人撤走。9 月 28 日,日本人占领坊子煤矿。巴黎和会后,日本人仍不想放弃该矿,于 1923 年策划成立了中日民间合资的"鲁大公司",接管坊子煤矿。七七事变后,日本人扩大了鲁大公司的职能范围,山东所有煤矿统归该公司管辖。1914 年至 1945 年的 32 年中,日本人掠走坊子煤 422 万吨。1945 年日本投降后,国民党接管坊子煤矿。1948 年,潍县解放,坊子煤矿回到人民政府手中。

在帝国主义霸占坊子煤矿的近 50 年内,该矿工人的民族爱国斗争从未间断过。发生时间最早且规模最大的一次是 1907 年因井下特大火药爆炸事故造成 170 多人死亡而爆发的反德大罢工。罢工持续了 3 个多月,几千名工人(也有部分农民)参加。这是山东产业工人第一次自发的反帝斗争。1932 年 2 月 5 日,坊子衙役局炭矿爆发了共产党领导的工人反日大罢工。1940 年 6 月 24 日,磨石湾炭井工人与抗日游击队里应外合进攻该矿并取得胜利。这些斗争大长了中国人的志气,大灭了帝国主义的威风。

(二)美孚油公司潍县油栈

1915 年,青岛美孚油公司在潍县火车站东首建了油栈,为便于卸油和储油,还修了通向美孚油栈的铁路支线及圆形油柜。油罐火车可直接将"洋油"注入油柜。

潍县美孚油栈设有华账房,雇李献庭、王立甫等人为其推销"洋油",委托潍城杂货店代其经销,付以扣佣,由肩挑小贩沿街叫卖,售给用户。

市场上出售的美孚油外包装为马口铁制成的方形油桶,每桶容量为五加仑(1市升=0.22加仑)。为便于运输和储存,每两桶再装木箱。本地肩挑小贩也可自备容器,油自油柜直接注入,省去外包装,其价更廉。潍县栈的"洋油",除潍县全境外,还远销昌邑、平度、掖县、安丘、诸城等,每月销油七千余桶。仅潍县一栈,每月获银元就有五万多元。据说美孚油的利润高达120%,其掠夺性十分明显。

潍县美孚油栈于七七事变后撤销,其业务由青岛美孚油分公司接管。

(三)亚细亚油栈

该栈为美孚油栈之后,地址设在潍县火车站西路北的又一家外国油栈。因离铁路很近,故油用人工推运注入油柜。当时人们认为亚细亚"洋油"质量不及美孚油,因而其油价较美孚油低,销售量也仅占美孚油的二分之一。该油栈于七七事变后撤销。因栈房在野外,附近居民将栈房拆毁,抢走材料。

(四)南信洋行

南信洋行最初是日本片仓组财阀于1914年侵占青岛后,派铃木在青岛开办的铃木丝厂,主要收购山东的廉价蚕茧纩丝运回日本。为增加收购量,日方又于1920年派有田治太郎偕同翻译潘云峰来潍设点。他们看好火车站北路西福顺隆商号的一块五大亩有余的地皮。经洽商,日方以高出时价十余倍的价格(计两万元)方才购得。于是,日本人建房并成立潍县"南信洋行",有田治太郎负责,潘云峰成立华账房并开始收购蚕茧。临沂一带及潍县附近农户的蚕茧,大多卖给该行,经过加工再运往青岛铃木丝厂纩丝。

由于农民养蚕收入甚微,故桑树减少,蚕茧渐短,南信洋行不支。此时恰值大英烟公司烤烟厂在廿里堡导农种烟,有田治太郎乃向铃木建议改行。铃木批准,停购蚕茧,改收黄烟,在潍复烤后,将黄烟装圆形大木桶运回日本。就这样英国人在潍的利益轻易被日本人攫去一份。南信洋行每年在潍收购黄烟五百万斤左右,获利颇丰。该行在潍收烟十余年,七七事变后才撤回日本。在日军尚未到潍之际，南信洋行的厂房和来不及运走的物资均被当地百姓抢走。

1939年，有田治太郎偕土桥、大喜两个日本人重新返潍，在南信洋行原址上重建锯齿房十余幢，恢复购烟。1942年，日本物资失控，该行遂成立粮食组合组、纤维组合组及华北烟叶组合组，所有业务均移交华北烟叶组合组统管。1945年8月，日本投降，日本人均被遣返，南信洋行终结。

（五）德孚洋行

德孚洋行是德国人在济开设的专门经销德国大德颜料厂所产的各种颜料的洋行。在潍县则在东关安丘巷路东开设德茂颜料庄，由王仲明主持代销其商品。该行派华人职员杨希贤在潍监理德茂代销业务，并按销售额给德茂以扣佣。双方均能获利。

1934年，潍县织布、染布业日渐兴旺，大华、元聚、信丰、德聚染厂相继开业，所需颜料数倍增加。根据杨希贤的建议，德孚洋行在潍自设分行，节省了给德茂的扣佣。分行在李家街路西新建了楼房，由杨希贤负责，推销德国颜料。德茂因此停业。而大德颜料销售量激增，业务颇为红火。

日伪期间，物价大涨，颜料尤甚。日本人采用配给法。配给各染厂的颜料除外，市场销售部分价格猛涨。而杨希贤仍按洋行规定销价上报，获利甚巨。各染厂亦因市场价格飞涨而纯利大增。1945年，二战结束，德国大德颜料厂因遭战争破坏而停止生产，潍县德孚洋行遂告结束。

（六）瑞来公司

瑞来公司为德国人克梭在济经六路开设的亦经销大德颜料厂之颜料的公司。其业务与德孚洋行相同。1919年，潍贾宋星甫去济，在火车上遇到能讲华语的克梭。二人相谈投机，克梭便邀宋到公司长叙并请宋回潍帮其推销颜料。宋无资金，回潍后便与潍大贾同祥号李翰臣协商。李同意出资并同意由宋星甫经办。宋遂去济与克梭商定：同祥号预付给瑞来公司押金五千元，用瑞来公司的名义在潍推销大德颜料厂颜料，获取扣佣。于是，宋在东关下河街路西租楼房8间为营业部，另在九曲巷赁仓库1处。1920年，潍县瑞来公司开业，宋任经理，经营长达6年。1926年，瑞来公司中止与同祥号的经销关系，经理宋星甫离去。同祥号则利用原潍瑞来公司的房屋设施，改组福来颜料庄，继续经营颜料，因失掉瑞来资源，两年后经营惨淡而歇业。

1933年，潍县织布业、印染业有较大发展，颜料需求日增。克梭复来潍请宋星甫帮其在潍设分公司。宋因年事已高，精力不济，乃荐其侄宋志贤出山。他们在东关下河街路东租房设营业部，仍用"瑞来"名义，宋志贤任经理，自济运来德国颜料，雇精通业务的李传家负责外销，生意颇佳。1937年，由于受七七事变及克梭儿子回德服兵役等影响，潍县瑞来公司结束。

三、近代外国企业与西方文化传播

坊子煤矿、英美烟公司等企业在大肆掠夺资源和财富的同时，也将大量的西方文化在当地传播开来，客观上在促进潍坊地区的中西方文化交融方面产生了一定的积极影响。自从德国人在大马路南头路西建起德式的圆形邮电楼和德国驻潍领事馆，民族资本和国际资本陆续聚集到潍县的大马路（今潍坊市和平路南段）。此后30年中，先后在此建成的各类公司、工厂、洋行、店铺达200多家。其中由外资建立的规模较大、经营较好者有大马路南段的美孚石油公司（美）、美大公司（美）、东方烟草公司（美）、南信洋行（日）、亚细亚石油公司（英）、山东商行（日）、瑞祥公司（日）、小坂洋行（日）、华北公司（日）、自动车营业所（日）、东亚旅社（日）等。这一时期潍县出现的近代工业已渐具现代企业的规模，它们在采用西方先进技术设备生产的同时，还引进了西方先进的企业管理制度与方法，具备了现代化大生产的基本特征。它们代表着一种新生的社会经济力量的崛起，推动着当地社会经济的进一步发展。

德国人凭借"迁路以就矿"的特权，使得胶济铁路线穿越蕴藏丰富煤矿资源的坊子，并留下构成完备的铁路设施建筑群和矿区建筑群。坊子火车站在当时为二级站标准，配置水塔、煤仓、机修厂、机车转盘、候车室、站台、货场等；在此后的运作中，又添加新的铁路设施，如股道、扇形机车库，设立调车场、机务段。坊子火车站是现今胶济铁路沿线保存最完整的德建车站，在世界上都非常罕见。而坊子南北矿区也保留了德建井架、绞车房、锅炉房、水塔等配套设施。这些历史遗存是研究近代交通与工矿业技术发展的重要物证。坊子德、日建筑群规模类别完整，既有铁路、采矿作业、军事设施建筑，也有医院、学校、邮局等公共建筑，还有大量的居住建筑。这些不同功能的建筑展现了当时德、日在建筑创作、技术上的成就以及与地方建筑特色的融合。虽然这

 第四章 西方势力侵入与文化交流

些建筑的艺术性弱于青岛、济南等地的德、日建筑，但它们与当地的建筑材料、形式紧密结合，颇具特色，并且深刻影响了当地的建筑建造，是研究中国近代建筑史的重要内容。坊子德、日建筑群见证了近代以来潍坊地区的屈辱历史，但同时也展示了中西方文化在近代潍坊地区碰撞、渗透、交汇和融合的历史脉络。

面对西方文化的强烈冲击，当时社会表现出了不同层面的多种反应，其中一部分人对中国旧文化产生了怀疑，从而使根深蒂固的中国传统文化开始动摇，在政治、经济、思想文化等领域发生了很大变化，渐渐形成了一种融中西文化于一体的新文化。这一时期的西方文化传播对潍坊地区的文化发展起到了一定的促进作用，打破了潍坊当地几千年"万般皆下品，唯有读书高"的传统观念。从事工商业的精英，通过艰苦创业，诚信经营，文明管理所取得的业绩和对国家的贡献，得到了全社会的承认和倾慕，经商者已非社会末流。他们中不少人进入了社会上层，参与了工商行政管理或担当了社会组织的负责人，为后人合法守信地从事商贸经营和承担社会义务，开创了成功的先例。历史是发展的，文化也应处于不断发展之中，在西方文化的影响下，传统文化在这一时期发生了变化，这种变化符合文化发展的历史规律，因此不能将这一时代背景下的西方文化传播的历史作用完全否定。

第三节　坊子德、日建筑群的历史文化价值

德、日建筑群位于坊子老城区，现今保存约166处德、日据时期的近代建筑遗存及工业建筑遗产，分布在胶济铁路支线坊子火车站周围8平方公里的范围内。据统计，有德式建筑103处，日式建筑63处，总建筑面积45245.99平方米，其中德式建筑面积31131.73平方米，日式建筑面积14114.26平方米。建筑用途多样，风格各异，构成了坊子小镇具有独特魅力的历史与人文景观。其中，重点历史建筑有火车站票房、电报大楼、机车车库、机车维修车间、机务段段长办公室、德军司令部、德军医院、军官住宅楼、安妮竖坑、德军北大营、坊子站站长住宅、德建学校、天主教堂修女楼、德车领事馆等，均系省级重点文物保护单位。

一、遗存概况

坊子德、日建筑群的形成，源自德国、日本先后对坊子的殖民地占领。德国自1898年至1914年占领坊子共17年，1914年德国战败，日本取得对坊子的控制权，直至1945年日军投降，前后31年。德日帝国主义共霸占坊子长达48年，留下了用于军事占领、经济掠夺和文化渗透等各具特色的一系列建筑群落。德日帝国主义在坊子所设立的德国领事馆、德军司令部、德军北大营、德建火车站、德国电报大楼、德军医院、德军礼堂、德军长官官邸、铁路大桥、天主教堂、修女楼、安妮竖井、敏娜竖井、日本领事馆、日本宪兵队、德日矿务公司、发电厂、电灯公司、日本国民学校、日本农场、部队运兵站、物资仓库、日本正金银行、横田旅馆、鱼鲜大烟馆、风月妓院、红房子水牢等，其机构设置几乎囊括了外交、军事、政治、文化、经济等各个领域。这一系列建筑群落，星罗棋布、错落有致，数量之多、分布之集中、设施之完善、功能之齐全、风格之鲜明在全省乃至全国堪称一流。这些建筑有的恢宏大气、有的精巧别致、有的庄严华贵、有的厚重古朴，集德、日式建筑风格之大成。坊子德、日式建筑群的形成历史，正是在帝国主义殖民扩张下旧中国由封建社会一步步过渡为半殖民地半封建社会的典型历史缩影。

（一）德式建筑

德式建筑共103处，有火车站、电报大楼、领事馆办事处、学校、医院、官邸和宗教场所，建筑面积31131.73平方米，是相对完整的"德国小社区"，系德国侵华期间所建。

1900年前后，欧洲正处于经济社会的骤变中，建筑也呈现理性与浪漫交织的风格。德在坊子所建的房屋，吸收和借鉴中世纪的建筑形式，典雅自然又不失活泼，尺度适宜，工艺精细，廊、柱、厅、窗、穹顶、尖塔等，充分体现出新兴工艺美术运动等建筑思潮的影响，多数居住和办公类房子属于西方新古典主义流派。跟四方盒般整齐划一的中国传统房屋不同，德式建筑直线少而折线或弧线多。屋顶无一平顶，多为四棱四面的盔形。窗户很少开成方框，有的尖而细高，有的凸出一个兜肚，上尖下圆，像一滴半空中的垂露。屋顶是一色的红瓦，并非现代建筑式的平摆或中国宫殿式的斜铺，而是近乎垂直的立柱。

 第四章 西方势力侵入与文化交流

德式建筑的外观简洁而不简单，是简单基础上的牢固。在屋顶处理上，使用多面造坡的形状，更显明快格调。广泛使用全木斜立拉式支撑和木条式直接挂瓦，重量轻，可抗高级别的震灾。使用长条状石灰石板或青石板条门档、窗档等，线条简洁。所有德式建筑都特别讲求色彩对视觉的冲击，在处理上大都用橘黄色外墙砂浆拉毛、赭红色牛舌瓦、榴红色木地板等，多用暖色，且色彩鲜明，极富美感。德式房屋讲究对称，窄长的窗户均双设，丰富了采光，又避免了视觉的单调。主体建筑左边建耳房的，右边必建一个与之呼应的耳房出来，并且从格局到细部处理绝对一致。

在别墅建造上，德国人更讲究人性化。所有房屋都设地下室，四周留有通风口，一年四季保持干燥和充分的空气流通。木地板下铺有炉渣，除有防潮功能外，还隔音、保暖，能把地下室冬天的温暖和夏天的凉爽滤散到室内，保持冬暖夏凉。回环壁炉有效节约了燃料，并能最大限度地供给多个居室热量。卧室之间有门紧密相连，既沟通了彼此，也满足了居者的私密要求。门厅两进，把繁杂弃置在外，却保留了宽敞的公共空间。居室外是高低错落的树木花草，满眼植被青翠，绿树掩映，营造出幽静舒适的环境，增强了住宅的隐蔽性和安全感。

德建住宅外观参差不齐，形体自由。结构上常常底层用砖石，楼层用木结构。构件外露，装饰效果很强。屋顶坡度陡而高，往往有阁楼，开圆形或六角形老虎窗，也有蘑菇石卷窗。八角楼的楼梯间则凸出在外，上面戴着高高的尖顶，有些楼房的房间局部悬挑在外而冠以尖顶。屋顶大多采用铁檐式和双坡屋顶的组合形式。建筑以二层居多，用红砖取代中国传统的青砖，基座用粗石砌筑，外墙多为水泥拉毛，并涂以鲜亮的涂料。

交通类房屋，德国人采用砖木结构，覆以红瓦，外墙直抹灰或水泥拉毛，窗户和门四周用花岗岩拱形装饰。T形的坊子火车站，尖山墙，局部采用红砖粗石装饰，以山墙面作为主面，继承了德国本土建筑以连续山墙组成立面的传统手法。机车车站、维修车间等德式工业建筑，红砖砌墙，砖木结构，木桁架屋顶，木立柱，地面铺混凝土砖块，装饰有双拱形的窗户，布局严谨，结构清晰。

花岗岩是德式建筑不可缺少的构造及装饰材料，或于券额，或于墙角，或

于栏杆,在细微之处让人体察到建筑师不俗的品位。其中,以火车站、机务段长办公楼、站长住宅、德军司令部、军官官邸等最为典型。

位于三马路西段的德军司令部,是侵华德军驻坊子的最高指挥机关,建于1903年,建筑面积450平方米。整座建筑威风而气派。德军西大营为二层砖木结构,建于1904年,有客厅、卧室、厨房、储藏室和地下室,功能齐全,样式独特,设计巧妙。建于1903年的德军礼堂,框架结构、外观采用近现代派简洁明快的设计手法,饰以古典式的浮雕,占地1200平方米,能容纳300余人。德军医院的墙体厚70厘米,地板下有深达1米的隔温层,填满煤渣,墙上壁炉可同时给2个房间供暖。

(二) 日式建筑

日式建筑有63处,包括日本青岛领事馆坊子出张所、日本宪兵队住所、横田旅馆、正金银行、鱼鲜大烟馆、风月妓院等,建筑面积14114.26平方米。这些日据时期的坊子建筑,主要集中在胶济铁路以南区域,多在保留德国人原有建筑的基础上进行简单的扩建和增建,规模与数量较大。不同于德国华丽浪漫的风格,日式建筑吸取了坊子当地的建筑特征,采用当地传统材料和建造手法,外立面为红砖,装饰简单,屋顶为日式传统的四坡顶,建筑内部讲究经济适用,注重日本人的生活习惯细节,装饰多呈明显的和式风格。

日建民用建筑多为砖木结构,呈方形或简单平面,双坡屋顶,少数为和式屋顶,大多挑檐,也有檐口直接做两到三层线形齿状砖饰。红砖砌墙,水泥砂浆抹平。较德建建筑而言,体量略显矮小,风格较单一。

日建产业建筑风格与居住建筑类似,但也有特例。如位于三马路与文化街路口处的日本电灯公司办公楼,属于典型现代建筑,钢混结构,墙面铺设水泥面砖,形成水平、垂直分割线,线条简洁有力,但室内依旧保持了和式风格。

日建交通建筑较少,多为配合已有的德式建筑,模仿其风格,如火车站东侧的站房。商业建筑大多为旅店宾馆,均为两屋砖混建筑。

二、历史文化价值

坊子历史地段及德、日建筑群具有丰富的内涵与外延,其核心部分是德、日入侵中国后,围绕胶济铁路坊子站及坊子煤矿的发现、开发而建造的建筑群，具有很高的历史、文化、艺术、科学等多方面价值，是重要的文化遗产。

（一）历史价值

山东近代工业始于19世纪70年代，一是洋务运动中以山东巡抚丁宝桢在济南创办的山东机器局为代表的官办、官督商办的工矿企业，再是同期外国资本在山东最早的开埠口岸——烟台，以投资船舶修理、原料加工业为肇始的办厂经营。从那时起，山东开始真正走上了近代工业的道路，可惜的是这些代表山东早期近代建筑的工矿大多荡然无存，坊子应是目前保护最好、规模最大的外国资本在山东投资的工矿业实例。坊子是山东第一个真正意义上的工业城镇，它的营建是以德国的小城镇建设规划和现代工矿区的建设规划为蓝本的。铁路、煤矿、工人住宅构成城镇的主体，集中体现了近代工矿城镇的特征。坊子的诸多工业遗存、铁路以及民用建筑，如火车站站房、机车车库、机修车间、矿井等多由当时负责胶济铁路设计与建设的德国建筑师设计，反映出德国19世纪末叶以工业建筑为肇端，由古典建筑开始走向现代建筑的诸多细节与特征，具有很高的历史价值。

（二）艺术价值

坊子的发展时间虽短，但建筑规模集中，风格统一，同青岛一样，早期的建筑主要为四坡顶，强调立面装饰；屋顶采用木屋架，部分暴露木结构；外墙采用拉毛墙（由于当时的机制红砖紧缺，墙里面使用中国传统的灰砖），建筑基础墙角用花岗岩堆砌，窗户周围和门楣采用石材装饰，体现出一种庄重的气氛。不同的是青岛采用产自崂山的花岗岩，而坊子多使用产自青州的大青石作为主要石材。

1. 外观线条简洁明快

如在屋顶处理上，使用多面造坡的欧式形状，具有明快且浓郁的格调；多使用全木式斜拉式支撑及木条式直接挂瓦的方式，重量轻，可抗高级别的震灾，有效免除了砖混结构既笨重又易于损坏的弊端；使用长条状石灰石板或青石板作为门档、窗档等，风格简洁，用料简单，其实都是基于安全和牢固的考虑，并最大限度地张扬了日耳曼民族粗犷豪放的个性。

2. 讲求色彩对视觉的冲击效果

所有的德式建筑都讲究用色，特别讲求色彩对视觉的冲击，如橘黄色外墙

拉毛装饰、赭红色牛舌瓦、青灰色条石门窗及基石、榴红色木地板等，远远观去，色彩分明，对比强烈，并多用暖色调，体现出一种浪漫色彩，格调和谐，富有美感。

3. 讲究对称效果的运用

德式建筑吸收和借鉴欧洲中世纪以来的艺术风格，讲究对称效果的运用，门要二进，满足居用者的私密性要求；窄长的窗要双设，既丰富了采光，又避免了视觉的单调；主体建筑的左边建构一个耳房，右边也必须建一个与之遥相呼应的耳房出来，并且大到格局小到细部处理，绝对一致。在原89医院5号院最北边的德军医院医官住宅楼，其木质的廊柱和左右房间、栏杆、耳房的设置，都是以中心楼梯为中轴线设计建造的，观之整齐豪华，效果分明。

4. 多种建筑艺术风格交融体现

坊子的近代德式建筑多由德国多家公司设计师设计，但多由中国本土建筑工人施工建造而成，因而在建筑的艺术风格上既有差别，又有融合；个体建筑中既有西洋不同流派的风格，也糅合进了中国传统建筑的某些元素，形成中西文化的合璧交融。

5. 讲求环保，注重以人为本的居住理念

德建的官邸别墅尤其富有代表性，坊子老城遗存的德式别墅都从人居环保要求进行设计，做到以人为本，体现人的价值。如所有德式建筑都设有地下室，地下室四周留有通风口，一年四季保持室内的干燥和充足的氧气流通。回环炉壁的使用有效地节约了燃料，并最大效果地供给了多个居室热量。卧室之间有门紧密相连，既满足了居者的私密要求，也解决了各个居住空间之间的沟通问题。

（三）文物价值

与国内其他近现代历史建筑遗存相比，坊子的德、日建筑群还具有多方面独特的价值。

1. 整体性

坊子区的德日建筑分布相对集中，具有很强的"整体性"特征。大部分建筑分布在坊子老城区8平方公里范围内，主要建筑围绕铁路和煤矿而建，形成了较为完整的社区，路网结构和城市肌理基本完整，为以后的开发和保护提供了良好的基础条件。

2. 活的建筑文物

坊子的大部分建筑以及煤矿、铁路等生产型建筑物、构筑物至今仍在使用，是"活的建筑文物"，具有很强的生命力。如安妮竖井，至今仍在发挥效益。

3. 原真性

坊子的德日建筑保存较好，没有经过大量开发建设，因为建设得非常集中，区域内几乎没有插建、改建的大型多高层建筑物，具有较好的"原真性"特征。103处德式建筑、63处日式建筑和几百处具有近代地方式风格的建筑，基本保存了原有风貌。整个社区周边为农田、水系，绿化大环境良好，经过改造开发完全能够打造一个具有德国风情的"欧洲小镇"。

4. 多样化及唯一性

坊子旧城建筑功能多样化，使用性质丰富多彩。除一般的民用建筑外，还有大量的工业建筑及交通建筑设施，且仍保存良好，有些建筑和设施如机车修理转盘、煤矿竖井以及水井等，实属国内少见，具有"唯一性"特征。

第五章
传统文化余晖与地方特色显现

在清末民初的社会急剧变革中，一方面，潍坊地区的社会文化传统尽管一度受到冲击，但并未出现断裂，而是得到持续发展和不断更新，其中尤以金石鉴藏研究、古典园林营建、乡邦文献整理研究等为代表，使颇具地方特色的传统文化显现出耀眼余晖；另一方面，在地方政府的支持下，士绅阶层通过创办新式教育、参与慈善事业、注重宗法族亲联盟等形式，继续宣扬儒家的道德观念，维护以传统礼教为基础的社会秩序。更为重要的是，士绅阶层创办新学、推进地方自治、参与议会政治等，各种传统社会文化资源得到充分利用和转化，从而实现了传统与现代因素的有机结合。

第一节 以十笏园为代表的潍县园林

光绪年间建成的十笏园达到了潍县传统造园艺术的高峰，同时也是潍坊地区传统文化领域在这一时期达到的高峰。尽管已进入中西交融、传统文化受到巨大冲击的时期，但是内心深处坚守着文化传统的士绅阶层依然向往着传统文化的家园。潍县此一时期营建的古典园林是传统士绅阶层对当地园林营建传统的承继，更代表着他们在社会剧变时期内心深处急欲寻求的"精神家园"。

"潍县当升平时代，缙绅之族优游多暇，往往性耽风雅，园林是尚。"① 明清之际，潍县园林的大规模营造正值我国造园艺术的高峰时期，同时又是潍县

---

① 《潍县志稿·卷十一·园亭》，1941年版。

发展史上经济与科举最为发达的时期。潍县的世家望族多以耕读传家，世代恪守"学而优则仕"的祖训，注重对子孙的科举教育。"以耕读兴，以官宦显"，许多宦游天下的潍县士绅在原籍修葺故宅、营建园林蔚然成风，以为兴宗耀祖、冶养性情。如：

十笏园

潍县郭氏世家，因明末郭尚友为户部尚书，所以其"南园"建造的时间较早，并且跨越明清两代，绵延二百余年；清末张兆栋因对外作战不力被朝廷削职后，在家乡修造"颐园"作为养老之所，并到处请人题咏，借以表白自己为官清白、兵败之事问心无愧。

潍县士绅多为名门望族、仕宦之家，挟雄厚经济实力和深邃文化底蕴倾力为之，营造出诸多空灵通透、如诗如画、格调高雅、融北派质朴大方与南派小巧细腻于一体的园林，达到了一园一境界、一景一画图的效果，涌现了南园、齐氏园、黄叶楼、半亩园、复园、绿萝山庄、艮园、叠石山馆、自怡园、柏园、绿野斋、莲池别墅、杨家别墅、易园、十笏园、颐园等一批著名园林。其中，全国重点文物保护单位——十笏园，以其建造得小巧和精美，成为潍县数百年园林发展史上的经典之作。风雨沧桑，名园胜景多从岁月中剥蚀而化为烟尘，唯此十笏一园有幸保留至今。

十笏园原是明嘉靖年间南京刑部郎中胡邦佐的故宅。胡邦佐是明代潍县首富，到了清代初期，胡家衰落，胡氏故宅由陈兆鸾（顺治年间任河南彰德知府）购得，并作修葺营建。至道光年间，陈氏又将此处宅园卖与郭熊飞（道光年间任直隶布政使）。丁善宝于光绪十一年（1885）购得其住宅西邻郭熊飞家的废宅，用了一年多的时间，精心设计建造了幸存至今的十笏园。园中景点有砚香楼、蔚秀亭、四照亭、稳如舟亭、春雨楼、漪岚亭、小沧浪亭、十笏草堂、静如山房、碧云斋、秋声馆、深柳读书堂、颂芬书屋等。此园占地面积仅两千平方米，内有大小建筑物三十四处，房屋六十七间，诚可谓小巧典雅，容纳大千，无尽良妙之处。古典园林建筑专家陈从周赞道："潍坊十笏园，园甚小，故以十笏名之，清水一池，山廊围之，轩榭浮波，极轻灵有致。触景成咏：'老去江湖兴未阑，园林佳处说般般。亭台虽小情无限，别有缠绵水石间。'北国小园，能饶水石之胜者，以此为最。"①

十笏园与大多数潍县园林一样，是典型的中国古典园林中的私人园林及文人园林。从丁善宝筑园起，到其子丁毓庚，孙丁叔言、丁锡田，祖孙三代在此生活六十余年。十笏园以其建筑之玲珑典雅和诗书气息之无尽曼妙而成为山东东部文人雅士的活动中心。当时潍县文化名流宋书升、刘抡升、郭杭之、丁良翰、陈恒庆、张昭潜、梁文灿、丁启喆，安丘诗人王瑞麟、平度文人白永修、高密文人傅丙鑑，还有侨寓潍县的经史名家胶州人柯劭忞、荣成人孙葆田等，都是十笏园的常客。他们辗转交接，以园为文，以文会友，文事书画，成为潍县乃至鲁东的文化盛事。当时国内的硕儒俊秀、达官政要凡到潍县者必游十笏园，且以此为幸。1925 年，康有为来潍县畅游十笏园和复园，下榻十笏草堂，为十笏园、复园各赋题留诗一首。陪同游览者除丁叔言、丁稼民、丁笏丞外，还有曹微亭观察、前潍县令曹蕴键父子以及张幼安观察等。

综观潍县园林的发展历史，我们可以看到，表现在古典园林中的这种具有中国传统审美特征的园林自然观，很大程度上还是当地文化发展的必然产物。因此，潍县园林在漫长的发展历程中也就具有了自身的文化特点。

其一，潍县园林的兴建历史较为悠久。县志中明确记载，此处自金代就已建有园林，如完颜氏别墅，且规模较大。相对于周边地区的园林，潍县园林开始建筑的年代较早，如明代青州衡王府花园、成化年间刘珝在今青州阳河一带建造的园林、状元赵秉忠家所建花园等。

其二，潍县园林建筑的连续性较强。当地园林建筑从金代一直绵延到明清时期，最晚到清代光绪年间。潍县园林由起初的景点漫延相属、缺乏谨严密致，发展到后期的小巧典雅、轻灵有致、融汇南北，随时代的推移而日渐发展的特点极为明显。

其三，潍县园林选址亦顺其自然。其有在城内者，亦有在城外者。城外者以清代前期为多，一般面积较大，这主要因为清代乾嘉时期社会稳定，经济发

---

① 陈从周：《说园》，同济大学出版社 2007 年版，第 24 页。

展,地方富豪有钱在城外购置大量土地,用作建造园林,或可避免城中车马喧嚣。但是到乾嘉以后,尤其道咸时期,社会动荡,缙绅豪富出于安全考虑,则多在城内建造园林。

其四,潍县园林修造多有所寄托。士绅在造园之时,从营建主旨、心境取意上把自己的情思寄托在造园艺术中。丁善宝在其自撰的《十笏园记》中讲,建园是为了养静,图的是清静幽雅,不是为了追求园林的豪华侈美,并告诫子孙不可将其作为游戏玩乐的场所。

其五,潍县园林尤重高雅文化氛围的营造。由于园主本身具有较高的文化修养,又有文人墨客参与规划建设,故而潍县园林的文化意蕴颇为深厚。园中每处景点皆有出处来历,且亭廊楹柱间所镶嵌张挂的匾额、楹联等均出自名家手笔。如,十笏园中藏有明季潍县令周亮工所藏陈老莲画稿刻石,回廊中嵌有郑板桥、金农、李鱓等人的书画题刻,陈介祺、桂馥、翟云升、白永修、曹鸿勋、王寿彭等人的诗书题刻也布放于适当位置。

第二节　乡邦文献的收集整理与研究

清末以来,外国列强对我国古籍文献的疯狂掠夺与破坏,给我国图书文化事业造成了极大的损失。尤其是日本帝国主义在掠夺文化典籍时,特别注意掠夺反映各地风土人情和物产资源的地方志、家谱、族谱、地图等资料,致使大批志书流往日本。日本现存我国方志4000余种,成为国外收藏我国方志最多的国家。① 丁锡田以一己之力收藏保护研究方志文献,就是在当时中国古籍文献尤其是方志资料大量外流的时代背景下出现的。他酷爱乡邦文献、地方史乘,凡乡贤撰著、先达遗墨,必百计访求,以其用意之诚、用心之深、用力之勤,终至乡邦文献收藏蔚成巨观,非寻常藏家能望其项背。他以毕生精力,矻矻搜求各地方志。明清时代,山东九州、十府、一百单八县,皆有方志,且版本多样,是珍罕的乡邦文献,在文化传承中有着重要作用。丁锡田以一人之力集成全部,这在山东乃至国内堪称第一。有一时难以购置者,则倩人抄录,或借来家中,自为录副,必使藏弆邺架,无复散佚之虞。如《潍县志》已有明万

---

① 冯方:《清末民初中国古文献外流概述》,《古籍整理研究学刊》2005年第5期。

历、清康熙、乾隆3个版本,他初藏清代版本,独缺明万历癸酉版10卷,当时辗转获悉北京图书馆藏有一套,他即函请当时正在北京大学读书的张政烺(著名古代历史学家、古文字学家、古文献学家)读书之余到北图借抄,边抄边寄。

丁锡田(1893—1941),字倬千,号稼民。为丁毓庚四子,承继六宅部分产业。丁氏世家成员,以诗书传家,累有著述,见于地方志书者,20余人留有著作,其中丁廷珍8种、丁叔言20余种、丁锡田50余种。① 丁锡田是一位最典型的学者,博览群书,藏书丰富。即使从全国范围来看,他也是一位颇有成就的历史学家、古籍收藏家和乡邦文献名家。丁锡田童年在家塾读书,受业于光绪末年潍县进士陈蜚声;少年即喜读史书,及长致力于古文和舆地学的研究;21岁入丁氏第一高等小学校,23岁毕业留校,任历史教员;后任丁氏第二小学校长,兼教两校历史。丁锡田非常关心地方的文化教育事业,对儿童教育尤为用心,亲自编写历史教材,有教无类,助学成才,还组织文学诗社编印诗文纪游文集。

丁锡田平生嗜好历史地理,研读刻苦,以其短暂的一生全力以赴投身于学术事业之中。丁锡田生活的年代正值新旧社会变革动荡的时期,在当时偏于闭塞的情形下,他通过书信往来,与王献唐、陈梦家、唐兰、顾颉刚、胡适、闻一多、傅斯年等全国知名的教授、学者建立联系,切磋学术。著名社会学家潘光旦甚至专程到潍县访问他,彼此受益。"他一生烟酒不沾,一心扑在学术和教育事业上,是我们那个大家庭里出了名的书呆子。他除了热心于办学之外,全把精力放在研究古代史、历史地理,以及搜集乡土文献方面……"② 他是早期禹贡学会会员,时逢战乱,禹贡学会人员南迁,丁锡田则主动提出留守禹贡学会会址。

他搜集和整理海岱文献,首倡海岱文史研究,并以最新的方式发布启示,征集研究著作,编辑《海岱文征》20余册;对潍县史学名家的著作手札收集不遗余力,并进行校勘编辑成类书。1932年,潍县有了一家新式和记印刷局,

---

① 孙敬明:《潍坊古代文化通论》,齐鲁书社2009年版。
② 丁伟志:《故乡的家事》,载《潍坊文化三百年》,文化艺术出版社2006年版。

印刷方便，他便手编《潍县文献丛刊》，收纳乡贤著作，分辑刊行。此丛刊前后出过3辑，收书目20余种。使珍罕秘笈化身千百，广惠后学，这是丁锡田有功于桑梓文化传承的重大建树。其中与地方有关的文献有《韩文靖公遗集》（韩熙载的文集）、《勤斋集》（元萧㪺撰，《四库全书》本）、《全潍记略》（明潍县令周亮工撰，习庵本）等。他辑得郑板桥《潍县竹枝词》40首，并编入1932年问世的《潍县文献丛刊》第一辑，郑板桥研究学者称"《潍县竹枝词》四十首的发现，应该看作是一件重要的事情"。① 其对乡邦文献的收集整理之于地方文化研究的贡献由此可见一斑。

1931年，当时的潍县县长王华安（河南睢县人，河南省立师范毕业）倡重修《潍县志》，并主持成立县志局，聘请清末进士陈蜚声与邑内学者刘金第②为正副编纂，聘丁锡田为采访主任，③确定了《潍县志》的续修原则，借鉴万历、康熙、乾隆版《潍县志》的优胜处，确定续修《潍县志》的总体框架与篇章细目。丁锡田负责收集史料的筛选、核实、分类、立目。早在1921年，丁锡田就编出了《潍县历史谭》，由黄炎培题签；1922年，编成《理堂先生年谱》；1926年，写成了《潍县乡贤传》4卷，所收人物63人，由光绪二十九年（1903）潍县状元王寿彭题签；1930年编成《潍县拆除石坊调查表》《潍乘初稿》《潍县疆域沿革》等。这些都为后来编写县志积累了大量资料。丁锡田受命担任县志采访主任后，深知编修地方志是一件上为祖宗、下为子孙的千秋大业，重担在身，他殚精竭虑，对自己承担的方志编目，广征博采，搜集资料，为搜遗补缺，访博儒，搜野史，询父老，捡藏书，做到了严格审核，翔实无误。1937年，丁锡田还带领学生经过勘察，绘制了潍县城坞详图。在这次续修中，《疆域沿革表》《人物志》《氏族志》《秩官志》及《职官表》等卷，也是丁锡田平日所辑录，加以补充整理而成的。其资料之翔实、数据之精确、辞采之华美，可以说无懈可击。到1937年七七事变前，《潍县志》已完稿印刷部分卷册。潍县沦陷后，剩余各稿的印刷清样，由丁锡田收藏于丁氏群化小学。

---

① 中华书局上海编辑所：《郑板桥集》，中华书局上海编辑所1962年版，第10页。
② 刘金第，字东侯，清代最后七名举人之一，丁宅塾师。
③ 《民国山东通志》编辑委员会：《民国山东通志》第3册，山东文献杂志社2002年版，第1678页。

当时，他誓不与日寇合作，为躲避日寇骚扰，长时间离家出走，先后在青岛、北平借居，后侍继母寓居北平，以全部精力整理文献资料，不幸于1941年3月17日病逝于故都，终年49岁。而这个中辍的县志，直到1941年方以《潍县志稿》的名字，由潍县和记印刷局铅印出版。《潍县志稿》集历代潍县地方志之大成，比较全面地反映了潍县数千年沉积的通纪历史、典章制度、疆域营缮、民社职官、教育实业、名人艺文、物产建筑、金石碑碣等等，保留了潍县大量珍贵的历史资料，既是了解和研究潍县历史不可多得的大百科全书，又是全国地方志书中的佼佼者。

丁锡田的大量藏书，分贮于北平与潍县。他本欲设私人图书馆，供邑人阅读，发挥藏书作用，但因日军侵华，未得实现。1948年4月，潍县解放。遵照父亲的遗愿，庋藏于潍县的图书典籍，由其女志萱、子伟志登记造册，无偿捐献给潍坊市图书馆，共捐书2804种、23067册。到1957年，潍坊市图书馆把这批藏书转捐给山东省图书馆。而丁氏于北京的藏书，则于1949年春，由其女志芗，无偿捐献给中央人民政府人民革命军事委员会，共34箱。取之于社会，返还于国家，子女秉志捐书，履行了丁锡田"文化为民"的夙愿。其搜救之古籍文献书香延绵，金石有声，此齐鲁文化之幸，中华文化之幸！

第三节　潍县近代新式教育的创办

清光绪二十七年（1901），《辛丑条约》订立后，慈禧为了挽回颓势，不得不接受办洋务的主张，并同时颁布"废科举""行新学"的诏令。潍县部分知识分子、社会名流受维新思想影响，深感救国之道除政治上变法外，振兴教育、培养人才实为当务之急。为此，他们积极提倡新学，以兴学为己任。除公办学堂外，还有一些名门望族、绅商大户的开明人士，也把办学堂视为善行义举，于是清末民初潍县民间创办新学堂蔚然成风。中华民国成立后，学堂改称学校。

一、世家望族创办新式教育

潍坊地区历来不乏重视文教、人才辈出的世家望族。在传统的宗法社会中，世家望族的教育往往是给本家族子弟提供较好的教育条件，便于他们通过

 第五章 传统文化余晖与地方特色显现

读书进入官僚阶层，以保持家族的长期兴盛。明清时期，依靠科举兴家的潍坊世家望族，一直把功名与官职作为提升社会地位和巩固家族财富的重要资源。清朝末年，尤其是科举制度的废除，彻底切断了他们借助科举进入上层社会和维护家族利益的重要途径。此外，教会学校的兴办与西方教育思想的冲击，使当地世家望族适时转变教育观念，家族中的开明士绅和进步知识分子，凭借家族本身较为雄厚的经济实力、较高的社会声誉和人才优势，兴办了一大批新式学堂，鼓励族人接受新式教育，使其家族在近现代社会仍然保持了旺盛的生命力，对潍坊乃至山东的近代社会产生了重大影响。其中，尤以丁、郭世家最为突出。

潍县丁氏世家注重教育，明清时期即设有家学、义学，清末民初则首创新学。这些学校或由原有族学改制而来，或随新式教育的兴起而创办，因其大都是小学堂的形式，故在地方起到了新学启蒙的作用。当时潍县首富、开明士绅的典型人物丁叔言积极参与其生父丁毓庚筹办的教育事业，1911年创办丁氏第一小学，并任校长。1918年秋，他与陈枝仲去天津、济南等地参观学校，考察办学方法，在天津谒见总统黎元洪，返潍后著《考察日记》印行。1921年创办丁氏第二小学，由其胞弟丁倬千任校长。1922年10月，他去济南会见蔡元培，并经蔡介绍参加了"中华民国教育改进社"召开的第一次年会，后又于1923年7月和1924年7月到北京和江宁参加教育改进社的年会。1925年，其到胶东各县参观教育，1927年被选为潍县中区教育会会长。他将丁锡田编写的《潍县历史谭》等，分赠学生作为史地补充教材；还经常为学生辅导补课；帮助贫苦儿童免费入学，或资助书籍、费用；对有志深造而无力升学者，总是慨然相助。丁氏兴办的新学培养了一大批近代新型人才，知名者有裴昌会、郭味蕖、于希宁、丁伟志等。

郭氏世家在潍500余年，累世而居，学问兴家，儒雅相传。郭氏重视发展教育，热心公益事业。郭家迁潍始祖郭礼就是塾师，其后世子孙杏坛执鞭、聚众讲学者不乏其人。郭一璐（1643—1713）知饶州时，督建书院，劝士勤学，倡变文风。郭伟勣（1710—1791）居乡行善助学，扶危解困，为贫寒学子延聘老师。郭梦龄（1795—1854）任四川顺庆知府时，励精图治，修补朱凤书院，振兴文教事业，深得人心，使川北难治之地，民风移易，迥非昔比。到近代，

族内知识分子则顺时应变，投身新兴事业，兴办学堂，为潍坊文化的发展做出了积极贡献。1910年，郭恩元倡办郭氏小学堂，校址初在四牌坊，后迁至郭宅街，后又迁至棋盘街，发展至学生200多人；1933年改为私立郭氏励新小学，兼收外姓学生。1915年，教育部官员来潍视察，调查评骘以郭氏小学为最优，颁发教育部二等"嘉祥章"。1949年新中国成立后，该校并入潍坊市第一小学。郭雨农、郭谷石、郭用群、郭味蕖、郭秩千等先后担任校长。

郭氏家族中对潍县教育事业贡献最大者，应推郭恩敷。郭恩敷（1864—1928），字荫汀，郭氏第十五世，郭康之先生长子，师承潍上著名学者宋书升，毕生致力于教育事业。戊戌事变后，郭恩敷辞官归里，决心走兴教救国之路，致力于民智开发。他重建潍阳书院，自任算学讲席，并于诸城观海书院讲学，培养出数千数学人才。光绪三十三年（1907），潍县修乡土志，他带领县高等小学学生测绘全境，绘制了较为精确的《潍县全境图》。清末民初，他参加了同盟会，策动反对袁世凯的斗争，支持潍坊学生参加五四爱国运动和妇女解放运动。他还倡建智群学社，并任社长，该社附设智群小学堂，实施国民教育。其间，潍阳书院改为初级师范学堂，郭恩敷任监督。民初又改为潍县县立中学，学界公推他为校长。1916年，潍县筹集军费时，拟挪用教育经费，他据理力争，方使学校得以维持。在其晚年，潍县成立教育会，分东西南北中五个学区，郭恩敷担任全县及中区教育会负责人，积极倡办女子师范和中区第一女子学校，担任县立女子师范讲习所负责人，使女子中等教育得到了发展。由于历史传承、社会变革和世家望族倡导，潍县新学教育事业极为发达，走在全省前列。

二、潍县民办学校概览

清末民国时期，以丁、郭世家为代表的潍县士绅积极创办新式学校，逐渐成为地方教育行政的主导力量，他们积极提倡新学，以兴学为己任，在促进当地教育机构多样性和教育设施完备性方面做出了积极贡献，使当地的教育事业始终沿着现代教育的脉络蓬勃发展。到民国初期，"潍县有中学三处，高等小学三十余处，国民学校七百余处，教育之盛为全省冠"①，并且潍县城区民办私立学校的数目超过了公办学校。潍县民办学校的大量创办，弥补了公立学校之不足，对普及教育，促进地方教育事业的发展，为社会培养人才发挥了积极的作用。

（一）私立小学

1. 丁氏继志小学

光绪三十二年（1906），潍邑巨绅丁毓庚创设继志高等小学堂，由其三子丁叔言任校长。校址在城里东门大街，学生百余人，后迁太平街，又迁西马道，校名改为继志小学，丁荣斋任校长。该校迁西马道后，校舍整饰一新，教学设备完善，为当时地方上较有声望的六年制小学，学生180余人。爱国起义将领裴昌会即这所学校的早期毕业生。抗日战争胜利后，由丁叔言的三子丁作民任校长。潍县解放后因经费无着而停办。

2. 第一公学

光绪三十二年（1906），由地方名流、同盟会会员杜佐宸倡导并与举人、同盟会会员刘树声，举人李咸升及维新人士张树芬、于瀛、武焕奎等人创办。他们深感振兴教育、培养人才乃救国之道、百年大计。杜佐宸等向各方呼吁，由东关绅商各界筹集资金，成立"第一公学"，为初、高两等学堂，杜佐宸被公推为校长。校址设在东关大街东首关帝庙，翌年迁入油房沟街新建校舍，有7个班，学生300多人。第一公学培养了不少人才，民国初年潍县出国留学的杜殿英、谭书奎、谭沛霖三人皆系该校毕业生。1907年，潍县教育会成立时，杜佐宸被公推为教育会会长。他提倡教育，研究新的教学方法，为发展教育事业做出了贡献。20世纪30年代初，该校改为公办学校，先后称潍县第一区区立第一小学、东关四镇联立油房沟小学等。

3. 陈氏志成小学

光绪三十二年（1906），由清末秀才、同盟会会员、山东省工业专门学校毕业生陈纪元创办。陈纪元认识到，若要改变我国的落后面貌，强我中华，必须要有人才。人才要学校培养，特别是当时男女不平等，妇女地位低、没有上

---

① 《山东通志》，民国本，第三册第44页。

学的机会，于是他萌发了创办女学堂的想法。在堂婶母及一些维新人士的支持下，他在县城西门里大街东过道内办起了潍县第一所女子小学——肇基女学堂，不久改称陈氏志成女学堂，陈纪元任校长。校舍是陈纪元婶母的女儿和陈纪元的姊丈、日本留学生、同盟会会员王旭夫捐的。当时在封建礼教束缚下，陈纪元首创女校受到很大的阻力，却也受到社会各界进步人士的支持。20世纪30年代末，志成女学堂改称志成小学，男女学生兼收。该校刚开办时学生不足10人，还管一顿午饭；后来从初小发展到高小共6个班，学生100多人；1945年抗日战争胜利后，因经费无着而停办。

4. 坤明女子学校

光绪三十三年（1907）成立，举人、同盟会会员刘树声任校长，校址在东关大街。这是清末潍县第二所女子小学校。1918年起，杜佐宸继任校长两年。后几经变迁，于20世纪20年代末改为公办学校，男女合校，先后为潍县第一区区立第三小学、县立东关小学等。

5. 郭氏小学

宣统二年（1910），郭氏家族有名望的郭韵琴倡导办学，得到郭恩敷、郭荫亭、郭渔山等人响应。他们组成校董会，筹措办学经费，责成郭渔山主办，并任校长，校址在西门里大街，校名为郭氏两等学堂。1916年，学校迁至郭宅街东首路南，在校学生5个班200人左右，校名改为郭氏小学，校长陆文会。1929年，晋军攻打潍县，校舍毁于炮火，学校迁于郭宅街路北郭氏家庙，学校又有较大发展。郭雨农、郭荫亭、郭谷石又先后任校长。1933年私立学校批准立案后，校名改为潍县私立郭氏励新小学，陈季高任校长，校址迁往棋盘街路西。抗日战争胜利后，郭用群、郭味蕖先后继任校长。1948年潍县解放后，因经费无着，提出申请由政府接管，合并于潍坊市第一小学。

6. 武氏自立学校

宣统三年（1911），由东关绅商武星坡创办，校址在东关大街路北，后迁入安丘巷以东，系初、高两等小学堂，学生100余人，校长郭郡儒。1926年，因军队占驻学校，遭受严重破坏而停办。

7. 丁氏第一小学

宣统三年（1911），由地方名流、热爱教育事业的邑绅丁叔言创办，校址

在城里南门里大街路东,为初、高两等小学堂,学生180余人,丁叔言任校长,后由丁锡章、丁献之相继任校长。1933年私立学校批准立案后,改为潍县私立丁氏益群小学,郭荆玉任校长,于1938年1月停办。潍县著名学者、古籍收藏家丁锡田即该校早期毕业生。画家郭兰村、赫保真、张玉峰也是该校毕业的。

8. 养正小学

宣统三年(1911),志成女学堂校长陈纪元又在城里西门里大街东过道内创办养正小学堂(男校),自任校长,招生30人。1917年停办。

9. 刘氏研志小学

1914年,由刘作恭创办,自任校长。校址在城里大太平街东首道南,招生40余人。1917年停办。

10. 张氏传薪小学

1918年,由张氏家族中热爱教育事业的张毓莹创办,校址在城里大十字口,为初、高两等学堂,张毓莹自任校长。初有学生80余人,后增至100多人,1928年停办。书法家陈衍绪及《西安日报》社新闻研究委员会主任、资深编辑陈小波(原名宏绪)即该校学生。张毓莹是光绪二十九年(1903)成立的"智群学社"成员之一,宣统元年(1909)至宣统三年(1911)担任潍县视学兼劝学所所长。

11. 谭氏学校

1919年,由谭氏家族创办,地址在东关李家街谭氏先祠,招生30人,聘宋彝民任校长。1920年停办,学生并入宋彝民创办的彝民学校。

12. 彝民学校

1920年,由热心教育的宋彝民创办,为初、高两等学校,宋彝民自任校长。校址在东关棘子沟街,学生200人。该校教学质量、学校纪律均佳,曾受到省教育厅通令褒奖。1925年因创办人兼校长去世而停办。

13. 陈氏小学

1920年,由潍城富商陈启之创办,系初、高两等小学。校址在城里松园子街西首路北,校长陈兰芳。1933年私立学校批准立案后,校名改为潍县私立陈氏启幼小学,校长郭华初,学生180余人。该校治学严谨,校风淳朴。金石书画家陈寿荣即该校毕业生。全面抗日战争爆发后,该校于1938年1月停办。

14. 丁氏第二小学

清末潍县思想维新有识之士郭恩敷、杜佐宸、于瀛、王善谟、刘金第、张毓莹等人,于光绪二十九年(1903)在城里增福堂街路南创办"智群学社",以研究新学、开通风气为宗旨。光绪三十二年(1906),学社迁至胡家牌坊街孔相祠之论古堂,并附设智群小学堂。该学堂后迁曹家巷,改为简易学塾。1921年,经丁毓庚将简易学塾调整充实,改为丁氏第二小学,由丁毓庚四子丁锡田任校长。起初,学生多系丁氏子弟,以后逐渐向社会招生,改为六年制小学。1933年私立学校批准立案后,校名改为潍县私立丁氏群化小学,杨质斋、丁明志先后任校长。该校教学设备比较齐全,各种图书资料、标本仪器、教学实验器材等能满足教学需要,在潍县教育界有较大影响。1948年潍县解放后,群化小学复课半年余,由校董会申请人民政府接办,经批准后校名改为潍坊市第十四小学。此后,校名几经变更,现为潍坊市潍城区实验小学。

15. 育德小学

1924年由谭炳玉创办,其自任校长。校址在东关红土湾崖,招生35人,于1928年停办。

16. 广义学校

1925年创办,田希桥任校长。校址在城里忍和街,招生30人,1930年停办。

17. 田氏学校

1926年由田氏家族创办,郭菊畦任校长。校址在城里南门里大街,招生40人,1928年停办。

18. 广育学校

1926年创办,校长谭石村。校址在东关大街,学生100人,1928年停办。

19. 滋善平民第一学校

1926年由滋善社创办,郭斗邻任校长。校址在城里海道司巷三贤祠,招生40人,1929年停办。

20. 滋善平民第二学校

1927年由滋善社创办,谭兰沼任校长。校址在东关前所街,招生45人,

1929 年停办。

21. 东美学校

1929 年由于紫垣创办，其自任校长。校址在东关后门街，招生 50 人，1937 年停办。

22. 于氏竞进学校

1934 年由地方名流于蕙洲创办，其自任校长。校址在城里东门大街，招生 50 人，1938 年停办。

23. 于氏崇文学校

1946 年由于蕙洲创办，其自任校长。校址在城里县治前街，招生 80 人，1947 年停办。

潍县的私立小学除以上民间所办的外，还有天主教教会、中华基督教会等创办的教会学校等。

（二）私立中学

潍县的私立中学，除乐道院美国教会办的文华中学、文美女子中学外，主要有以下几所。

1946 年创办的中正中学，校址在城里石佛寺，张振河任校长；1948 年潍县解放后，改为潍坊特别市私立新华中学，校址迁至增福堂街。

1947 年，曹子政建立的私立青年中学，校址在城里布政司街；1948 年潍县解放后，校名改为潍坊特别市私立青年中学，王振纶任校长。

1951 年，新华、青年两校合并，改称潍坊市私立新青中学，高象九任校长。1952 年由政府接办，校名改为山东省潍坊第三中学。

第四节　架起金石学到现代考古学的桥梁

潍坊地区的金石学由来甚早、底蕴深厚，自宋代赵明诚著《金石录》起，潍坊地区致力于金石学者代不乏人，直至清代以陈介祺为中心的金石学群体出现，一时天下金石兴起山左，潍坊成为全国金石学的中心，金石学研究成就达到全国领先水平。这一从宋代开始的金石学传统可以被认为是考古学的萌芽，但并未涉及对古代遗迹的研究，因而没有直接发展成为近代的考古学。尤为难能可贵的是，潍坊区域的金石学家在倾力搜集文物的同时，已经开始自觉注重文物出土的综合信息，迈出了传统金石学向现代考古学转化的第一步，架起了由传统金石学通往现代考古学的桥梁，这在中国学术发展史上具有特殊的意义。有清一代，今潍坊区域出现了30余位金石学家，这在国内亦属特例。并且流风所及，潍坊这片孕育着深厚金石学传统的土地，在20世纪初诞生了两位现代考古学的先驱——吴金鼎和祁延霈，他们将潍坊地区在传统金石学领域取得的辉煌成就带入现代考古学的视野。

吴金鼎（1901—1948），字禹铭，安丘宋官疃乡（今属景芝镇）万戈庄人。中国著名考古学家，龙山文化的发现者。幼年家贫，由外祖母供其上学，先后就读于安丘德育中学、潍县广文中学和齐鲁大学。1926年考入清华学校（清华大学前身）国学研究院，在李济的指导下攻读人类学专业。1930年初到中央研究院历史语言研究所考古组工作，参加了河南安阳殷墟、山东章丘城子崖、安阳后岗等著名历史遗址的发掘。1933年去英国伦敦大学颜慈教授处留学，其间曾随英国考古学家F.皮特里去巴勒斯坦进行田野考古实习。1937年获博士学位。抗日战争期间，先在中央博物院筹备处，后回历史语言研究所工作。抗战胜利后，曾任齐鲁大学训导长、文学院院长、国学研究所主任、图书馆主任等职。

吴金鼎是山东龙山黑陶文化的发现者。1928年他在山东省章丘县进行调查时，在龙山镇以东武原河畔称为"城子崖"的台地上，发现了一处遗址，知道它自成一文化系统，与中原及西北的彩陶文化是不同的。后其6次前往考察，经发掘、研究，命之为"龙山文化"。这一发掘与命名，在中国乃至世界考古史上都有着划时代的意义。1930至1931年，历史语言研究所请吴金鼎和考古组主任李济等人，前后两次进行发掘，这两次的收获，后来由傅斯年、李济、董作宾、梁思永、吴金鼎、郭宝钧及刘屿霞编著了考古报告集《城子崖》。城子崖遗址的发掘，在中国考古学史上具有开创性意义，对于认识和研究中国新石器时代文化起了重大推动作用。

1933年秋，山东省政府派吴金鼎前往英国伦敦大学进修研究。在英国伦敦大学留学时，他博览群书，刻苦钻研，以英文出版了《中国史前的陶器》一书。此书成为当时关于中国史前陶器的最为详尽的著作，是世界各国学者研究中国考古学的必读书目。他获博士学位后，于1937年回国。时值日本侵略军大举入侵，中国考古学面临极为艰难的局面。他先在中央博物院筹备处，后到历史语言研究所工作。1938年至1940年，他与曾昭燏、王介忱（吴金鼎的夫人）到云南大理附近的苍洱考察发掘，发现遗址32处，并主持挖掘了数处，撰写了《云南苍洱境考古报告》一书，奠定了西南地区史前考古学的基础。1941至1943年，他在科研经费极为拮据的情况下，坚持对四川彭山汉代崖墓和成都前蜀王建墓进行清理发掘，对于汉代和五代十国时期的艺术研究做出了卓越的贡献。

他在齐鲁大学任职期间，仍不忘田野考古，亲自讲授田野考古学，并编写了考古学讲义。正当他不遗余力地培养考古人才的时候，1948年9月18日，癌症夺去了他的生命。《中国大百科全书·考古卷》有他的事迹介绍，称他是最有成就的现代考古学家之一。他的主要著作有：用英文写成的《山东人体质之研究》（1931）和《中国史前的陶器》（1933），以及与他人合写的《城子崖——山东历城县龙山镇之黑陶文化遗址》（1934）和《云南苍洱境考古报告》（1941）等。

1928—1929年的平陵考古可以说是吴金鼎田野考古的起点，此后从1930年加入史语所工作，到1948年不幸因病逝世的这十几年时间内，他的考古足迹遍及山东、河南、云南和四川各省。他的主要贡献在于对中国新石器文化的研究，主要有三大范畴：对龙山遗址的发现及城子崖的发掘，对中国史前陶器的认识和评价，对中国西南地区的考古开拓。

祁延霈（1910—1939），又名天民，字霈苍，满族。其父祁锡堉，字蕴璞，青州满族镶黄旗人，在地理学领域享誉中外，被英国皇家地理学会授予名誉会员的称号。祁锡堉一生博览群书，尤其对历史地理有深入的研究，著有《中华大地理志》《中国文化史纲要》《国际概况讲义》《国防地理》《新编初级中学地理教本》《山东乡土教材》等专著和《中国的灌溉文化》《山东地理概要》《抗战的新局面》等论文。祁锡堉知识渊博，治学严谨，教学认真，任教数十年，桃李满天下，许多学生成为国内外知名学者。

祁延霈是祁锡堉的长子。自幼秉承博学家教，立志报国。1928年夏考入北平师范大学地理系。次年，慕翁文灏之名，重新投考清华大学，考入地理系地质专业。在清华学习期间，他参加了北京近郊"八大处""斋堂""百花山"

三幅地质图的测绘；并对西北边疆历史、地理问题进行了深入研究，是清华中国边疆问题研究会的负责人之一。大学三年级时，他在《清华周刊》文史专号上发表了两万余字的论文《帕米尔史地考》。1933年毕业后，他受聘于中央研究院历史语言研究所，从事考古研究，参加了山东滕县安上村、日照两城镇和河南安阳侯家庄西北岗殷墟第9至13次的发掘工作，发现了中华民族的大量物质文化遗存，为商史和甲骨文的研究提供了大批可靠的宝贵资料。1936年，他还先后参与调查益都苏埠屯、日照等地的古代遗址，其间，发表《山东益都苏埠屯出土铜器调查记》《山东日照考古调查记》《西康考古调查记》《山东日照两城镇大孤堆发掘报告》等许多论文。1937年，他参加史语所与中国地质调查所联合组织的西康古迹考察团，与安特生等人前往今甘孜地区的道孚、炉霍一带，进行史前遗址调查，发现大量文化遗存。

七七事变后，祁延霈随史语所西迁，在长沙停留期间，他听了徐特立关于中共《抗日救亡十大纲领》的演讲，思想上深受启发，是年冬离开史语所，先往重庆寻找失散的亲人，后奔赴延安，被分配到陕北公学第二期第九队学习。1937年底加入中国共产党，1938年3月调新疆工作。1939年12月，祁延霈劳累过度，患伤寒病，医治无效，不幸逝世，年仅29岁。哈密群众为他举行了隆重的追悼会，并在他的墓碑上刻下"天山永孝，正气长存"八个大字，以彰显这位共产党员的气节。1946年8月6日，党中央在延安召开追悼大会，追认陈潭秋、毛泽民、祁延霈等9位同志为"新疆死难九烈士"。

第六章
潍坊金石学及其对传教士的影响

潍坊金石学的兴起，远承宋代赵明诚著《金石录》的余绪，近则得益于潍县令周亮工、郑板桥等的推掖。此后，由于乾嘉学派的影响，全国范围的金石学大为发展，而素有金石学传统的潍县更是得风气之先，进入最为繁盛的阶段，尤其是潍县陈介祺的出现更是将潍坊金石学推上巅峰。潍县较高的金石学成就、浓厚的金石学氛围，不但鼓舞了国人参与收藏、研究金石的热情，而且对居于此地的外国传教士产生了重要影响，使他们对中国传统学术中的金石学产生了浓厚兴趣，使传教士在当时动荡的社会局势下，有兴趣、有机会、有能力，成为金石收藏研究的一支重要力量。

第一节 潍坊金石学概况

潍坊自古即为文物之邦，素有藏古传古之风，及至清季，当地鉴藏、研究金石风气更盛。潍坊地区的金石学自赵明诚起，经历了1000多年的历程，到清代中期迎来第二次辉煌，从青铜器铭文研究，到碑版、玺印、封泥与陶器文字考释，以及金石传拓刊布，均已臻盛境；一大批金石学家涌现出来，如李文藻、段松苓、王锡棨、刘喜海、陈介祺、郭麐、高庆龄、王筠、孙文楷等，均为一时名家。

一、潍坊金石学的历史地位

（一）对金石学历次高峰贡献巨大

潍坊地区的金石学，不但发生发展的历史较为久远，而且在每个学术发展的繁盛段,均处于全国此种学术构成格局中的重要地位。这也正与该地区的经史之学发展的历史轨迹与特点相对应。汉代的郑玄与刘熙以经史之学名重天下,宋代的赵明诚、清代的陈介祺则以金石之学而影响广远。如果说汉代的北海、高密一带,以郑玄为代表而共同形成天下经史之学的中心的话,那么清代的潍县及其周边的诸城、益都、安丘,甚至旁及莱阳、福山与利津、海丰(今无棣),则在此区域内形成以陈介祺为代表的金石学之中心。而整个山东自古齐鲁文物积淀丰富,金石之学由来已久,及至宋代倡兴一时,清代则自毕沅抚山东,阮元为学政编撰《山左金石志》以来,该地旧有传统金石之学风气更为大盛。前经毕、阮之提倡,后有初尚龄、刘喜海、陈介祺、翟云升、吴式芬、李佐贤、许瀚、王筠、桂馥、王懿荣之推动,山东遂成为天下金石学的中心,时谓"金石学在山左",而在"山左"之中,则更以潍县为中心。所以潍县成为天下金石学的中心,应是潍坊地区金石学发展史上最为辉煌的成就。

(二)对传统金石学领域开拓明显

传统金石学,顾名思义,其重在文物的质地为"金"与"石",往往把三代礼器与汉唐碑版作为收藏研究之对象。而到清代,刘喜海开泥造像、封泥收藏研究风气之先,陈介祺则开创收藏研究陶文之端绪,成封泥、砖瓦、铸币铭范文字研讨之盛,潍坊金石学在拓展传统金石学领域方面贡献突出。

特别是陈介祺的博学多识与不同时俗,其将文物作为历史信息的最客观载体而加以研究,最终以达到"传古"的目的,使金石学研究不再囿于宋明以来限于青铜器、碑刻的传统,而是包括铜镜、泉币、瓦当、陶文、画像石等各种质地的文物,举凡有关社会历史者,必致同时网罗搜集,从而开拓了金石学收藏研究的领域,使金石学出现新的局面。以陶文、封泥、砖瓦文字而论,陈氏是第一个发现陶文而进行收藏和研究的,是当今古陶文字之学的开山之祖。因为齐鲁陶文多为玺印按压在陶器上所留存,所以其将陶文与玺印合证,故把玺印、陶文之学推向极致。在其带动下,潍县高庆龄、高嘉钰、高鸿裁一门专事研究陶文与玺印;而益都的孙文楷、孙文澜亦受之影响而广事收集与研究,且多有创见,先后得到陈介祺、王献唐等人的首肯。

(三)对中国传统文化传播影响深远

潍县不但是天下金石学的中心,而且由于金石学的积淀与影响,潍县古董

商人发现石破天惊的甲骨文,从而为中国文化做出贡献。更为人所称道的是,潍县的金石学不但代有传承、在当地与国内有深刻影响,而且还以其深邃的学术魅力征服了外来文化宗教布道者。当时居住在潍县、益都的外国传教士,本是来中国传播西方宗教的,其固有的历史价值观念较之中国自是大不相同,但由于潍县历史文化丰厚,尤其在浓烈的金石学风气的浸润培植下,他们亦重视金石文物之学。并且在潍县老一辈金石学家相继故去,又兼社会局势动荡而后继乏人之际,这些传教士成为金石学拓展分衍的新兴甲骨学研究的先行者。如住在潍县的方法敛与柏根和住在益都的库寿龄,他们均曾从潍县古董商人手中收购大量甲骨,有的售出,有的则进行研究整理,并且经由方法敛研究发表的甲骨文论文,是外国学者发表在国际著名刊物的第一篇。潍县金石学文化的风气促使外籍传教士倾慕中国文化,收集、研究和保存甲骨文,由此可见当地金石学文化根基之深、包容之大和无量造化之功弥高。

二、赵明诚与《金石录》

赵明诚(1081—1129),字德甫,密州诸城(今诸城市)人,生于北宋时期的官宦之家,其父赵挺之是徽宗朝的尚书右仆射。赵明诚青少年时期随父居住于汴京(今开封),后入太学,能诗词善作文,尤其擅长文献校勘、金石鉴赏。大观元年(1107),赵挺之病死,由于政敌作梗,赵家被抄,赵氏兄弟亦一度入狱。因其母郭氏为青州人,故次年赵明诚携夫人李清照返青州定居。赵明诚受欧阳修《集古录》的影响和启发,长期访求金石碑刻,收集从三代到五代的古器铭文和石刻拓片2000多卷,立志撰写一部完整、严肃、清晰的《金石录》。

《金石录》的编撰过程历尽艰辛。金石铭刻的搜集、蓄藏、鉴别、考订、题跋、著录、刊布等一系列整理研究工作,是一项非常费时费力更需资财,又见作者学识、功力以及文化素养的学术活动,其研究成果往往凝聚作者一生的智慧和心血。其自序云:"余自少小,喜从当世学士大夫访问前代金石刻词,以广异闻……访求藏蓄,凡二十年而后粗备。"并说"余之致力于斯,可谓勤且久矣"。① 赵明诚所藏金石中，部分为他人馈赠，也有部分出自家传，如《金石录》卷三十《唐遗教经跋尾》云："余家藏金石刻二千卷，独此经最为旧物，盖先公为进士时所蓄尔。"而更多的则是其不遗余力地搜罗、访求和购置所得。李清照作《金石录后序》回忆夫妇二人从事金石收集、考订情形时说："（赵明诚）年二十一，在太学作学生。赵、李族寒，素贫俭。每朔望谒告出，质衣取半千钱，步入相国寺，市碑文、果实归，相对展玩咀嚼，自谓葛天氏之民也。后二年，出仕宦，便有饭蔬衣绨、穷遐方绝域、尽天下古文奇字之志。日就月将，渐益堆积。丞相居政府，亲旧或在馆阁，多有亡诗逸史、鲁壁汲冢所未见之书，遂尽力传写，浸觉有味，不能自已。后或见古今名人书画，一代奇器，亦复脱衣市易。"后来赵明诚"连守两郡，竭其俸入，以事铅椠。每获一书，即同共校勘，整集签题。得书画、彝鼎，亦摩玩舒卷，指摘疵病，夜尽一烛为率"。李清照为此甚至"食去重肉，衣去重采，首无明珠翡翠之饰，室无涂金刺绣之具"。② 至于金兵南下，战火纷飞，《金石录》能够劫后余生，修订成书，并在绍兴十三年（1143）表进于朝，刊行问世，更是和李清照的拼死相护分不开。可以这样说，《金石录》虽署名赵明诚所撰，实为赵明诚、李清照夫妇共同感情和心血之合璧。

《金石录》分三十卷。前十卷为目录，按时间顺序著录商、周、秦、汉古器铭及秦汉迄于五代的石刻，题下多注明年月及撰书人名；后二十卷为跋尾，集跋尾五百零二篇。《金石录》作为北宋以前传世钟鼎碑版铭文的集录和考证专著，收罗丰富，考证精谨，在我国研究史上具有重要地位，其学术成就历来为人称道。南宋朱熹称其书比欧阳修之《集古录》"序次益条理，辩证益精博"，并认为"文字煞作得好"。晚清学者李慈铭评价说："赵氏援碑刻以正史传，考据精慎，远出欧阳文忠《集古录》之上，于唐代尤多订新、旧唐两书之失。当时新史方行，而德甫屡斥其谬误，悉心厘正，务得其平；于旧书亦无所偏徇，真善读书者也。"又谓："李易安《后序》一篇，叙致错综，笔墨疏秀，萧然出町畦之外，予向爱诵之。"其学术价值和成就主要体现在以下几个方面。

---

① ［宋］赵明诚著，金文明校证：《金石录校证》，上海书画出版社1985年版，第1页。
② 同上，第561页。

（一）证经典之同异

金石学自创生起即与经史之学密切相关，故而以金石铭刻证经典之同异自是其重要内容。如，其所集汉代《熹平石经》残碑，"以世所传经书本校此遗字，其不同者已数百言，又篇第亦时有小异"①。又如，关于"觚"和"爵"的容量大小问题，《周礼·考工记》载："爵，一升。觚，三升。"而汉儒则以为："爵，一升。觚，二升。"赵明诚用出土的爵和觚相量，正好一觚等于三爵，从而证实了《周礼》记载的准确。

（二）正诸史之谬误

即用金石铭刻订正史书中诸如人物姓氏、名讳、字、乡邑、世系、家世、履历、官爵、行为事迹、卒日、寿年、葬日、葬地、妻子儿女等谬误。如《金石录》卷二十三《唐杜如晦碑跋尾》载："今以《碑》考之，颇多异同。《传》言'如晦，大业中尝以选补滏阳尉，弃官去'，而《碑》言'在隋起家为雍州从事，及炀帝幸江都，代王使君判留守事'。盖如晦未尝为滏阳尉，而亦未尝弃官去也。《传》言'秦王为皇太子，授左庶子'，而《碑》作'右庶子'。《传》言'为检校侍中，摄吏部尚书'，而《碑》作'摄侍中、吏部尚书'。……盖此《碑》乃太宗手诏世南勒文于石，其官爵、祖父名讳不宜有误，皆可以正史氏之失矣。"

（三）补载籍之缺佚

金石铭刻保存了反映各个历史时期政治、经济、社会、文化、宗教、民俗等第一手情况的丰富史料，以此对史书中应载而未载的有关国家治乱兴衰大事、重要典章制度以及人物生平事迹进行增补，或者是对已见史书记载却过于粗疏简略处进行补充，亦是《金石录》的学术贡献。《金石录》卷十七《汉郭禧后碑跋尾》："《后汉书·列传》，既不载禧所终，而《灵帝纪》但云'建宁三年夏四月，太尉郭禧罢'，亦不言其为何官。今以《碑》考之，乃知其罢为太中大夫，而卒于光和二年也。"

---

① ［宋］赵明诚著，金文明校证：《金石录校证》，上海书画出版社1985年版，第300页。

（四）校正前贤阙失

《金石录》成书前，已有吕大临《考古图》、欧阳修《集古录》等著作行世。这些著作在金石学上虽有开创之功，但由于历史条件的局限和作者主观上的原因，书中多有阙失错讹之处。赵明诚不盲从前人，对于前辈学者书中的差误多有驳议。如，《金石录》卷十一《商雊鼎铭跋尾》中指出《考古图》中的阙失："右《鼎铭》，刘原父得于商雊。铭云：'维十有四月。'蔡君谟尝问原父：'十有四月者何？'原父不能对。吕氏《考古图》云：'古器铭多有是语，或云十三月，或云十九月。疑人君即位居丧，逾年未改元，故以月数。'余尝考之，古人君即位，明年称元年，盖无逾年不改元之事。又余所藏《牧敦铭》有云：'惟王十年十有四月。'以此知吕氏之说非是。盖古语有不可晓者，阙之可也。"

《金石录》以"证经订史"为旨趣，"考信求实"为原则，"引古筹今"为目的，体例完善，内容丰富，考证精审，影响深远。《金石录》进一步开掘了学术研究新材料，增加了学术研究新内容，开启了学术研究新方法，拓展了学术研究新领域，在中国金石学上占有非常重要的地位。《金石录》与此前的《集古录》，不但其编撰体例成为后世金石学著作的基本模式之一，"或宗欧、赵之例，著目录加跋尾"①，而且其考经订史、引古筹今的治学旨趣，也成为顾炎武、钱大昕等清代金石学家努力追求的目标。同时，两书运用金石遗文和传世文献相印证，正误补缺，开近代王国维"二重证据法"之先河，奠定了我国金石考据学的基础。而具体到潍坊一地，则赵明诚及其《金石录》的影响更甚，潍坊地区由此形成了搜集、著录、刊布、研究金石的浓厚风气，及至明清时期更是出现了金石学大为繁兴，甚至名闻天下的盛况。

三、刘喜海的金石学成就

诸城是赵明诚之故里，是当时山东首屈一指的大县，且地富人足，故至清代出现了众多知名金石学家。诸如刘墉侄孙刘喜海即是当时知名的金石学家，他一生致力于金石搜集与研究，且与国内诸名家颇多交往。

---

① ［清］陆增祥：《八琼室金石补正》，文物出版社 1985 年版，927 页。

 第六章 潍坊金石学及其对传教士的影响

刘喜海（1794—1853），号燕庭，诸城县逄哥庄（今属高密）人。诸城刘氏自明弘治年间由砀山迁入，至清代大盛，被誉为"海岱高门第"。其曾祖父刘统勋位至军机大臣、东阁大学士；其伯祖刘墉清廉正直，克绍家声，位至体仁阁大学士；其父刘镮之位至吏部尚书。刘氏家族几乎人人能诗，除能诗，刘统勋是书法家，刘墉是有清一代书法大家，刘镮之既是书法家又是收藏家、鉴赏家。刘喜海自束发受书，即嗜金石，对其影响最大的是阮元。阮元身历乾嘉文物鼎盛之时，主持风会数十年，为江南收藏大宗，被海内学者奉为泰山北斗。阮元藏品，刘喜海都得以过目，在名流前辈的提携下，刘喜海穷搜广积、精鉴深研，在金石学上取得了多方面的突出成就。

（一）泉币收藏方面的集大成者

刘喜海的泉币藏品及著述量大质优，其藏品上起周秦，下迨明季，外藩杂品等也无不搜求，为编定系统的钱币史奠定了基础。后来的泉币学著作都从刘喜海处得益，学界公认他为中国钱币学的奠基人。清代泉币收藏大家鲍康在《泉说》中说："泉币之好萃于山左，同时如初渭园、刘燕庭、吴子苾、陈寿卿、李竹朋极一时之盛，当以燕庭为最。"《古泉汇》序称："集大成者，厥惟刘丈燕庭。"鲍康在追述自己见到刘喜海藏品的感受时说："得遍观所蓄，汪洋惊叹，如穷子之入宝船。"由此可见刘喜海藏品在时人心目中的位置。在著述上他有《嘉荫簃论泉绝句》二百首，及被时人公认为摹刻俱精的皇皇巨著《古泉苑》等。

（二）青铜器收藏上的显著成就

其所收藏的青铜器皆为一流重器，如四件编钟、四枚秦诏版、武周龟符等皆为珍罕之品。尤其是其中的四件编钟归藏陈介祺后，极大地丰富了陈氏的收藏，并成为其"十钟山房"所藏11件编钟的重要组成部分。如著名的纪侯钟，出自纪国都城遗址今寿光纪台下，辗转归刘氏收藏，其对此钟保爱有加，且自作长诗以颂之。后来，容庚、张维持著《殷周青铜器通论》，书中乐器一节，特选纪侯钟摹绘线图，标识名称，将之作为天下铜钟之典型。

（三）泥造像收藏上的开拓性贡献

唐善业泥造像在刘喜海之前没人发现，更谈不上收藏，他对唐善业泥造像的重视，使鲍康、陈介祺等都备感兴趣。鲍康在《题唐泥造像拓册》中，对其

收藏唐善业泥造像的过程和意义讲得比较全面透彻:"唐善业泥造像,前人未经著录。道光己亥,刘燕庭丈游慈恩寺,始于雁塔下拾得。或全或缺,大小凡八具……六朝以来,铜、石造像有纪年者不知凡几,率皆阴文。而泥质阳文惟此为最致,乃二百余年迄不传。非遇好古留意如燕庭,则是象终晦。"

(四)封泥收藏开风气之先

陈介祺、吴式芬合著的《封泥考略》是对封泥进行系统研究的重要著作,但刘喜海在封泥的收藏研究方面具有开风气之先的贡献。他在封泥研究上的重要贡献,就是首先对"封泥"一词进行了探讨。这种带印的黏泥,清朝中期在山东出土不少,刘喜海独具慧眼,不但对出土的封泥表现出了特有的金石学家的敏锐,发现了其中的文物价值,而且根据《后汉书·百官志》"守宫令"下本注对封泥名称、身份进行了确认。

(五)金石著述宏富有新意

刘喜海著有《三巴子金石苑》《嘉荫簃论泉绝句》《长安获古编》《古泉苑》《海东金石苑》《泉苑菁华》《四川访碑录》《燕庭遗稿》《嘉荫簃集》《燕庭金石丛稿》等,其著作的主要特点是收罗研究对象极为广泛,且时代跨度极大,并已跳出所谓"古不考三代以下"的藩篱。其主要著作《长安获古编》,共两卷,卷一殷周器43、卷二秦汉及唐代器36,附秦瓦1,补遗汉封泥30、元官印8、斗检封3,共121器。鲍康评价此书:"今先生审订之精,搜罗之富,允推近代第一。"容庚、张维持合撰《殷周青铜器通论》专设"青铜器著录书籍的评介"一章,其中第一节图像类,所收自宋代至民国时期的青铜器著作共30种,刘氏《长安获古编》位列第十。另外,其著《嘉荫簃论泉绝句》二百首开论泉诗歌著作之先,《三巴子金石苑》为巴蜀地区历代金石图文并蓄之第一部著录,《海东金石苑》是海内第一部著录朝鲜金石的著作。

四、王筠的学术贡献

在潍坊地区的金石学家群体中,安丘王筠是极为著名的。其总理古北海郡国经史、小学之余绪,在清代朴学大为发展的良好学术氛围中,上绍明代安丘之马氏、汉魏南朝之伏氏、汉季高密之郑玄与北海之刘熙经史小学之流风,致力于《说文》的研究,被称为清代《说文》"四大家"之一。王筠对《说文》

 第六章 潍坊金石学及其对传教士的影响

的研究，突出的成就在于，注重用金石文字从文字的形体和其所在的语言环境上考证文字的本义与孳乳义，并以金石文字订正许氏《说文》之误。

王筠（1784—1854），字贯山，号菉友，安丘市景芝镇宋官疃人，出身于安丘书香世宦之家。道光元年（1821）举人，道光二十四年（1844）以国史馆誊录议叙选山西乡宁知县，并曾权知曲沃、徐沟二县。一生著述宏富，影响巨大。自著书50多种，勘订他人书60余部，计数百卷。他的主要著作有《说文释例》《说文句读》《说文韵谱校》《说文属》《文字蒙求》等，其被时人尊为"华北当代儒宗"。

王筠在语言文字方面的研究，主要体现在《说文释例》和《说文句读》中，这是两部语言文字学方面的经典性代表著作。同治四年（1865），王筠嗣子王彦侗表上二书，由礼部进呈，先上同治帝浏览，后旨下南书房诸臣覆阅。太子太傅潘祖荫阅毕，跋其书后，备极推崇，谓在《说文》研究上"君书晚出，乃集厥成，补弊救偏，为臣尤巨"。《清史稿·王筠传》："筠治《说文》之学，垂三十年。其独辟门径，折衷一是，不依傍人，论者以为许氏之功臣……"

《说文句读》一书，系王筠采撷诸说文学大家的著作，辨其正误，删繁举要，参以己意，集语言文字之大成，浅易简明。《说文释例》疏解许说，贯穿通达，博大精深，辞尚体要，为研究许书开辟了新途径，使阅读《说文》者能够提纲挈领，登堂入室。张穆在《说文句读》序中言："（王筠）生平精旨所萃，在《说文释例》一书。"胡朴安说："清朝文字学诸家，能自成一书，解释《说文》全部之例，足为后学之指导者，推王筠之《说文释例》。"许嘉璐在《王筠说文六书相兼说研究》序中说："今观是书，所'释'固《说文》之'例'，然亦六书之例，文字繁衍孳乳之例。是释《说文》而不依傍《说文》，足以观文字之会通者也。然则谓是书乃旷代所无，足以起叔重所未传之奥义，补段、桂之未及。启迪后世文字学理论之作，不为过矣。"王筠在语言文字学界得到的评价如此之高，足以说明他的文学功底之深厚，研究之精深。

王筠能取得如此成就，与潍坊当地的文化环境有很大关系。其父王驭超是乾隆丙午（1786）举人，曾考取咸安宫教习，历任遂宁、潜山、霍丘、阜阳知县，升寿州知州，为当时名宦。为便于子弟阅读，曾辑《海岱史略》一百四十

卷，此为安丘第一部历史名著，被收入《山东文献集成》第九册。王筠自身也很重视地方文化，对家乡的古今方言及其演变特别关注，这是他在《说文》学方面独树一帜的重要因素。另外，王筠《说文释例》的一个重要特色，是大量地运用了古文字材料说字形、解字义、解释文字形体的演变以及通假字的各种规律，这些成绩的取得，则得益于潍坊及周围地区金石考证学的繁荣。一生致力于著书藏书的王筠曾说："子孙若贤，多存几年，子孙不贤，长街卖钱。"其子孙没有将书卖钱，除历次运动毁掉的部分，幸存部分经几代人的悉心收藏，完好无损地保存了下来。

王筠在教育学方面也有很大的成就。他是当时朴学大师祁寯藻的门生，专攻小学，很有建树。在教育学方面其著述最出名的是《文字蒙求》，对后世影响深广。他著的《教童子法》也明确点出了其治学思想，这部著作的最大价值是提出了"学生是人而非猪狗"的思想，具有很强的人文主义色彩。他在总结前人儿童教育经验的基础上，总结自己的教育经验，形成了自己对儿童教育的独特方法。他主张"教育要尊重人的个性，顺应人的天性，发挥人的能动性，并注意语文育人的综合性"，他在文中写道："教弟子如植木，但培养浇灌之，令其参天蔽日，其大木可为栋梁，即其小枝亦可为小器具"，"考试不必早，凡功名无论大小，得之必学业长进。若己有二等本领而后入学，一经长进，则可中矣"，"学字亦不可早，小儿手小骨弱，难教以拨灯法，八九岁不晚"……他的这些思想至今仍有许多是值得我们借鉴和吸收的。

王筠对文学、文字学都有很高的造诣，并在语言教学方面有深层的文化基础和自己独特的见解，因此确定了他在文化界独一无二的地位。王筠不但对金石学研究，而且对中国文学、史学界均做出了重要贡献。王筠有三位兄弟，二弟王简是嘉庆己卯、庚辰联捷进士，三弟王篁是道光己亥副榜，四弟王范是道光辛丑进士。在以科举取士的封建时代，他们不仅在政治方面成就突出，同时也与其父兄一样为家乡的历史文化事业添光增彩。

五、段松苓与《益都金石记》

段松苓（1744—1800），字劲伯，亦字赤亭，青州府益都县人。父亲名玉华，是府学生。段松苓家庭坎坷，12岁丧母，17岁丧父。所以，他从青少年起就主持家务，供养祖母、继母，抚育两个幼弟，虽遭此困窘，但不改其志，一有空闲就博览群书，研究学问。段松苓性情放达，不拘规矩，所以在科举考试中不能屈就八股文的约束，读书多年，还仅是一个童生，连秀才的资格也没有取得。后来，钱塘人周嘉猷来益都担任知县，在一次童子试中，考试所策题目是青州郡县的沿革、疆域、古迹。通场的考生无人能够答对，只有段松苓"条举件系"，挥毫洒洒，洋洋数百千言，试卷写满，另附他纸续写。周嘉猷大为惊叹，视为异才，录为榜首，其遂以第一名的资格进入府学。

但是不久，段松苓的祖母和继母又接连病故。按照定制，这要丁忧守孝三年，其间不得参加科举考试。加之段松苓本来就对科举仕途不感兴趣，此后便放弃科考，致力于研究学问。他酷爱金石学，到处搜访吉金志石。发现有未经著录的碑刻，他一定亲操毡墨，捶拓而归，并仔细研究，认真考证碑刻的时代背景、人物事件，"日夜钩考"，必疏通证明而后已。

段松苓收藏了大量珍贵金石资料，时著名学者翁方纲来山东担任督学，其热心搜访金石，从青州段松苓处所获最多。仪征人毕沅来山东担任巡抚，要编写《山左金石志》，聘请段松苓与偃师人武亿仁、朱文藻到督学幕府负责此事。他们遍访泰沂诸山，西起济宁，东到临朐，"探幽剔秘"，搜集了若干碑刻。其中，许多是宋代著名金石家欧阳修、赵明诚所没有发现的。

嘉庆元年（1796），按察使孙星衍非常赏识段松苓，要以"孝廉方正"的名义举荐他出山做官，但段松苓一则迷恋金石考证，二则厌恶官场腐败，所以力辞不就。他长居乡间，悉心照料家人，与弟弟乔苓、耳苓同居40余年，抚养子侄辈读书，受到乡里的赞誉。嘉庆五年（1800），段松苓病故，享年56岁。

段松苓著有《益都金石记》《赤亭金石跋》《山左古金志》《山左碑目》《益都诗纪补订》《李文藻尧陵考》等。《益都金石记》是继赵明诚、李文藻之后又一部系统介绍考证青州地区金石文物的著作，凡四卷，光绪九年（1883）刊印。卷一收三代青铜器铭文，有尺寸说明、释文和部分考证文字；后三卷收石刻。卷前有武亿仁、朱文藻序。武亿仁的序文记述了段松苓搜集资料、编纂此书的过程，高度评价了该书价值：

今岁春二月，山东督学使者仪征阮公编录此方金石遗文，属益都段君赤亭

为之搜采。君既任其事,由泰安抵济宁,又折而南至于临朐沂镇,往返千有余里。所至披榛棘,携拓工,手拓数百纸,及获前人所未及收者又数十本,辇至以归。已而,自出平日所缉乡邦遗刻,录有成书,上之阮公。公悉命采摭,不没其实。噫!君之于斯道也,信所谓性而好之者欤!君藏蓄积两世,多获远方异本,顾未暇校摩,而区区掇拾,仅及于此……然予谓君之致力先致于耳目所易及,其用志也专,其为征信也不诬。是故,予于段君之书,必其无漏焉耳矣。君书起于三代,下逮金元,仿其碑之尺度存于何所,然后征之传志,详附而类引之,盖如古史家度记备言之体。故予谓君之厚于乡也,不遗其实,俾文献有所寓焉,以劝来者。①

光绪《益都县图志》中的《金石志》,大量使用了这本书的资料。

六、孙文楷与益都金石学

清代乾隆、嘉庆以后,山东境内金石重镇林立,名家辈出。就今天潍坊地区而论,就同时存在三个金石研究重镇——东部的潍县、南部的诸城、西部的益都。三地鼎足而立,既互相独立,又紧密相连,在当时山东乃至全国金石学界占有重要地位。经刘喜海、陈介祺等人的带动,潍坊地区金石收藏和研究大盛。齐国陶文、殷墟契文都是潍坊地区金石学家最先发现的,潍坊地区金石研究达到了新的水平。青州界临淄、潍县之间,自古文化发达,地上地下的金石文物极为丰富,清代金石考据之学风起,邑人重于金石之学者甚多,孙文楷则是其中集大成者。

孙文楷(1846—1912),字模山,又字模卿、穆山、木山,号稽庵、东田耘叟、柳泉,益都县务本乡孙家庄(今青州市高柳镇孙家庄)人,清末益都士绅领袖。同治十二年(1873)举人,屡试不第,遂绝意仕途,潜心著述,肆力于金石考据,家财多耗于购藏古器。光绪末,继胶州法伟堂后续成《益都县图志》54卷,且独撰"金石""艺文"二志,世称其博洽。后又任宣统《山东通志》青州府采访,对其中"金石志"多有添补。

---

① [清]武亿仁:《益都金石记·序》,载《益都县图志》卷二十五,光绪三十三年(1907)刊行。

孙文楷的金石收藏门类齐全，举凡甲骨、吉金、印玺、封泥、造像、钱币、摩崖碑刻题拓应有尽有，其搜罗之丰富精湛，周边地区只有潍县陈氏之藏可与之相类。以青铜器为例，光绪《益都县图志·金石志》记有商立戈觯、周铸子叔黑颐鼎等重器，秦汉玺印有秦皂将唯印、秦半通印、汉长广令印等，封泥如汉"平寿丞印"封泥等，都是其中的精品。孙文楷还是清末金石收藏新品种——陶文、甲骨文的最早收藏者和研究者之一。门风所致，其弟文澜亦是一位金石收藏家，不但收藏陶文，还收藏甲骨文。文楷帮其弟辑释的《木庵古陶文释》在中国金石史上有开创意义，王献唐先生对此赞誉有加，称"前此治齐鲁陶器文字专释成书者，殆以木庵为第一人矣"。但因陶文、甲骨文材质非金非石，故孙氏未把所收陶文、甲骨文收入《益都县图志·金石志》中。

另外，有人或因孙氏家居近齐都临淄，而将文澜籍贯归于临淄。胡厚宣《临淄孙氏旧藏甲骨文字考释》（载《文物》1973年第9期）为误之所始，且其文尾注释引张履贤致张政烺函称："此间，（益都）北乡有孙文澜者，字观亭，为一金石陶瓦收藏家。"不知何故却又称其为临淄人。《中国文物报》载介绍中国科学院历史研究所藏甲骨卜辞文章，仍沿孙氏为临淄人之误说。

孙文楷的重要成就不仅在于其收藏之丰富，更在于他对金石的精确考据。孙文楷曾批注《古泉汇》，纠正原书谬误，增补新泉，多精到之语，"非于此学三折肱者不能道也"（王献唐语）。孙文楷在参与《益都县图志》《山东通志》的编纂过程中，利用丰富的金石资料，对旧志缺略之"职官志"多有补正，成为近代以金石文字证史的较早实践者之一。孙文楷任《山东通志》采访纂成之《金石采访册》贴有拓本，附有考释，皆极精审。孙氏尤重古玺印的搜集与研究，其古印专著《稽庵古印笺》，集钤印考释于一体，陈介祺赞曰："考释精博，佩服，佩服。"另外，孙氏与潍县陈介祺过从甚密，陈氏"每得一器，辄拓请考订"。光绪九年（1883）十二月十四日，陈介祺有复孙文楷书，言"求古人文法，必多见金文拓本始得。参互考证者，必以经文为本，以吉金为例，以上下文意为定，以《说文》为阶。舍《说文》今日无从识古字，舍吉金今日无从正《说文》、补《说文》也"。

孙文楷所修之《益都县图志·金石志》堪称清末益都金石研究的集大成之作，对乾嘉以来青州的金石研究做了全面精微的总结。孙文楷对青州前辈金石学者的著作的传承也不遗余力，段松苓的《山左碑目》《益都金石记》均由其校勘后付梓。

七、高庆龄、高鸿裁父子收藏宏富

有清一代，潍县不少文人学者从事古文物搜求、珍藏、研究，其中最著名者除陈介祺外，则属收藏宏富的高庆龄、高鸿裁父子。

高庆龄，字南郑，与陈介祺为同时代人，喜好金石，尤精于古玺印，积历年收集的古印达600余方，多为山东境内出土。晚年与侄嘉钰、子鸿裁共同考订，撰《齐鲁古印捃》4卷，续1卷，收印668方。不仅著录了大量的古玺印资料，而且发凡起例，考订精详，在玺印研究上有创造性建树。谱中多精品，古玺尤佳，其以古玺印列于秦、汉之前，乃首见。高庆龄于光绪七年（1881）手自厘定《齐鲁古印捃》，谱甫成而殁。该著作有潘祖荫、王懿荣、宋书升序及高庆龄自序，并有高鸿裁短跋。王懿荣曾路经潍县，专至陈（介祺）府与高府对所藏金石文物进行鉴评。

其侄高嘉钰亦喜收藏。民国《潍县志稿·金石》所载一件战国齐铜戟，铭文曰"齐城右造车戟，冶期"，志载此戟出县北乡，存高嘉钰家。齐国有铭兵器多达百数十件，而有此类铭文者不过数件，铭文资料弥足珍贵。

其子高鸿裁更是克承家学，自幼胸襟旷迈，不屑世俗利禄之学，好古文，嗜金石，既长益笃。辑有《齐鲁古印捃补》10卷、《上陶室砖瓦文捃》12卷；集两世所藏，钤为《印邮》行世；还与潍县王石经、田镕睿、刘嘉颖等各出精品，辑为《古印偶存》20册。

高鸿裁（1852—1918），清末潍县西关（今潍坊市潍城区）人，字翰生，室名上陶室、退耕堂。他精研汉学，且好藏书，凡宋元版本及秘抄禁书均刻意搜求，达3万卷，分经、史、子、集、丛书、类书6类，著有《齐鲁遗书十八种》18册和《辨蟫居藏书目》1卷。他曾为蒲松龄仅存97首的《聊斋诗集》作跋，又曾参与襄校《山东通志》，在京任史馆编修。他以近二十年心血收集的山东省几乎全部各府州县的方志，于1933年被美国国会图书馆亚洲部购去，内中有许多极不易见的版本。

高鸿裁曾立志在金石收藏上超越陈介祺，故另辟蹊径。一是收集历代墓志铭拓片。他以所藏拓片编成的《历代志铭徵存目》一书，分石部、专部、杂类，上下两卷，在当时已可称极为完备。二是收集古砖瓦。他前后所得共有1000多份，捡不重复者500多份拓成一部《上陶室砖瓦文捃》。其中包括他1887年从河南所得秦祠壁砖1件，有铭文12字，曰："海内皆臣，岁登成熟，道无饥人。"此砖罕见，当时或以为秦代之物。他晚年生活困顿，所藏之物陆续售出。上陶室砖瓦于1931年为日本人购去，运至青岛时，幸被车站扣留，然世之罕见的所谓12字秦砖被日本人秘藏盗运出国。所余砖瓦被王献唐等收入山东省立图书馆金石保存所，才有幸得以保存下来。

高鸿裁所藏之古砖瓦为海内有数之精华，属于秦汉之物品，均为金石精品，堪称国宝。山东省立图书馆馆长王献唐对高鸿裁与上陶室砖瓦评价极高："中国古代的金石家，最初不甚注意砖瓦。要讲物品真确，文字精雅，花样美富，恐怕任何哪一家，都比不了高翰生"；"平心而论，实在高家的收藏，不能说是绝后，也可以当得起空前"。

八、郭麐与《潍县金石志》

潍县郭氏世家子弟郭麐（1823—1893），字子嘉，自号望三散人。出身于没落的书香门第，是金石学家郭启翼孙，高鸿裁中表兄弟。郭氏幼承家学，酷爱金石文字，终生不事仕进。他栖居乡间，悉心考古，精研六书。数十年搜罗金石不辍，鉴赏能力为陈介祺所推服。性情傲僻，不随俗流，洁身自好，严于律己，分外之财毫厘不取。虽贫困，而不移其志。他曾被郭熊飞聘为家馆教师，随其宦居南北10余年。返籍后，于城西杨家庄置田10余亩，筑舍居住，名为"杨峡别墅"。因住处濒临大于河，居室名"听漪山房"。

他在隐居乡间埋头著述的同时，于荒冢破寺中、断碣残碑间，剥剔苔藓，搜集古迹金石文献，10余年得90余种。自乡居后，六七年不入城市，更不与缙绅交往，独于考证篆籀，辨别碑版真伪时，与陈介祺共相研讨。经补订得232种，辑为8卷，名《潍县金石志》。该书前有潘祖荫、王懿荣序文，后有陈介祺校勘记，内收金石碑碣、钟鼎彝器、砖瓦文字等200余种，是研究地方历史文化的不可多得之作。

光绪九年（1883），侍郎汪鸣銮视学山左，慕名来访。郭麐为之缕述详析东汉许慎《说文解字》，并提出自己的见解，汪鸣銮为之倾服。汪见他著述甚丰，却因家贫无资刊行，欲赠金相助，他辞谢。汪又欲为之请、授之以官，他亦辞谢。最后，汪鸣銮执意留金作为写书费，并允为校刊诸书，郭麐才起谢。为使近30卷著述能尽快问世，他历时3个月，力疾校雠，然完成后，因汪被罢官归里，该书未能出版。耗费多年心血，著述却因无力出版而被埋没，其深为痛心，忧郁成疾，于光绪十九年（1893）悒悒而逝，临终前，将遗稿悉付友人王承吉。

除《潍县金石志》外，其著作尚有《潍县金石遗文录》1卷、《汉北海郡国摘案》1卷、《潍县古城考》1卷、《潍言》4卷、《潍方言》8卷、《金石拓临稿》1卷、《四海汉碑图考》1卷、《急旧新编》1卷、《潍县竹枝词》1卷、《理丧杂记》1卷、《五祀考略》1卷、《二郭佚诗》1卷、《望三故人感旧集》1卷、《抱瓠老人诗集》8卷。其中《潍县金石志》《潍县古城考》《潍方言》等，对研究古代历史和语言都具有一定的价值。

第二节　陈介祺与金石学

金石学是一门以实物为载体的独具中国特色的学问，其形成与发展是建立在中国丰厚传统文化积淀基础上的。陈介祺出身潍县名门世家，虽中进士、居官位，但中年厌倦仕进，辞官归里，专心收集金石文物，进行考证研究。陈氏以其深厚传统经史之学的素养，又兼得知名学者如阮元者之激赏指点及与同时代金石学家相互切磋研磨，故于金石之学独具慧眼。其不但鉴赏目力高，收藏多而精，门类广又全，而且开拓了新的收藏与研究领域。诸如古陶文首先发现与深入研究，古玺印收集断代，独创体例编辑《十钟山房印举》，以及新收封泥，与玺印合证而探讨古代的职官制度、军事交通、地理地望等等，均有其卓越之处。由于受陈氏的带动与影响，潍坊地区乃至整个山东的金石之学走在了全国的前列。

一、潍坊世家望族与金石学

潍坊地区从事金石之学的大多是名门世家子弟，因为要进行金石文物的研究，首先得占有金石文物第一手资料，而当时的国内风气之盛，影响所及，一般文物的价格日趋昂贵，所以寒素之士欲治此学，多因财力不足而却步。再者当时收藏或被当成一种聚敛财富的手段，而真正爱好与研究者，则收集文物倾其心血，所有藏品护若头目。由此而影响到昆仲子孙，往往是一门声气相类，兄弟、父子互为切磋、鉴赏析疑，从而形成一些所谓的金石学世家。此点正与传统的经史之学，亦有世家传承而弘扬的现象相类似。如陈介祺、陈厚滋、陈阜、陈文会、陈君善、陈继揆嫡传六代，尤以前两代陈介祺与陈厚滋父子最有成就。后世各代由于社会变故、家道中落为生活所迫，而不能保守住文物，使之陆续散佚。而第五代陈君善虽因故将"万印"抵债，但其爱先祖文物之心未泯，尚能从中斡旋，遂使"万印"绝大部分保存于今故宫博物院。而这种道德质行，亦与其家门传承父祖影响有关，也是金石学之魅力所在。第六代陈继揆则克绍祖风，对陈介祺的零星文物和手札尺牍进行分类整理，以现代学问之新目光来著述弘扬，刊行多种文本。又如潍县高庆龄及其侄高嘉钰、子高鸿裁均是专治金石玺印与砖陶文字的大家。安丘的张贞、张在辛父子以及益都的孙文楷、孙文澜，诸城的李仁煜、李璋煜兄弟，均是亲和一门、声类相感、志趣相谐而保持学术的一贯与升华的。

二、陈介祺的金石学研究概述

严格意义上的金石学以宋代刘敞、欧阳修、吕大临、薛尚功、黄伯思、赵明诚等人的集古、传古为开端，元明两代略加中衰，至清代随着朴学的发展及考经证史的需要，金石学开始复兴并达到极盛，故"金石学之在清代又彪然成一科学也"。梁启超《清代学术概论》称晚清金石学"道咸以后益盛，名家者有刘喜海、吴式芬、陈介祺、王懿荣、潘祖荫、吴大澂、罗振玉"，在上述名家中，陈介祺是地位最为特殊、贡献多方的。他集藏古、鉴古、释古、传古于一身，悉所不凡，可谓收藏最富、鉴别最精、传拓最佳，而于古器物及铭文考释又多有创见，为晚清金石学领域的杰出代表。

陈介祺（1813—1884），字寿卿，得曾伯黍簠，故颜其居为"宝簠斋"，后遂以"簠斋"为号，山东潍县（今潍坊市）人。生于官宦家庭，其父陈官俊（1782—1849），字伟堂，曾历任工部、兵部、礼部、吏部尚书，官至协办大学士。陈介祺幼承庭训，苦读于京师，青壮年时期一直沿着苦读四书五经、求取功名的道路顺利前行，道光十五年（1835）考取举人，道光二十五年（1845）以殿试二甲三名中进士，为翰林院编修。咸丰四年（1854），因厌倦官场，返回故里潍县，从此专事于金石之学。陈介祺作为当时金石学界的重要代表人物，其交友囊括了此间几乎所有重要的金石学家，居京时交往最密切者为李璋煜、吴式芬、刘喜海、李佐贤、许瀚、翟云升、张廷济、徐

陈介祺收藏过的毛公鼎

同柏、何绍基、叶志诜等人，以上皆是在金石学界有影响的人物。而陈介祺与金石学家们的频繁往来及对金石学界的影响，主要集中在其晚年。他于同治十一年（1872）才摆脱辞官隐居的沉寂，奋而复出，以其富藏和大量传拓，成为金石学界关注的焦点。金石之友纷纷来函，或切磋询教，或索求金石拓片。其对金石文字的笃敬之心、学术之精博和善于助人的品质，为金石好友和士人所倚重，所谓"海内学者奉为山斗"，陈氏实则充当了金石学领域一时的领潮人物。陈介祺与金石之友主要通过书翰往来，与陈氏书翰往来最频繁的鲍康、吴云、潘祖荫、王懿荣、吴大澂皆为一时之名流、政要。从同治十一年（1872）至其所卒的光绪十年（1884），这13年的时间里，陈氏留下大量书札（几千封，现留世的有千余封），书简成为其与金石同道交流学术的最重要途径，动辄三四千言或上万言，甚至一日与多友同时作书。书札中包含了他的大部分金石学术思想，所论多源于实践，有感而发，精警博洽。梁启超在《清代学术概论》中，对函札在清代学术交流中的作用及函札本身的学术价值给予了充分的肯定，认为"此类函札，皆精心结撰，其实即著述也。此种风气，他时代亦间有之，而清为独盛"。陈介祺与金石之友的函札往来，正是建立在学术交流的前提下的，促进了晚清金石学的发展，并奠定了后来古文字学及考古学的基础。在金石学史上，陈介祺是公认的最负盛名的收藏大家。《清史稿》称其"所藏钟鼎彝器为近代之冠"。陈介祺的主要藏品涉及商周青铜器、秦汉铜器及权量诏版、古玺印、封泥、陶器陶文、镜鉴、刻石、砖瓦、古钱币、泉范、碑

帖、书画等，所藏无计。陈氏收藏除种类多、数量巨外，尚有以下几个特点：其一，重三代秦汉之器；其二，重文字之器；其三，重精藏，陈氏的各藏品类别中都不乏国宝级之物；其四，注重考证记载藏品的出土地点、时间、流传经过及形状、特点、尺寸等，并及时精拓。可谓藏有所本，旨向鲜明，实非有玩物之心。

陈介祺何以能在金石收藏的热潮中独占鳌头呢？首先应取决于其对金石文字的诚笃之心和传古之志，并为此而一生痴情不息；其次得力于其非凡的鉴古之识和辨伪能力，故其能先人一筹，陶文的发现和收藏，封泥、秦权量诏版的搜集以及毛公鼎等重器的独得，于此皆可证明。商承祚先生在《古代彝器伪字研究》一文中开篇即说："提起笔来写这篇文章之先，我就想到一位老先生，是我平生最佩服的；恐怕不仅是我，凡研究古文字的人都是一致的；何以呢？因为他的眼光太好了。他一生收藏的铜器等，不下几千件，没有一件是假的。他的论调同批评，不但高出当时同辈一等，简直可以说'前无古人，后无来者'。这人是谁？就是山东潍县陈介祺字寿卿号簠斋他老先生。"王献唐、容庚等这些考古与古文字界的权威人士都对陈氏的鉴古辨伪给予了极高的评价。而陈氏精鉴别，在当时学界即达成共识。鲍康曾称"当代赏鉴家不得不推簠斋为第一"（《鲍臆园丈手札》）。陈介祺辨伪强调以经验为主，具体体现在从文字、器形、义理几个方面去辨析。其关于辨伪的言论，皆是实践经验的结晶，是判断古铜器最基本的方法，为金石界所认同，并一直运用在辨伪的实践中，且大都可以在现代考古学及科技中得到佐证，故一直被视为青铜器辨伪的矩矱之言。

三、陈介祺在金石学上的突出贡献

在金石学史上，声言以传古为己任并付诸实践的，陈介祺为第一人。他抱传古之志，大半生专务于此，在当时绝无仅有。他在金石传拓中精益求精，并注重探寻外地的拓墨经验，物色拓墨高手，与他们不断探讨，反复研究，掌握了拓古器形状与铭文的绝活。陈氏将这些拓法及经验不断地函告各地金石好友，并将传教拓工的记录加以整理，写成《传古别录》，刊行于世，陈氏之拓墨法得以大力推广介绍。晚清学者叶昌炽在《语石》中言："潍县陈簠斋前辈拓法为古今第一","其鉴别之审,装池之雅,纸墨毡蜡之精,剖析毫发,无美不臻"。现存于世的金石拓本中,出自陈氏"十钟山房"的究竟有多少?这是无法估量的。自同治初年始至陈氏病殁,二十余年间他"终岁无不拓之日,且继以夜"(陈氏致潘祖荫书语)。陈氏所藏玺印、陶文皆近万计,钟鼎彝器、镜鉴等亦数量巨多,而都反复传拓,有时每次拓几十份,且不贪求速度,精益求精。吴云在致潘祖荫书函中即有言:"簠斋乃当代传人。"陈氏给后世留下了数十万计的精致金石拓本,现多藏于国内外各大博物馆、图书馆等,此为陈氏之雅怀远识。仅此一项,即足令后人感激。

(一)陶文的发现和考释

在陈介祺之前,人们对陶文尚未能认识和关注。陈介祺于同治十一年(1872)发现一片齐国陶文,并大力收藏,成为大规模收藏、著录、研究陶文的第一人。在他的影响和带动下,收藏陶文蔚然成风,收藏者自清末至民国先后不下六七十家。光绪三年(1877)至四年(1878)是其陶文收藏的高峰期,仅光绪三年十一月至光绪四年二月,短短数月时间,其就累计收得"二千六百余",光绪四年末刻有"齐鲁三千种"印,光绪九年(1883),又自撰对联"陶文齐鲁四千种,印篆周秦一万方",自记所收陶文"将及五千"。簠斋不仅收藏、传拓陶文,也进行研究。现存的簠斋陶文题拓有近900件,由王献唐代山东省图书馆购得并装订成册,书名为《簠斋陶文释存》(16册),现藏山东省博物馆。陈氏对收集的陶文随拓随释,或略作题记,或记明出土地点,还对大部分陶文予以较准确的断代。陈介祺在陶文研究上的贡献主要体现在以下两方面。一是指出陶文多用玺印印成,提出"古陶文与古玺印近,有以玺成者,有刻者",其观点甚确。后来,黄质(宾虹)在1930年出版的《陶玺文字合证》一书中,通过一些玺印与陶文符合的实例,确切证明了两者之间的关系,也正应验了陈氏之观点。二是提出"古陶文字不外地名、官名、器名、作者用者姓名与其事其数"。这些见解都是十分正确的,为后人的研究奠定了基础。另外,他将陶文中的陈氏与齐国的田氏联系起来,来考证历史问题,也为后来的学者所认同。无怪乎王襄《古陶残器絮语》称:"有文字之陶现于人间,列入金石学,陈氏为其创者。"

（二）对以古文字补阙或订正《说文》的认识

在陈介祺、吴大澂等人之前，古文字研究一直囿于《说文》，并将其奉为圭臬，学者们对《说文》都是注、校、考、证以及释例、句读之类。最先认识到应将出土古文字与《说文》联系，吉金文字"非许书可比"，可订《说文》之遗漏或讹误者，即陈介祺。当时陈氏即倡议有才力者应作一增补《说文》的《字学统编》，并且对该书的宗旨、体例、次序，以及辑录精摹吉金陶玺文附于每一字头下，并附各家之说等都提出了设想，还建议"释不定者阙之，或两存之"，也表达了有志于做这一事业的宏愿。陈氏之想，吴大澂于后来所作的《说文古籀补》已为开端，而民国时期丁福保所编著的《说文诂林》及中华人民共和国成立后周法高等编纂的《金文诂林》等，这些学术史上的重要典籍，正是当时陈介祺所规划的，其宗旨、体例实创于陈介祺。

先秦文献以《尚书》为最古，其中保存了大量弥足珍贵的资料，然《尚书》流传最为驳杂，出现了今文三家、古文、伪古文等多种错综不一的版本。清代中叶，学者们开始对其进行较广泛的考辨研究，陈介祺之前的小学、经学家们多以传统的文字及训诂学的方法考辨《尚书》，对先秦金文出土史料，或因尚未多见，没有能够给予关注和利用。冯胜君《二十世纪古文献新证研究》认为，王懿荣、陈介祺等人的"这些成绩和观念，为二十世纪古文献新证研究提供了知识和理论上的准备，这在王国维、于省吾、郭沫若等人著作中有充分的体现，同时也凸显了二十世纪古文献新证研究同传统金石学研究之间的学术传承关系"。

（三）对古玺印、封泥的认识

陈氏于同治十三年（1874）最先提出古玺似六国文字的观点，较王国维得以确定时早了半个多世纪（王国维的观点见于《桐乡徐氏印谱序》，作于1926年），这是具有超前学术眼光的。陈氏对古玺印的认识还体现在诸多方面，如认为"之章""之印"与"印""章"等这些印文称法有先后之别，亦能符合史实，王献唐给予了肯定。再如其将存世钩印定名"合符"，并认为乃周制，是最古的印式。钩有印文者，《十钟山房印举》著录17枚，有文字玺，有象形玺。陈氏之观点，也为后人所赞同。另外，前人印谱对鼻钮、桥钮、瓦钮多含混不别，陈氏始指出："鼻钮如鼻孔，瓦钮薄，桥钮到边而中狭。"说明了以上三钮并非同一形制，虽然近似，却有分别。王献唐认为陈氏此说"分析三钮体制最晰"。而陈介祺在印学上的贡献更体现于《十钟山房印举》上，该书在印学史上具有开创性的意义，其收古玺印数量之巨（"癸未本"收印10402方）、品类之全、名印之多、体例之善、钤拓之精皆为空前。王国维在给罗振玉的信中曾盛赞《十钟山房印举》的编排体例等，并云：实是陈氏平生的一大事业。

封泥的发现是晚清金石学的重要成果之一。道光初年蜀中出土封泥，引起学者们的关注，陈介祺也是最早关注封泥的人物之一，其最先认识到封泥的价值及与古玺印的关系，故转得刘喜海最初所得蜀中、关中出土的几十枚封泥，并于咸丰元年（1851）的《簠斋印集》中，收录封泥130余枚，将封泥与官印、私印同列为三大主要类别，这是最早将封泥与玺印并列，归于印集的一个先例。至光绪初年，《封泥考略》由陈氏谋划成书，其体例的创制、所考内容及学术价值，均得到了后人的高度评价，是最早将封泥文字与古官制、地理相互联系考证的书籍。而《封泥考略》"皇帝信玺"下云："此封泥色紫，背有版痕、绳痕，当是以版入中，上以绳缄其口，以泥入绳至版，然后加以封印，外加青囊囊之，两端无缝，以护封泥。如藏玉牒于石检，金绳之，石泥封之，印之以玺也。'中约署'滕当是束牍之中，而署字以为识也。"说明陈氏等已注意到封泥实物遗迹与史籍所载封检方法的相互印证。可惜未作深考，后来被王国维所补阙。

（四）名物考释

名物考释主要指对出土古器物的名称及功用进行的考辨研究。陈介祺提出"吉金必以经传考定其器与器之用与制与名"的观点，其对古器物名义、形制与功用的见解，颇有独到之处。陈氏对器物考释的专文集中于"云窗丛刻本"《簠斋金石文考释》等，梁启超《清代学术概论》称其"考证精彻"。陈氏于古器物的考释，扒梳典籍，钩沉索隐，多能独阐要义。如《汉桂宫镫考释》，陈氏根据铜镫上的"前浴"铭文，认为"云'前浴'者盖帝斋戒沐浴以候神人，而此镫为入浴时前导所用，故曰前浴也"，甚有新见。再如古器中有簋者，宋以来名之为敦，又以敦之侈口无盖而圈足者为彝。至陈氏始悟其失，定彝为敦，其致吴云函中云："古无彝，尊彝器之重而常者之通名也。"故《簠斋藏器目》中有敦而无彝。后王国维《说彝》证明了陈氏之见甚确。再如陈氏根据齐地灵山卫（在今青岛市黄岛区）出土的"陈氏三量"，阐释了齐国田陈氏厚贷薄收笼络人心的惠民之举。

（五）古文字考释

在古文字学形成以前，晚清金石学家对古文字研究考释尚处于"开启山林"之时，他们的研究与考释主要依凭于《说文》之学，但《说文》所附古文字形极为有限，况历经传写已失真面。陈介祺认识到了这一点，故强调考释古文字"以多见为第一"，此外还尤注重以辞例为主的考释方法。陈氏于古文字考释反对主观臆断，主张"考据以简切为主，以案而不断为正"，"有据者断之，无据者则桂氏《说文义证》案而不断之例为至是。不可徒博，愈引愈远而愈无当也"。这是极有见地的。陈氏古文字考释的著述，主要见于自藏或各家所藏金文拓本考释中，还见于各篇考释专文中，另外书札、批注中也都有所涉及，然刊行者甚少。陈氏在当时为古文字考释的能手，深得金石之友称道，鲍康尝云："寿卿释文时有新解。"吴式芬《捃古录金文》、吴大澂《说文古籀补》这两部当时的古文字学力作，都采用了部分陈氏之说。丁麟年（绂臣）《林馆吉金图识》中亦多引陈氏之说。而陈氏的有些见解，在今天看来仍然具有很高的学术价值，如金文中有的在称颂文王、武王时，则非别于"文""武"左缀"王"旁，众皆识为从"玉"，而独陈氏指出此字从"王"，为文王、武王的专用字，甚为精辟，为容庚等后来的学者所认同。以此可窥陈氏考释古文字确有不凡之处，在古文字研究尚处于发端之时，其筚路蓝缕之功实应给予肯定。

第三节 对甲骨文发现及外国传教士的影响

1899 年甲骨文的发现，被称为中国 19 世纪学术史上包括居延简牍、敦煌经卷与大内档案在内的四大发现之一，现在甲骨学已成为世界的显学。潍县金石学对这一显学的产生与发展均产生过极为重要之影响，主要有以下两个方面。

一、潍县金石学对初识甲骨文的古董商之影响

郭沫若在《中国古代社会研究》中指出："最初发现甲骨的是潍县商人。"

由此可见潍县古董商人与甲骨文的发现具有直接的关系。起初甲骨确是经由潍县古董商人持售京津达官学者的,而此时国外的收藏者也主要集中在山东,又以潍县、益都为多。潍县古董商人为何能独具慧眼,将这些在殷墟出土且被当地人当作寻常药材的"龙骨"识为重要文物?这与潍县浓郁的金石学之氛围有着极为密切的关系。潍县的文物商贩与古董行执业人员,在当时全国金石学最为发达、文物交易最为频繁的环境中,一方面能经眼大量精美文物,使眼力大增;另一方面能从金石学家处学得丰富的文物鉴赏知识,使学识日进,其专业水平与业务能力比起其他地方的同行来自然高出不少,故而能够在甲骨文发现的特殊历史时刻做出重要的贡献。因而《甲骨学一百年》称:"商代甲骨文得以重现人间,应该说也有潍县古董商人们的功劳。这样来评价他们,应当说才是公平的。"

二、潍县金石学对研究甲骨文的传教士之影响

潍县较高的金石学成就、浓厚的金石学氛围,不但鼓舞了国人参与收藏、研究金石的热情,而且对居于此地的外国传教士产生了重要影响,使他们对中国最为传统的金石学产生浓厚兴趣,使他们在当时动荡的社会局势下,有兴趣、有机会、有能力,成为收集研究甲骨文的一支重要力量。如住潍县的方法敛、柏根,以及住益都的库寿龄等均曾从潍县古董商人手中收购大量甲骨,有的售出,有的则进行整理研究。据《甲骨年表》记载:

光绪三十年(1904),美英传教士就在山东潍县收购甲骨文……库林,或译作库寿龄、考龄,是英国浸礼会驻青州宣教士。查尔芳,又译作查尔凡,是美国长老会驻潍县宣教士。他们二人合伙从山东潍县古董商手中购买了数百片有字甲骨(具体数目至今不详,因其中有不少伪刻),不久将400片卖给英国人在上海开办的"亚洲文会博物馆"。

英美两国的教会联合在潍坊办一所广文学堂(齐鲁大学前身),当时校长是牧师柏根(Rev·Paul·Bergen),知道甲骨文是中国的古代文字,则从库、方二氏手中买到约80片。这约80片甲骨文后来归了英美教会在济南所办的广

智院（1951年改为自然博物馆）。①

另据《甲骨年表》载：光绪三十二年（1906）九月，"美国驻潍宣教士查尔凡著《中国原始文字考》，是为欧美研究甲骨文字之第一人"。② 查尔凡的中文名字是方法敛，该文发表在《卡内基博物院》第四期上。后来，库、方二氏又各自在世界一些著名刊物上发表多篇关于甲骨文研究的文章，也正是由于他们的宣传与鼓动，甲骨文很快成为一项轰动国际学术界的新发现。

（一）方法敛的甲骨文收藏与研究

方法敛，1862年出生于美国费城，从拉斐耶特大学毕业以后，就读于神学院，居美国北长老会教士职位，1887年，作为美国北长老会传教士被派驻山东潍县。方法敛酷爱中国文化，起初，他以收藏和研究中国古钱币闻名，甲骨文发现后，他又以极大的热情转向对甲骨文的收藏与研究。

1903年，方法敛和英国教授库寿龄在潍县向古董商陆续购买了大批龟甲兽骨。1884年来到中国的库寿龄，是英国浸礼会驻山东青岛宣教士。方法敛与库寿龄都对甲骨感兴趣，于1903年到1908年在潍县合作购买收藏甲骨。这样就有了著名的《库方二氏藏甲骨卜辞》。由于无充足的资金购买甲骨，方法敛采取了先搜集购买，摹写研究之后，再将摹写过的甲骨转售的办法获得资金，继而采购新发现的甲骨。这样，他向许多博物馆提供了不少殷商甲骨真品，客观上保护了这些文物。

1906年，方法敛的《中国古代文字考》在美国出版，这是他生前唯一发表的专著，此书仅仅比孙诒让所著的考释甲骨文字之始的《契文举例》晚两年，也首次向西方读者公布了甲骨文字的发现。当时在国际史学界引起较大轰动，并使我国的甲骨文研究迅速得到国际学术界认可。

1911年，方法敛在青岛遭遇意外以致半身不遂。1912年，因患胸膜炎，在医生的嘱咐下，方法敛回到美国休养，然而病情不断恶化，1914年1月14日，方法敛在美国去世。方氏的许多研究心得并未在生前发表。他的遗稿由美国芝加哥菲尔德自然历史博物院的朋友劳弗代为保管，长达20年之久，1934

---

① 王宇信、杨升南：《甲骨学一百年》，社会科学文献出版社1999年版。

② 同上。

年劳弗去世，原稿改由纽约大学教授白瑞华保存。白瑞华教授整理出版了《库方二氏藏甲骨卜辞》（1935年由上海商务印书馆出版）、《甲骨卜辞七集》（1938年在纽约出版）、《金璋所藏甲骨卜辞》（1939年在纽约出版）三部甲骨文专著，为后继学者们提供了可靠的研究资料。

病中的方法敛仍然坚持研究甲骨文字，呕心沥血，精神可嘉。对中国古文字的热爱驱使他不畏艰难，坚持研究，细心钻研，在甲骨收藏和文字考释方面为甲骨学研究做出了贡献。

（二）库寿龄的甲骨文收藏与研究

库寿龄，1859年出生于英国，是英国浸礼会教士。1887年来华，在山东青州传教并开办广德书院。1904年，英美教会共同在山东潍县乐道院设立山东最早的大学——广文大学，库寿龄又来到广文大学任教，在这里认识了道学教授方法敛，并从此加入搜购、研究甲骨文的行列。

库寿龄与方法敛一起从古董商赵允中和李茹宾那里购藏了大量甲骨。据记载，1904年冬，河南安阳小屯村的地主朱坤挖到数车龟甲骨片，被古董商转卖给了方法敛和库寿龄。20世纪30年代，白瑞华选编的三部甲骨文专著之一就是《库方二氏藏甲骨卜辞》。

库寿龄在搜购甲骨的过程中，也曾将摹写过的部分甲骨转售给外国博物馆。1909年，他将760片甲骨转卖到苏格兰皇家博物院。1911年，他将与方法敛合买的483片甲骨转卖给了英国大英博物院。

在广文大学任教期间，库寿龄在收集大量资料的基础上，编著了英文版《中国大百科全书》，该书于1917年分别在上海和英国牛津大学出版。库寿龄于1922年在上海去世。

（三）金璋的甲骨文收藏与研究

比方法敛、库寿龄稍晚几年，还有一位收藏研究甲骨文的西方人金璋（1854—1952），他的全名叫莱昂内尔·查尔斯·霍布金斯，是一位英国外交官。金璋1874年来华，是强迫清政府签订不平等条约、租占威海卫的英方主要人员之一，1901年任英国驻天津总领事。

1906年，金璋从一则消息中获悉，美国在华传教士方法敛编著的《中国原始文字考》出版，他主动写信与方法敛取得联系，此后他们之间经常通信，谈

论中国古钱币、甲骨文,探讨一些考古难题,从而成为志趣相投的朋友。为了更多地了解和研究甲骨文,金璋委托方法敛在山东为其代购甲骨,方法敛甚至把他在潍县购买的部分甲骨以收购价转让给了金璋,这样,金璋大约从方法敛那里购得了1000片甲骨。1908年金璋回国后,对在华期间收藏的甲骨文进行了细致的研究,取得了不少成果。1952年,金璋去世后,其所藏甲骨遗赠给了剑桥大学图书馆。

(四)明义士的甲骨文收藏与研究

加拿大传教士明义士也是一位早期收藏研究甲骨文的西方著名学者。他1910年从加拿大安大略省来到中国,先在直隶武安县(今河北武安县)传教,1914年调往河南省彰德府(今安阳一带)继续传教。

明义士是一位热爱历史的学者,他到安阳之时,正值中国学者访知甲骨出土地不久,小屯一带出土甲骨的事,引起了他的浓厚兴趣。他经常独自一人,骑着一匹老白马,在洹水边穿梭往来,收购甲骨。后来他收藏甲骨的数量达到35000多片,成为"甲骨收藏第一大户"。他是最早提出安阳是殷商故都的外国人。1917年,明义士出版了他的研究著作《史前中国》和《殷墟卜辞》。1932年,他应聘到济南齐鲁大学任考古学教授,编写了《甲骨研究》讲义,并将自己收藏的甲骨在齐鲁大学广智院展出。

全面抗日战争爆发前夕,预感到风雨欲来的明义士将收藏的甲骨精品筛选装箱,由于数量太多,一部分随船运回了加拿大,还有十几箱一万余片来不及带走,留在了齐鲁大学。为安全起见,明义士与当时齐鲁大学英籍代理校长林仰山博士策划,秘密将留下的这批珍贵文物埋藏在大学的住宅院林荫区的地下,同时绘制了两份埋藏图,明义士带走一份,副本由林仰山保管。1937年12月27日,日军攻陷济南,未找到明义士所藏甲骨的下落。1949年新中国成立后,在齐鲁大学一些了解情况的教职工的劝说下,林仰山博士于1952年交出了当年那张藏宝图副本,文物工作者郑亦桥等人按图挖掘,找到了埋藏地下15年之久的那万余片甲骨。这批文物后来入藏山东省博物馆。

另外,明义士回国前,还把一箱重要甲骨秘密藏在齐鲁大学的另一个地点。1947年6月27日,明义士在加拿大致信给齐鲁大学的朋友赖恩源教授,托他将这箱甲骨运往上海,伺机运回加拿大。1948年7月,在赖恩源的安排下，甲骨被运到了上海。1949年4月，人民解放军横渡长江，国民党政权面临崩溃，西方各国使馆都在为撤离做准备。当时任加拿大使馆代办的资深外交家切斯特·朗宁清理撤离物资时，在一间储藏室里意外发现了那箱甲骨，打开一看，共2369片，正是明义士《殷墟卜辞》一书的甲骨原件，这是明义士从数万件甲骨中选取的精品。朗宁考虑再三，决定将其交给中国南京博物馆保存。于是，他通过著名翻译家杨宪益联系，用人力三轮车将这箱文物送到了南京博物馆。朗宁在他所著的《中国革命回忆录》一书"在中国最后的日子"一章中，详细记述了这批文物入藏南京博物馆的过程。

明义士回国后，先在安大略博物馆远东部工作，后入多伦多大学攻读博士学位，珍珠港事件后，到设在旧金山的美国新闻处工作，1946年回到加拿大。其间一直从事中国早期历史的研究，始终保持与中国学术界的联系，直至1957年72岁时去世。明义士带回加拿大的甲骨，现收藏在多伦多市的安大略皇家博物馆。

第七章
近代海上丝绸之路与中西文化交流①

清康熙、乾隆年间,山东的柞蚕人工放养与山茧绸的织造技术日益成熟,并迅速向各省传播。清代中期,昌邑的民族工商业者率先开辟了山茧绸的国内市场,加速了山茧绸商品化的进程。鸦片战争后,中国进入半殖民地半封建社会,随着自然经济的逐步瓦解,昌邑茧绸的巨大商业价值一下迸发出来,并迅速占领了国内市场。光绪初年到民国初年,昌邑茧绸作为山东茧绸、中国茧绸的代表,走出国门,远销欧美,成为重要的外销商品。昌邑绸商又凭借勇于冒险的开拓精神,创辟了俄罗斯与南洋市场,将昌邑茧绸销遍了全世界,使之成为我国与帝国主义列强争夺国际经济权利的代表产品。昌邑茧绸的欧美市场主要是由洋商、买办开创的,俄罗斯、南洋市场则主要由昌邑绸商自主创辟,当时称为"上北洋""下南洋"。其中"下南洋"持续时间最长,影响最大。

第一节 昌邑茧绸创辟俄罗斯市场

早在昌邑茧绸出现之前,昌邑商人已经将昌邑产的棉布和胶东栖霞一带产的山茧绸销到了新疆、回疆、前后藏及内外蒙古。昌邑茧绸出现后,昌邑的绸布商人便经由西北各少数民族地区跨越国界,将昌邑茧绸销到俄罗斯境内的莫斯科、彼得堡等主要城市,开辟了昌邑茧绸的北洋市场;后来,又在东北地区开辟了多条进入俄罗斯的通道。

---

① 参见赵兴涛:《潍坊文化通览》,山东人民出版社2012年版,第486—521页。

昌邑绸商上北洋主要集中在苏联建立之前，行商以今都昌街道、卜庄镇和柳疃镇人士较多，最多时约有400人，仅今都昌街道峱埠村就有约100人。部分可考者有：光绪二十八年（1902），今都昌街道北裴村张乃孝、刘家北逄村刘逄君带领伙友齐丰庆、褚朋格、齐登荣等9人，雇用骆驼装运昌邑茧绸，徒步西行出张家口去俄罗斯销售；同时期，今都昌街道峱埠村徐竹三和南侯章村宋泽深等也雇骆驼去俄罗斯销绸，致富回乡后，分别开设了"利源兴""利顺和"钱庄；宣统三年（1911），胶东形势不安定，在那里缫丝的许多昌邑工人由东北经绥芬河横跨西伯利亚到俄罗斯销绸；1913年，今卜庄镇营子村高丰庄一行七八人，由烟台乘船直达海参崴去俄罗斯销绸；1916年10月，今都昌街道申明亭村林增銮和南侯章村徐邦泰、宋玉升、齐守先、宋力勤等由满洲里去俄罗斯销绸。

1917年11月7日（俄历10月25日），列宁领导的布尔什维克推翻了临时政府，建立苏维埃政权，废除沙皇旧币，闭关拒绝外货输入，昌邑茧绸的北洋市场因之消失。上北洋的昌邑绸商除部分滞留当地外，大部分回了国。当时的经济状况十分困难，滞留的昌邑绸商与苏联人民一起过着战时共产主义生活。在莫斯科和彼得堡，每人两天只能领到1/8磅面包，有时还领不到，他们只得忍痛杀掉驮运货物的骆驼和马匹充饥。后来，新生的苏维埃政权为恢复国民经济，提倡小型经营，滞留的昌邑绸商又纷纷重操旧业，做起茧绸、丝线等小本生意。但好景不长，1929年10月爆发了"中东路之战"，中苏为争夺中东路控制权发生大规模武装冲突，双方相互逮捕彼此侨民，滞留当地的昌邑绸商大多被捕入狱。11月16日，中苏签订《中苏伯力会议草约》，两国息战，中东铁路恢复中苏合作，双方释放被捕人员。滞留的昌邑绸商除少数因"娶妇生子"等原因定居外，其余全部回到了祖国。

1934年春，诸城籍著名文学家王统照乘船赴意大利，遇到同船赴意经商的"利顺公司"（东家为今卜庄镇李家抚宁村李润芬，地址在潍县西门里）伙友今奎聚街道辛置村魏海洁等9人，通过闲谈，王统照了解到他们上北洋的艰辛经历，并在《欧游日记》中做了详细记录：

（三月十七日）与昌邑诸商人闲谈。昌邑人九位，魏姓者，皆同族也。彼等富有旅游经验，无初次旅行者，爪哇、新加坡、日本、俄国多曾去过。中有

第七章 近代海上丝绸之路与中西文化交流

一位前后在俄近十年，俄革命前革命后，彼皆深知，后遇中东路之战偷回，费力不少，三人被俄人拘于狱中。彼等受高等教育者殊少，识字无多，完全一种团体的组织与冒险精神，使其不顾危险，不图安逸。昌邑人之足迹遍海外，能各国之语者尤多。此真山东人之特点，他县固不及也。彼等同行中一老者方五十岁，群尊之为掌柜，俄国革命前在俄经商凡八年，名魏海洁，诚笃老练，一望即知。又有最少年者方廿九岁，曾在高小毕业，乃同行中之账先生，彼与余谈最多。其人聪明精干，自言于民国十年，方十六岁，随人往莫斯科寻其父。盖其父叔皆在俄久居，娶妇生子矣。彼抵俄都后，值俄人正在提倡小经营，允许人民设小商店，彼原贩棉线，时其父已回，彼乃代为经理。数年后对一切事甚熟悉，而中东路之战始矣。凡在东三省之赤俄被东军拘留，而俄人亦拘华人，惟待遇不平，较之中国之对俄国相差天渊。凡在列宁格勒与莫斯科之华人除已加入共产党者外，皆无一幸免，而魏君（号金铸）以早得俄友电告未敢留宿寓所得免，寄居俄人家，出入靡定。有华人流荡与彼商贷款未遂者向俄警局告密，而魏君遂更秘其踪，直至《伯利和约》成，禁解，始得离俄京，然字号之货物荡然矣。存有数千元美币拟偷携出境，不再返俄，亦不想纳税于俄人，但此非易事，虽有护照而无他种文件，固难由俄境入中国也。彼乃约其号中伙友及他商人共十一人，乘车去海参崴住数日，每人六十元之代价请高丽人之偷税者作导出海参崴，由山中拉荒（意即过边也），昼伏夜行。时二月中祁寒犹重，着破衣如苦工然。携利薄（黑面包干也），将纸币缝于外衣之里，疲则卧山洞草堆中。此等地境荒凉殊甚，无人家住此，唯有劳苦之高丽人与砍柴之中国人耳。道中草莽深密，无径可寻。第二夜十时，由高山下渡一河流，过此即国界。而河之彼面有俄哨兵驻守搜查，虽黑夜越此不易。此十一人既过河，穿行深草中，因人多有声，为逻者所闻。初出空枪一响，魏君曰：时余知第二枪必向行人处射来，前行五人尽力飞奔，余在中间势难幸免。不得已，急侧卧草中，枪弹擦面部而过。行者去远，不也再走。且数日足创，越山无力，遂任运，寐卧其中，不敢少动。哥萨克之铁骑数十追至，搜草中，而我之号友刘姓者被其擒获，痛抉有声，不久遂缚之马后向回路去。马蹄在我头上过数次，竟未见我。时觉疲乏苦痛交集，起步草中不能数寸，痛极昏睡去，醒后则见月色西斜，高山在望，欲觅出径，茫无所从。不得已就前行者踏倒之深草前趋，惟

165

知南向可入国境。走里许，遇歧路，择正南一径，过山涧，攀登山半，饥寒交集，忧痛殊深。忽闻猛兽吼哮，自思如再前行究不知何时出山，路由何走，且糇粮已失，无可果腹，冰蹬滑溜，如失足或为猛兽所害，则谁可知者？无已，复返旧道。不如入俄境，投入俄狱中，至重不过四个月之禁期，还可有生还望也。天色既明，行涧中，不知所往。忽山巅有人趋走下，相持痛哭，盖同行之失路者，亦我号友之一也。顷之，遇二人持锯一负他物上山，询之，知为河间府之作木活者，住此十余里外之一小屯中，言高丽人某已同其他伙伴先往，派彼二人来觅后行者。余至此方度更生，随其往，峰转径通，固非远也。在小木屋中向火取暖，以生黄米煮饭，食三巨碗。由此往东宁县，雇车赴哈尔滨我叔父处休息四月，待被捉之刘君至（拘禁后释出，又偷过来者），遂回东省。①

从北洋归国的昌邑绸商，大多数凭借丰富的经验，重新招募伙友，背起绸包继续冒险历程。他们有的跨海来到朝鲜、日本，当时称为"上东洋"；有的则转道欧洲各国，当时称为"下西洋"；大部分人则来到昌邑绸商最为集中的南洋地区，当时称为"下南洋"。

第二节　近代海上丝绸之路的开辟

昌邑侨商所谓的"南洋"，是指广义的南洋地区，包括今东盟 10 国、印度、澳大利亚、新西兰以及附近的太平洋诸岛等，当时主要是英国与荷兰的殖民地。

昌邑人下南洋的创始者为今都昌街道南裴村的杨岱山、杨嵩山兄弟，开拓者为杨茂春、杨玉珍叔侄。

光绪四年（1878）正月，杨岱山、杨嵩山等筹集好本钱路费，带上昌邑茧绸及简单的行李，由青岛登上一艘英国货船，经过 3 个月的颠簸，经上海、汕头、香港、新加坡来到荷属爪哇岛首府巴达维（也叫巴达维亚，今印尼首都雅加达）及三宝垄（今印尼中爪哇省首府）。因当时尚没有建立供货渠道，货物卖完后，他们滞留当地，致本利皆空。岱山郁闷成疾，于光绪七年（1881）病逝于三宝垄。嵩山料理完丧事，拟借债回国，再图振兴，不幸感染瘟疫，于次

---

① 王统照：《欧游日记》，《新文学史料》1997 年第 1 期。

第七章　近代海上丝绸之路与中西文化交流

年夏逝世于巴达维。杨氏兄弟相继辞世，但他们带来的昌邑茧绸却给当地人民留下了很好的印象。杨岱山之子杨茂春幼年就读私塾，自励刻苦。他19岁下学务农，得知父亲、伯父二人在印尼去世，便卖掉田地，筹集资金，前后两次去爪哇，带回了父亲、伯父的尸骨。在爪哇居住期间，杨茂春详细考察了当地的风土人情，也总结了先辈经商的经验教训，决心建立供货渠道，拓展昌邑茧绸的南洋市场。

光绪十一年（1885），28岁的杨茂春与堂弟杨茂德、侄子杨玉成带了一批昌邑茧绸再次远渡重洋，来到父辈曾经经营过的巴达维和三宝垄两地销售。积累了一定资金后，杨茂春等在巴达维租房开办了"源兴泰"绸庄。一年后，货物全部售出，杨茂春即回国上货，除与商户清算账目外，又邀今都昌街道前埠源泉村隋中堂、中裴村张鸣凤、寒亭区杨家埠村杨秀圣等入股，共同到南洋发展。为了保证供货渠道通畅，他投资在柳疃开办了"源兴恒"绸栈，专供南洋用货，并派侄子杨玉成在广东汕头开办"源兴泰"分号，作为向南洋供货的中转站。供货渠道建立后，昌邑茧绸源源不断地运往南洋。此后，杨茂春常住巴达维坐庄，生意越做越大，昌邑茧绸在南洋的声誉也越来越响。伙友们不断向家乡汇钱，吸引了邻近村庄的老乡纷纷前来投奔，知名的有今都昌街道岞埠村的徐忠绍、徐长庚等。

杨茂春叔侄还首次将昌邑茧绸销往非洲。为拓展非洲市场，杨茂春让侄子杨玉成随外商沿非洲东海岸到达德班（在今南非），在那里开设了一座批发庄，专供当地行商购货，两年后，因供货不便撤回。

光绪三十三年（1907），杨茂春将生意交给侄子杨玉珍经营，回国安享晚年。其生前被清廷封为文林郎（正七品封典），升授通政大夫（正三品封典），1927年农历八月十八日去世，享年70岁。尔后，杨茂春的侄孙杨其泮等人又相继去南洋继承祖业。

杨氏叔侄开拓的这条商路，进一步开启了昌邑人投身海外贸易的风尚，昌邑茧绸也作为中国商品的代表，进入世界商战之局，与洋人争利，为祖国争光。这条商路被今人誉为中国近代史上的"海上丝绸之路"。

对于杨氏叔侄的贡献，时任北洋政府教育次长的掖县人林修竹在《杨茂春墓表》中给予了高度评价：

昌邑故产茧绸，广销齐鲁燕晋，而运售海外者殊乏。自公再度航海，习外情。起服，携运土产绸布，经营南洋群岛，骎骎乎开海外贸易之风，而入世界商战之局矣。……乡人受公汲引，继起商南洋者日益多，至今英荷属地谈及华商及华产，辄称杨氏叔侄与昌邑茧绸，盖非仅一家一邑之光矣！①

从杨氏叔侄身上，昌邑的财东看到了昌邑茧绸在南洋地区巨大的市场潜力，他们纷纷投资，在上海、香港等地开办"南洋庄"，招募掌柜、行商前往销售。到民国初年，下南洋形成高潮，昌邑茧绸也销遍了南洋地区。截至1936年，下南洋卖绸的昌邑侨商不下万人。

1935年元旦驻今印尼孟加锡的昌邑绸商团体合影（右一南庄头村王学良、右三王学俭、右四伍塔村姜乃彦）

昌邑财东在外埠开办的南洋庄规模最大的是马毓俊、陈贵丹等合股在上海开办的"锦成玉"。他们资本雄厚，还联合上海30多家银号兼营银行业务。在柳疃邮政局尚不能办理汇兑之前，昌邑的南洋侨商向家乡汇款大多先汇到上海

---

① 据原碑碑文，题目为笔者所加。该碑位于昌邑市都昌街道南裴村东南杨茂春墓前，保存完好。碑文为时任北洋政府教育次长的掖县人林修竹撰，时任山东教养局局长的昌邑人张书绅书丹。

 第七章 近代海上丝绸之路与中西文化交流

的"锦成玉"。

1937—1940 年,为躲避战乱,昌邑人下南洋再次形成短期高潮,每年出洋 200 余人。下南洋的侨商一般每两三年即回国一次,很少长期留居当地。1941 年 12 月太平洋战争爆发后,水陆交通中断,国人无法外出,侨商有家难归,兼之昌邑茧绸来源断绝,滞留的南洋侨商只得被迫定居,并改而从事其他行业以维持生计。

据 1956 年不完全统计,昌邑籍在外侨胞有 1327 人,仅印度尼西亚与印度就有 1001 人,昌邑也因之成为山东省著名的"华侨之乡"。

受地缘影响,昌邑周边的潍县、平度等地的贫苦农民携带昌邑茧绸下南洋的也很多,他们最初多是通过攀亲寻友,在昌邑侨商的带领下开始出洋的。平度临近昌邑的新河、官庄、马戈庄一带华侨较多,潍县临近昌邑的寒亭一带华侨较多。潍县华侨下南洋始自清光绪二十七年(1901),今寒亭区牛埠村贫苦农民王麟书跟随昌邑岞埠村的亲戚去印度孟买卖绸。王麟书聪颖勤勉,侨居印度 10 年,先后 5 次回国发货,皆获厚利,遂在印度的孟买和加尔各答,新加坡及国内香港、潍县、烟台、上海、哈尔滨等地设"利盛福"商号和汇兑庄,在昌邑柳疃设立丝绸收购货栈。当时,旅居南洋各国的 500 余名潍县籍华侨皆依赖王麟书开展经营。

第三节 昌邑茧绸发展的艰辛历程

昌邑茧绸业是在对外贸易需求的刺激下急剧发展起来的,其兴衰深受国际政治经济形势的影响。1916 年之后,因为国际、国内因素,以昌邑茧绸为代表的中国茧绸业逐渐出现衰退;1937 年后,彻底被外国势力挤垮。1949 年新中国成立后,在党和政府的领导下,昌邑茧绸迎来复兴。

晚清以来,政府腐败,列强乘虚而入,他们看到昌邑茧绸在国际国内都拥有广阔市场,便千方百计予以摧毁。光绪二十四年(1898),德国强租山东的胶州湾,借机就近掠夺中国的柞丝原料,进行仿制。"法国、意大利又进口山东的柞丝原料,用其织绸,名曰'里昂山东绸'和'意大利山东绸',来贩卖

销售，但其价格低廉方面无法和山东绸比。"① 不仅如此，"当时辽产野丝大半运鲁织绸所用，以致日人馋涎欲滴，颇思染指"②。日俄战争后，日本人为加速掠夺中国东北地区的资源，投资兴建南满铁路，辽东半岛的柞蚕主要产区盖平、海城、安东、西丰等处，均在铁路沿线。当时野蚕关税每担2两5钱，日本人由南满铁路运出，将关税每担减少1/3。他们还利用先进的机械制造技术在本国进行仿制，并利用奖励免税的办法运回山东，与昌邑茧绸竞争出口市场。

这一时期，昌邑茧绸依仗价格优势，产销尚能保持旺盛，但已经潜在重大危机。

1914年6月，第一次世界大战爆发，帝国主义列强对中国的侵略态势发生变化。以德、奥为首的同盟国集团与以英、法、俄为首的协约国集团在欧洲互相厮杀，暂无暇顾及远东地区，中国民族资本的发展获得了一个短暂的"春天"。

当时，为庆祝旧金山建市与巴拿马运河开通，美国拟于1915年在旧金山举办"巴拿马太平洋万国博览会"，中国政府为宣传国货，批准参加。山东省为筹备参展物品，举办了"山东第一次物品展览会"。鉴于昌邑茧绸在世界上的重要影响，山东省实业公司特意致函昌邑县知事王同海与昌邑县商会征集参展。

为进一步增强省内工商业者的竞争意识，本次展览会进行了严格细致的产品评选，据会后统计，此次展览会共给予金牌褒奖120名、银牌褒奖295名、铜牌褒奖354名、证书褒奖384名。对于陈列物品中品质精良并宜于海外贸易者，特别选择200余种以备运赴美国参展。昌邑送展产品共获最优等褒奖（金牌）10项、优等褒奖（银牌）7项、一等褒奖（铜牌）8项、二等褒奖（证书）5项，计30项，尤以茧绸类产品居多。

最终选送美国参展的昌邑茧绸产品有：烟台杨宝珊出品的昌邑单绸，昌邑"利顺和"出品的二六宽单丝绸、双鹿牌二宽绸，"复盛增"出品的云白川绸，

---

① ［日］田原天南：《胶州湾》，大连"日日新闻社"1914年版。
② 《中行月刊·公牍》，1930年12月版。

"永兴隆"出品的二五宽单丝绸、二一五宽方格花绸等。

在此次博览会上,中国商品大获成功,总计获各类奖项 1211 个,其中大奖章共 57 枚,山东省荣获 3 枚,烟台杨宝珊提供的"(昌邑)茧绸及白纺绸"与"山东省纺绸及草帽辫""山东张裕酿酒公司各种酒"同获殊荣。昌邑茧绸优良的品质、精湛的工艺、低廉的价格再次在海外引起轰动。本届世博会正值第一次世界大战期间,欧洲战火蔓延,生产遭受严重打击,外货需求大增。1915 年,昌邑茧绸的出口也因之达到最盛,总量约 10 万匹,总值约 400 万元。一些东南亚国家也增加了昌邑茧绸的进口,这也是该时期下南洋高潮出现的国际原因。但好景不长,国内的混乱局面与国际局势的转变,很快断送了刚刚出现的贸易生机。

乘第一次世界大战之机,日本强占胶州湾,并立即展开经济掠夺。1916 年以后,日本以低廉的价格大量向中国倾销人造丝,争夺中国的纺织品市场。日本人造丝避关偷运到山东省沾化、利津、羊口、下营,再销往内地。其价格只为土丝一斤最低价格的一半。"民国十二年,进口人造丝 8000 余担,至十八年,则增至 14.4 万余担,其价格日低,销路日旺……自输入人造丝以来,因其致工容易,成本低而获利重,各处织机逐渐改用人造丝……至民国十八年,各地盖用人造丝者十之八九。"① 虽然中国工商各界曾奋力抵制,但中国纺织业仍逃脱不了被挤垮的命运。昌邑茧绸的国内市场急剧萎缩。

在人造丝的冲击下,柞蚕企业因亏本而大量关停,昌邑茧绸所需柞丝原料紧张。为了降低成本,商人和织户开始加大用浆,10 两重的纯丝加浆能够织成 70 两重的"浆绸"。这种浆绸,用水冲洗,所加之浆即被冲去,绸的厚度、光泽、硬度也相应丧失。有的浆绸受潮后发酵变质,并有难闻的臭味。另外,织造过程中短尺少码的现象也非常严重,外商所定二十码绸,织成后往往短少一二码。发货过程中还存在用加浆绸充替纯丝绸的现象。以上行为最终导致昌邑茧绸信用尽失,出口日滞。为改善这种局面,昌邑县商会曾出面整顿,但已无法挽回。

与此同时,日本人却早已瞄准了昌邑茧绸的欧美市场,经过 10 余年的努

---

① 《中国实业报》,1931 年 2 月刊。

力，其机械织绸技术已经相当成熟，并且克服了昌邑茧绸尺幅较窄、表面不甚整洁等不足，最终取代昌邑茧绸而畅销欧美。欧美市场的丧失，对昌邑茧绸来说，后果是致命的。

为扩大出口，1920年，"东海关税务司以昌邑茧绸销路日滞，曾呈准农财两部，通令各海关，昌邑茧绸凡出口者一律免税"；至1924年，又经东海关呈请批准，"前项茧绸运往国内各地销售，一律免税"；到1926年，"张宗昌督鲁，创设货物税局，复经工商等据情呈请，奉令核准援案免税"。但昌邑茧绸江河日下，以上举措已经无力回天。"所以苟延残喘者，一由于地小民贫，舍此之外，没有他项工作，苟有一线生机，即须奋斗到底。"①

这一时期，昌邑茧绸每年出品总值约为200万元，约占全盛时的1/5；出口总量10000余匹，总值约30万元，尚不及全盛时的1/10。

1931年九一八事变后，日本占领东北全境，辽东半岛的柞蚕原料被日本掠夺，昌邑茧绸及山东茧绸业的主要原料基地丧失。1931年，烟台矿丝厂几乎全部停工，胶东各县矿房开工者也寥寥无几。"以故所有矿房之能开工者，类皆昌邑丝绸商为机织原料而制丝者，其目的不在于出口也。"②

1932年10月刊《山东实业公报》载："我国有昌邑茧绸，应美国总统胡佛宣言邀请，参加美国1933年举行的芝加哥百年进步纪念世界博览会展出。"昌邑茧绸虽然再次入选参加世博会展出，但此时此刻，已无力回天。

1937年七七事变后，全面抗日战争爆发，昌邑茧绸的原料来源及销售渠道彻底堵塞。1938年，日寇占领昌邑，各丝点、绸庄停业，仅有柳疃街的"同祥泰""裕成""盛记""天源号""复兴店"几家大号尚能坚守残业，以所剩存的原料与周围乡村织户保持着原来的生产关系。

第四节　中西交往中形成的绸乡文化

昌邑茧绸100余年的发展历程，造就了人心机巧和勇于冒险的习俗风尚、注重社交和崇尚功名的处世理念、同乡互助和急公爱国的道德取向、讲求信誉

---

① 陈鸾：《呈山东省政府》，《中行月刊》第三期《公牍》，1929年10月刊。
② 《安东丝业》，1942年前后刊，第190页。

和善于合作的经营机制,涌现出了许多闻名于时的绸业世家,形成了独具地方特色的文化和民俗,对当地社会发展产生了深远的影响。

一、特色民俗

(一)"人心机巧,勇于冒险"是绸乡民俗的基本要素

"昌俗尚质朴,敦本抑末,士勤于学,农务于耕,邻保有周恤之义,吏民无告讦之风";"其农家男子获耕,妇女纺绩,但濒海财乏,无复业商者"。① 这是明代万历前后昌邑的传统民俗。但随着时代的发展,土地贫瘠、灾害频仍、衣食难继的残酷现实,使耕读为本的社会格局已经不能维持,出门经商、出卖劳动力成为一时风尚。到清代初年,出现了"诗礼之家不务耕读,章缝之裔甘为贱役"② 的局面。读书人能够从商,农民能够从商,世家子弟也能够从商,主动打破封建自然经济,无疑是社会意识形态领域具有革命性的重大转变。在长期的商业活动中,逐渐形成了"人心机巧,勇于冒险"的新型民俗习尚。1932 年版《胶济铁路经济调查资料汇编》讲到昌邑民生状况时称:

> 诚厚质朴,敦本抑末,此固该县特殊习尚,而人心机巧,勇于冒险,尤属民性特长,故年来在海外贸易及各口岸都会之经营绸布业者(肩)踵相接。且境内素以织绸织布而著称,故民间经济尚不十分拮据。③

"穷下南,富进京,死逼梁山闯关东。"围绕茧绸生意,出洋、进京做行商,闯东山、闯关东纩丝和织绸都是苦累的工作。做行商的不避风雨,沿街叫卖,晚上凑合着寄宿在简陋便宜的小旅店里。他们很有闯性,在北京的行商,并不畏惧宫门森严,时常闯进宫去;去北洋的行商"因避苛税,不由铁路,艰苦卓绝,徒步万里"④;去南洋的行商则克服了天气炎热、语言不通等困难,艰难地生存下来。到胶东、辽东半岛蚕区纩丝和织绸的工人工资极低,学徒工则更为艰苦。但为谋生存,乡里青年不管是富裕一点的,穷苦一点的,还是生计

---

① 《昌邑县志》卷二《风俗》,顺治十八年(1661)刻本,引万历《莱州府志》。
② 《昌邑县志》卷二《风俗》,顺治十八年(1661)刻本。
③ 《胶济铁路经济调查资料汇编》卷三《昌邑县》,胶济铁路管理委员会 1932 年 12 月版。
④ 《山东各县乡土调查录》卷四《昌邑县》,山东省长公署教育科 1920 年 1 月版。

全无的，纷纷跟随掌柜"出门"做工、学生意，走南闯北，锻炼成才。

（二）"注重社交，崇尚功名"是绸乡民俗的重要内容

"五湖寄迹陶公业，四海交游晏子风。"经商不仅需要具有扎实的商业技能、雄厚的资金实力，还需要丰富的人脉资源。昌邑绸商对此认识尤为到位。

搞好社交，尤其是与社会上层交往，必须具备一定的文化素养与社会地位。早期的昌邑绸商，除了部分业儒出身的人士外，文化水平普遍较低，随着商业活动面的扩展，他们意识到知识的重要性，在提高自我修养的同时，无不倾力培养子弟，使整个经营管理团体的文化素养有了显著改善。后期的不少财东、掌柜不仅精通书算，有的还擅长诗词歌赋、琴棋书画；部分优秀的绸商子弟也凭借优越的家庭条件，仕途通显，给以民间资本为主体的昌邑茧绸业注入了官僚资本的因素。

"功名"是跻身缙绅阶层的标志。为取得较高的社会地位，早期的昌邑绸商致富后，普遍看重"功名"。他们大多通过捐纳获取监生、例贡生等出身，同时也通过积极参与社会公益而获得其他一些如乡饮耆宾、大宾、介宾之类的恩荣头衔。随着财富的积累，除捐纳出身以外，其主要成员所捐虚衔官职、封典越来越高。据宣统本《昌邑姜氏族谱》[①] 所载：

嘉庆、道光年间，"五大功"第一代创业人于顺、于孝胞兄弟2人，有功名者1人：于孝，举乡饮耆宾。道光、咸丰年间，第二代濯、汶、浴、治、汾从兄弟5人，有功名者3人：濯，监生，举乡饮介宾；治，恩荣六品衔；汾，监生，恩荣六品衔。咸丰、同治年间，第三代再从兄弟6人，均有功名：濯子树人，例贡生；汶子乃承，监生；浴子乃纲，监生，同知衔，诰封奉政大夫（正五品封典）；治长子乃纶，例贡生，次子乃缙，例贡生；汾子乃绅，监生，候补州同、同知衔，诰封中宪大夫（正四品封典）。同治、光绪年间，第四代族兄弟21人，有功名者19人，代表人物有：其珩，监生，同知衔，诰授奉政大夫；其璠，监生，同知衔，加二级，诰授中宪大夫；其环，监生，盐运使衔，诰授中议大夫（从三品封典）。光绪、宣统年间，第五代族兄弟46人，除

---

① 昌邑姜氏家族分河东、河西两派，此为六修河东派族谱，宣统元年（1909）刻本，六函，24册。

第七章　近代海上丝绸之路与中西文化交流

去修族谱时年纪尚幼者外，其余11人均有功名，代表人物有：言训，附贡生，花翎同知衔，加随带一级，诰授朝议大夫（从四品封典）；言信，四品功牌；言修，例贡生，花翎道衔，山西试用同知，蒙旗垦务委员。民国以来，知名的昌邑绸商则多兼任各级议员、政府各部门咨议或商会职务等。

　　社会地位与文化素养的提高，促进了绸商社交面的扩大与提升。以在京商号"天有信"为例：东家阎毓瑛及其前任掌柜阎修圣、彭澄清、阎重新、阎修信、阎相法、郭庚西等素有交游之风，阎毓瑛与宫门里及京城各衙门有较多往来，大太监李莲英时常将慈禧赏赐的物品转赠于他，其昌邑老家的春联都由翰林们执笔书写。民国以来，"天有信"掌柜高伧堂社交面更加广泛，与当时京、津、鲁军政上层人士如冯玉祥、于学忠、宋哲元、袁良、王绪长、韩复榘以及昌邑县的数任县长刘豫章、马丹铭等都相熟悉。究其原因，纳税养兵，维持财政，相互利用，也是事有必然。高伧堂的父亲高传惠去世后，其碑文由时任内务总长兼市政督办的沈瑞麟撰文，山东教育厅厅长、前清状元王寿彭篆额，中国实业银行行长卓定谋书丹。1921年末，昌邑著名绸商李润芬之妻李刘氏去世，大总统徐世昌亲颁褒辞，并题"慈孝扬庥"匾额；葬礼期间，北京、山东省两地政、军、学、商各界所赠哀挽诗、联、幛、匾等达数百架，由其子国务院咨议李澍辑成《李刘氏哀荣录》①，印行分赠亲友，前后任国务总理梁士诒、颜惠庆，署国务总理周自齐，陆军总长鲍贵卿，农商总长齐耀珊，京兆尹孙振家，山东督军田中玉等赫然在目。昌邑上层绸商实力之大，社交面之广，由此可见一斑。

　　（三）"同乡互助，急公爱国"是绸乡民俗的突出特点

　　"在家靠父母，出门靠朋友。"同乡互助始终贯穿于昌邑茧绸的生产经营活动中。

　　昌邑人出门纩丝、织绸、做行商起初都是凭借亲友与同乡关系。为保护自己的权益，国内外的昌邑绸商还纷纷成立自己的同乡组织。以在京商号为例：民国以来，仅通过"天有信"掌柜高伧堂介绍而有饭吃的昌邑同乡就不下千人，其子"谦泰"掌柜高守信介绍到北京的昌邑同乡也有百人以上。1947年，

---

① 李澍等编，原题失，现题为笔者拟，1922年石印本。

高守信还联合在京同乡阎振元、孟百川、董念兴、李保华发起筹备成立了"北京昌邑同乡会"。民国初年，昌邑在胶东的丝织工人也主动组织成立了"职工会"，负责人有驻栖霞青山村的今柳疃镇门八村人吴方兰和驻栖霞唐家泊村的今围子镇人马钧洪等。他们于1916年和1926年领导昌邑工人为提高工资待遇而举行的两次罢工都取得了最后胜利。

印度孟买与印尼雅加达是下南洋的昌邑绸商最为集中的地方。1934年，以昌邑、潍县人为主体的侨商在孟买发起成立的"山东同乡会"是孟买较大的侨团组织。1937年，以昌邑、平度、潍县人为主体的侨商在雅加达成立"山东公会"，第一、第二任会长均为今卜庄镇夏店村的王子久。1935年，昌邑旅居新加坡的侨商李铁岭、夏连泮、夏连江、刘江清等23人发起成立"南洋华北同乡会"。1937年，昌邑旅居斯里兰卡的侨商在首都科伦坡发起成立以昌邑人为主体的"山东华侨公会"，首届会长为今都昌街道峡埠村人唐效明，秘书长金德升是今柳疃镇金家庄人。这些侨团组织，积极联络团结侨胞，维护华侨利益，开展爱国募捐活动。

昌邑绸商发家致富之后转变成为新的民族资本家，他们急公好义，为地方社会发展做了不少有益的事情。

抚宁堤是潍河下游著名的险段，光绪二十一年（1895），潍河大水，下游河堤均被冲毁，抚宁一带最为严重。山东巡抚李秉衡拨发库银助修，各社每堤一丈给银1两。抚宁社领银600两，工巨款少，无法完成堤工。齐振忠、马毓俊等商家带头捐巨资助修，用三合土夯筑，河堤至今坚固如初，杜绝了该段水患。齐振忠还捐修了姜家堤子村潍河大堤、低河石桥等，并出资引白浪河水治理村东北涝洼盐碱地，使之遍生芦苇，周边乡民赖以生活。"五大功"每逢荒年施粥，供绝粮的人糊口；日常把牲口拴在大街上，让无劳力的人家得以耕种；该村西邻潍河，为避免水患，"五大功"带头集资修堤，并修造渡船，以方便东西往来；1936年，"五大功"财东之一的姜言杰居蒙旗垦荒救灾有功，绥远省主席傅作义授予其金质奖章。1925年，夏店一带遭雹灾，李润芬从东北运来大批大豆和高粱，凡揭不开锅的乡亲，按户分发，使灾民度过荒年。义泰祥掌柜韩效思则出资从东北购进大批红松，在柳疃雇人做成棺木，以帮助没钱殡葬的乡亲。

 第七章 近代海上丝绸之路与中西文化交流

昌邑绸商凭借丰富的社会阅历，较早地意识到了开发民智的重要性，大力扶持平民教育事业，独资或捐助兴办的学校不下数十处。齐振忠晚年设馆讲学，昌邑早期同盟会会员陈干、齐洛亭、齐元英均出自其门下。1921年春，李润芬在李家抚宁村兴办"培真完全小学"，新建教室20间。1927年，"五大功"财东之一姜言诠在姜家泊村开办"平民学校"，并亲自授课。韩效思不仅在安东（今辽宁丹东）开办了一所义务学校，还于1930年在柳疃街开办了"育正小学"，1932年又开办了"女子义务学校"。对于教育事业，不仅大的资本家能够慷慨解囊，一般的行商也能量其财力，无私捐献。今奎聚街道南庄头村王学良、王学俭兄弟，于1930年前后捐资在本村王氏家庙开办"王氏私立小学堂"。以上学校均实行免费教育，为地方培养了大批人才。

旅居海外的昌邑侨商也心系祖国，热爱家乡。在抗日战争中，昌邑旅居南洋的侨商积极通过各种渠道向祖国捐款。今都昌街道旅居印尼的侨商黄德基，因募捐积极被日寇抓去坐牢两年。在狱中，他义正词严地痛斥日本人："你们有国，我们也有国，我爱国无罪！"他的大无畏精神，大长了中国人的志气。今龙池镇马渠村的魏汝栋在南洋做行商时结识了周恩来，1924年，他到广州投考黄埔军校；1927年，参加北伐战争；1949年后，担任长春第一汽车制造厂和西安飞机制造厂的领导工作。

二、经营机制与市场观

在长期的经营实践活动中，昌邑绸商摸索出了一套系统灵活的生产、供销、分配与组织模式，形成了科学务实的市场观念，为茧绸产业的持续发展提供了机制保障与内在动力。

昌邑茧绸的生产机制建立在相互信赖、相互依存的基础上。从生产关系看：丝绸商号将购进的原料发放给四乡农户，有缫有织，再根据加工工日费用和产品质量优劣等级，于月底或季度结算账目。农户可以做无本的家庭手工业，以补充农业不足，商号也不用购置缫丝和织绸设备即可成为丝绸生产厂家。从供销关系看：零售商向批发号购货，不需先缴现金，卖完货，下次提货时缴上次的货款；批发商向生产商采购，也采取同样的赊购方式。这种生产、供销关系赋予了昌邑茧绸坚强的活力。

"东六西四"和"东四西六"是主要分配原则。开设商号不出人只出钱的称为"东家""财东",东家付出的资金称为"东股"。受东家委托主持经营的称为"西家",也叫"领东""掌柜""经理",掌柜与二掌柜(也称"副理")、记账先生及主要业务人员组成"西股"。领东对财东所付资本不但要如期偿还,而且还得付利息。所挣利润除付给雇工应得的薪水外,其余的纯利润一般是60%交给出资的东家,所以叫"东六",40%由经营人支配,所以叫"西四"。有的东家也兼职掌柜。国内商号一般采取"东六西四"的分配原则,出国贸易开支大,风险也大,所以一般是"东四西六"。商号有一号一东、一号多东、一号一西、一号多西等多种形式。东家既有昌邑人,也有所在地的本地人,还有极少数是外籍人,多数西家是昌邑人。较大规模的商号都有专用称谓,叫作"字号",换东抽股或换西增股时字号则随之更换。

财东、掌柜雇用伙计,事先经主雇双方商妥。做行商的伙计与财东或掌柜要签订合同,有的两年一账(即合同期限),有的3年一账,有的按月计算(一般以20个月为期)。伙计来回路费由财东和掌柜负担,掌柜对伙计管吃不管穿,每月付给薪水(劳金),账期结束后是去是留由掌柜酌情对待。经过几年的经营,随着对人情、地情和商情的不断熟悉,有的伙计在稍有资本的基础上,摆脱了财东和掌柜的控制,开始独立或合伙经营,变为新的小财东或股东。如北京著名的绸布商号"天有信"的前身为"同顺公",创始人为阎家车道村的阎宗珠。阎家车道村东邻潍河,水灾频发,村庄多次搬迁,村民生活无以为继,阎宗珠乃于嘉庆十五年(1810)前后被迫上了北京。他先在大栅栏背包袱做行商,靠吃苦耐劳,坚韧不拔,渐有积蓄;到嘉庆末年,终于成立了有三四个人的小商号"同顺公";到道光末年,店员达到十五六人,便成为自东、自伙、自掌的大号了。昌邑国内、国外的许多绸布业商号就是这样发展起来的。

开办丝绸厂,因为生产环节较多,资金流动的周期也较长,情况较为复杂,一般不简单订成分配。专营缫丝业的称为"扩房",专营织绸业的称为"机房",专营炼绸业的称为"炼房"。有单设的,有并设的,还有三者兼设的。东家、掌柜之外还有专职工艺技术指导的,称为"领作",有的一厂一作,有的一厂多作。所雇用的伙计要3年学徒期满后才能与掌柜签订合同,根据能力不同拿到数量不等的劳金。

昌邑茧绸商人的市场观主要表现在以下三个方面。

一是靠信誉与合作发展茧绸事业。昌邑绸商在经营活动中始终贯彻"义利并重"的思想理念,即在讲诚实、讲信义的前提下,来发展自己的丝绸事业,把利和义有机地结合在一起。商家不仅在给自己商号的命名中体现了"德""信""义"的理念,并且将这种理念贯彻于商业实践活动中。昌邑茧绸市场广阔,促使其经营者产生了很强的合作意识。股东之间要合作,掌柜之间要合作,东家和西家更要合作,这样才能保证企业的生机和活力;作坊中各工序之间也必须要合作,这样才能保证产品的质量。

二是靠技术、资本输出与创新织造工艺发展茧绸事业。昌邑当地没有柞蚕原料,昌邑茧绸的诞生伴随着技术与资本的输出。通过这种输出,昌邑绸商将原料与生产基地扩展到了胶东、鲁中南及辽东半岛,不但将昌邑茧绸这一品牌越做越大,而且还推动了以上地区柞蚕业的发展,做到了互利共赢。昌邑茧绸本身就是技术创新的产物,它的发展也始终伴随着织造工艺的创新。昌邑茧绸起初幅面较窄,为适应国外市场,光绪末年将幅面加宽到二尺四寸至二尺六寸不等。到民国初年,根据不同地区的市场情况,昌邑茧绸已经开发出三四宽单丝绸、二五宽单丝绸、二一五宽双丝绸、三二宽单丝绸、一二宽双丝绸、一五宽大双丝绸、二六宽单丝绸、一九五宽单丝绸、二六宽双丝绸、一二六宽长绸、一四五宽单丝绸、二一五宽双丝绸等 10 余个品种。昌邑绸商还根据日本市场的需求,开发了专门销往日本的九五宽豆纹花绸、二一五宽单丝方格花绸等。民国中期之后,为提高竞争能力,昌邑绸商在烟台、东北地区开办的大型丝织厂还率先引进了铁木机、铁机、伸幅机、电动机,并利用蒸汽缫丝,开始了机械化生产。

三是靠名牌效应发展茧绸事业。1903 年,清政府设立商部,在商部内设立商标注册局,并发布《商标注册试办章程》,这是我国保护商标专用权的第一部法律。虽说最初目的是履行不平等条约,保护外国商标权,但这也让昌邑绸商注意到商标、品牌在商品交易中的积极作用,开始给自己织造的茧绸产品注册商标。《野蚕录》载:"闻有(昌邑)刘姓巨商,与各商联合资本,设立公司,拟将茧绸大加改良,以便专售洋庄,并拟用'双龙''双鱼'等商标,以重信用。"烟台"聚丰"机房掌柜、今都昌街道刘家辛戈村人刘奎元开发的茧绸洋服面料有铜钱般厚，商标为"三鹿头"，在英、美很有声誉。1914年送展山东第一次物品展览会的昌邑茧绸产品中，"广兴成"出品的"全球牌"山茧黄绸、"全球牌"水丝棉绸和"利顺和"出品的"双鹿牌"二五宽双绸，均是当时的名牌产品。

三、著名绸业世家

昌邑茧绸业多带有家族性质，经过数代经营，形成了一批大小不一的绸业世家，这些绸业世家在绸乡文化与民俗的产生与传承中起到了引领潮流的作用。

今柳疃镇姜家寨村的姜士昌家族是昌邑绸布业的早期开拓者之一。嘉庆初年，姜士昌即在当地收买棉布进京贩卖，产品质优价廉，被誉为"寨子布"。后来，其次子姜振彩在北京开设"常春泰"绸布庄，在柳疃开设"天源永"钱庄。随着家族资本的壮大，"常春泰"由姜士昌长子姜振雯接管，姜振彩又在北京开设了"万春恒"绸布庄，在东北开设了"万春恒"分号。姜士昌三子姜振常在北京前门外大栅栏开设了"同春和"绸布庄，后演变为"天利涌""天利增"。姜振常的曾孙姜述贤先后出任柳疃商务会、昌邑县商务会首任会长，仅其坐落在北京东四牌楼的"恒信"号，资产就达上百万两银子。该家族的代表人物还有姜士昌孙辈的姜毓麟、培麟、梦麟等，曾孙辈的姜百合、百泉、百揆等，玄孙辈的姜述孔、述濂、述陶等。

柳疃街早期的茧绸商号"广盛店"由今龙池镇齐西村齐增修家族、瓦东村赵梦全、姚徐邓村徐培祺3家合股开办。齐增修家族还在长春开设有"广顺"号，齐增修曾亲任掌柜。该人通管理，懂经营，在任时将"广顺"号发展到鼎盛，仅在长春的分店支铺就有六七十家。昌邑与寄籍长春的齐氏族人在清末有10余人先后通过科举进入仕途，其中获得进士出身的就有5名，他们分别是：齐绅甲，光绪壬辰科，山西即用知县；齐忠甲，绅甲弟，光绪甲午科，历任翰林院编修、江南道御史、国会参议员；齐耀琳，光绪乙未科，历任翰林院庶吉士、江苏布政使、河南布政使、河南巡抚、江苏省省长、督军等职；齐耀珊，耀琳弟，光绪庚寅科，历任湖北荆宜道、浙江省省长、山东省省长、商务银行

第七章 近代海上丝绸之路与中西文化交流

总裁、农商总长等职；齐恩铭，光绪戊戌科武进士，历任花翎侍卫、乾清门行走。众多政界精英的出现，使该家族最终发展成为清末民初国内知名的官僚资本世家。齐增修子齐振忠，捐纳花翎知府衔，因急公好义，曾蒙山东巡抚李秉衡奏请立坊旌表。

今卜庄镇姜家泊村姜氏家族十八世于顺、于孝兄弟 2 人是昌邑早期闯关东的代表人物。姜氏兄弟于清代嘉庆年间来到吉林榆树县，以经营烧锅、油坊、百货起家。到十九世的濯、汶、浴、治、汾堂兄弟五人分别掌管"功盛""功裕""功茂""功增""功泰"5 个商号，合称"五大功"，其业务范围进一步扩充到金融领域，在吉林等地的经济势力尤为突出。后来，"五大功"凭借雄厚资本涉足绸布业，在北京开设了著名的"泰和"绸布庄，下设 4 处分号，成为昌邑在京绸布业中规模最大的商号。著名的烟台"阜丰绸厂"、柳疃街的"泰元钱庄"也是其家族出资开办的。

位于柳疃街的"复盛茧店"开设于道光二十五年（1845），创始人为今龙池镇瓦城西村赵连运。到其子赵乐友时，"复盛茧店"改为"复兴店"，并在北京开设分号。同时，赵乐友还在昌邑率先开办了金融汇兑业务。民国初年，赵乐友又将"复兴店"分号发展到宽甸、烟台等多个城市，下属矿丝、织绸工人多达数千人。其弟赵乐全在东北大兴安岭开办"复兴信"，以经营柞蚕、茧绸为主，兼营粮食、面粉、烧酒等。"复兴信"的面粉厂规模很大，运粮的火车能直接开进厂里装货。

今围子镇围子村马放勋家族也是早期投资昌邑茧绸业的资本世家。嘉庆末年，马放勋开始赶大车为客商跑北京远程运输钢铁，后来他的儿子马安远、明远、振远继承父业，成了北京的钢铁业主。昌邑茧绸业兴起后，马家遂投资在柳疃开设"合盛栈"丝绸行。道光末年，"合盛栈"分为安远的"东合盛"、明远的"西合盛"、振远的"中合盛"。清末民初，"东合盛"改为"合盛仁"，"西合盛"改为"合盛兴"，"中合盛"改为"合盛元"，东家分别是马放勋的孙辈马毓俊、毓成、毓桂。后李润芬注股"合盛仁"，"合盛仁"改名"锦霞明"，并在上海设立南洋庄"锦霞明"分号，专门为南洋绸商供货，后因掌柜陈聘三与李润芬不和，李股撤出，今龙池镇东白塔村陈贵丹等趁机入股，"锦霞明"改名"锦成玉"，后马股撤出，今柳疃镇姜家寨姜言成入股，改名"裕成"。

今龙池镇东白塔村陈传喜、传洪、传德兄弟3人在柳疃开设的"永盛茂"也是昌邑茧绸业的老字号。后来的股东为陈传喜兄弟的后辈陈贵普、贵浔、贵锟、贵锷、贵丹、贵才等。民国初年,族人陈干(原名贵川,曾任北洋政府总统府将军、陆军中将等职)及其二弟陈度(贵槐)、三弟陈毅(贵义)入股成为新的股东。"永盛茂"下属分号及与他人合股的商号众多。贵普、贵锟在柳疃有商号"阜盛茂",并在北京设"阜盛茂"分号,主营棉布和茧绸,还在安东(今辽宁丹东)江崖设有"阜盛栈",主营柞丝与茧绸。贵川、贵槐、贵义在柳疃的商号是"锦盛茂",潍县的商号是"锦茂盛";贵锷在青岛的商号是"东盛茂",均以经营棉布、茧绸为主。青岛河南路40号还有与"信记"合股的"永盛茂信记",主要经营土产和茧绸;香港有与"裕成"合股的"永盛茂裕成",为外贸转运栈。陈氏兄弟在经济和用人上联系密切,在柳疃还合伙开办有"三合堂"钱庄。

今卜庄镇李家抚宁村的李润芬是昌邑茧绸发展史上的传奇人物。他出身贫寒,自幼好学,颇有经商才能,后以经营绸布业起家,先后在柳疃开办了"利源增""利源通"2处茧绸商号,在北京东四十条开办了"利源增"分号,在张家口开办了"大德丰"绸布庄,在丹东开办了"远东丝房""久丰丝房",在潍县西关开办了"利顺公司"。他还是上海著名的南洋庄"锦霞明"的重要股东。除茧绸生意以外,李润芬还投资多种行业,在诸城西关开办有酱菜厂,在昌邑城里开办有"瑞增恒"钱庄,在东平府开办有铸造厂,在青岛开办有"五福工厂""中英汽车行"和"大沽路铁行"等。1944年,李润芬去世,产业由几个儿子继承管理。

今柳疃镇南西高村高伧堂家族三代在北京从事绸布业经营,影响较大。从光绪初年始,高伧堂之父高传惠即在北京"协盛隆"(东家为今柳疃镇高隆盛村高氏)绸布庄任二掌柜,前后30余年。光绪末年,经高传惠介绍,高伧堂进京到"天有信"(东家为今柳疃镇阎车道村阎毓瑛、阎振元等)学生意,后升为二掌柜。光绪二十六年(1900),八国联军打入北京,北京商号人员四散逃匿,高伧堂坚持留号,保住了财产,后被委任为掌柜。光绪二十九年(1903),高伧堂联合东四十条"利源增"(东家为今卜庄镇李家抚宁村李润芬，掌柜为今奎聚街道于家山下村于洪志）、布巷子"义信厚"发起成立"北京布业公会"，并当选副会长。光绪三十二年（1906），"北京市商会"成立，其任协理。1914年，北京120多个同业公会加入该会，北洋政府改组该会为"京师总商会"，其任副会长。1919年，五四运动爆发，该会积极营救被捕学生，号召抵制日货，并联合"全国商会"致电中国谈判代表，要求取消无理决定。1928年至1953年去世前，高伦堂先后任北京特别市商会副会长、北平市商会副会长、北平市商会副理事长，他办事公正，深孚众望，为昌邑在京绸布业的发展做出了贡献。1937年，他辞去布业公会职务，其三子高守信接任。高守信于1923年17岁时弃农就商，进京从事绸布业，先在"天有信"分号"天圣长"当学徒，后至"泰和"珠市口批发分号"宝祥益"（东家为今卜庄镇姜泊村姜言澍）当店员。1938年，"宝祥益"封号，改名"谦泰"（东家为今卜庄镇姜泊村姜言淦），高守信出任掌柜。1947年，他联合阎振元等4人发起筹备成立"北京昌邑同乡会"。1949年后，他积极带头为抗美援朝捐献飞机。1953年，"谦泰"交给国家接管，改为公职，他先后任前门区副区长、崇文区商业局副局长兼区政协副主席、工商联主席；1976年任北京市工商联副主席、市政协五届常委；1989年任市工商联顾问。

昌邑茧绸是昌邑民族工商业者在中国近代社会剧烈变革的背景下，凭借难能可贵的商品经济意识率先开发出的优良国货产品，它的出现，揭开了中国柞蚕史进程中辉煌的一页。昌邑茧绸的发展，与国际时势政治密切相关，其兴衰荣辱是我国民族资产阶级与民族商品奋斗与成长的缩影。尤其是昌邑绸商在历经了艰难与痛苦的蜕变后所形成的"勇于冒险、急公爱国、诚信合作"等良好的商业道德精神，赋予了昌邑茧绸更深层次的文化内涵。

第八章
中西文化交融下民俗的传承与变迁

民风民俗是一个民族或一定区域的风尚民情的总称,其发展受到地理、经济、政治和学术等多方面因素的影响。民风民俗萌芽于劳动人民之中,又经劳动人民传承、丰富和发展,逐渐形成独具风采的地方民俗文化。潍坊作为东夷文化的腹心地区和齐文化的发祥地之一,民风民俗淳朴敦厚。自从 1840 年鸦片战争以来,潍坊地区同整个国家一道遭遇到"三千年未有之变局"。勤劳而富有创造精神的当地民众,为繁衍生息、生存发展、追求幸福、祈求平安,使自己创造并传承了千百年的特色鲜明的民风民俗,按照自己的心愿,在中西文化碰撞交融的大背景下开始了一种全新的文化转变。

第一节 趋新尚变的生产习俗

生产习俗是在各种物质生产活动中产生和为人所遵循的民俗。这类民俗伴随着物质生产的进行,多方面地反映着人们的民俗观念,在历史上对保证生产的顺利进行有一定的作用。鸦片战争后,随着自给自足的自然经济的逐步解体,潍坊地区的生产习俗也在潜移默化地发生着自身的变化,出现了趋新尚变的特点,包括农业生产的商品化属性越来越强,工商业的发展日趋兴盛等。从这些变化中我们可以看出,近代以来,潍坊生产习俗的传承、变迁与当地经济生活、社会心态及人文精神联系密切。潍坊区域的劳动生产习俗内容比较广泛,大体分为农业习俗、商业习俗、手工业习俗、服务业习俗、江湖习俗等。

第八章 中西文化交融下民俗的传承与变迁

一、农业习俗

清末以前，当地居民以务农为主，重农桑，轻工商。清代乾隆年间编著的《庄农日用杂字》开篇就提出"人生天地间，庄农最为先"，充分反映出当时人们以务农为本分的重农思想。自给自足的自然经济，生产技术的落后，使人们为度日求温饱，养成了勤劳细作、节俭持家之习。农民家庭男女劳作有别，一般男耕种、女理家。妇女在家中多是"缝缝连连，推磨压碾，生孩做饭"，所以妻子习惯称丈夫为"当家的""外头的"，丈夫常常称妻子为"内当家""办饭的"。清末以来，外国资本加强对中国原材料的掠夺，使农村商品生产迅速发展，并导致自给自足的农业生产逐步解体，农业生产对世界资本主义市场的依赖性日趋加重。

清末以前，农村生活节奏缓慢。农民一般遵循日出而作、日落而息的传统习惯。在劳作中，无论是春季、夏季，还是秋季，锄地时中午休息叫"歇晌"，收割作物则不歇晌，称作"歇锄不歇镰"。日复一日，年复一年，劳作跟着太阳转。勤快之家，一年四季"黎明即起"，谚云"若要富，鸡叫三遍离床铺"。早起后，或洒扫庭院，或背烘篮拾粪，有"勤上坡，懒赶集，出门背上烘篮子"的持家之道。一年四季，春、夏、秋三季劳作，冬为"冬闲"。农忙时节，地里的活儿一般分为五"拍"，早晨"拍"，上、下午各两"拍"，从不懒作。歇勤了人说"懒"，歇少了人说"细作"。

播种

境内庄稼人"春种、夏锄、秋收、冬藏"。一年的生产活动一般过了"元宵节"开始。开冻就出烘，捣碎用车搬，俗称"送粪"。一般用车运、人挑或驴驮，然后按农时适时耕种。谷雨前好种棉，谷雨后好种豆。俗语说"春打六九头，遍地走耕牛"，反映出春耕春种的大忙景象。春耕多沿用木犁。大地不上亩、小地两三锄的小块地，多用锨镢刨耕。春播习惯用"耧"，也称"耩子"。播种是门技术活儿，非常讲究，要做到"耩子拾掇就，种金尖又尖。耧斗锤拴好，耧仓板休偏。下手种秫秫，早谷省得翻。黍子共参稻，打砘不怕干。棉花严搪耢，芝麻咱须搂"。春暖花开时节，到处呈现出一幅春播"牛耕图"。

立夏之后，赶紧剜苗、定苗，接着压荐迎麦收。一年四季，夏季最忙。俗话说："三秋不如一麦忙。"农历五月麦收季节，常有干热风，麦子熟得快，农谚有"蚕老一时，麦熟一晌"之说。因怕雨淋雹打，均把麦收称"抢收"。麦收时天长活儿重，往往天未明即起，半夜收工，早、午餐都送到地里吃，有的上午或下午间歇时加上一顿"贴晌"饭，上午叫"傍晌"，下午叫"贴晌"。送饭者肩挑一担，一头为筐，盛主食菜肴，一头为罐，盛稀饭或汤水。吃饭时，田间地头，一家一伙席地而坐。

耧车模型

潍坊境内多数地区习惯以镰割麦，少数地区习惯用手拔麦。麦收之后，天气炎热多雨，夏种玉米、春苗生长旺盛，这时农民忙于锄地施肥，田间管理。庄稼人锄地习惯找"火口"，讲技术。讲究"头遍刮，二遍挖，三遍四遍蹚啷着耍"。夏天锄过地来，即"挂锄歇夏"。

秋分过后，是一年仅次于麦收的第二个农忙时节。农民忙于割谷收豆掰"棒子"（玉米），拾棉摘果打高粱，倒茬种小麦，收种兼做，可谓"三麦不如

 第八章 中西文化交融下民俗的传承与变迁

收割后的麦田

一秋长"。人们习惯称秋季为"金秋"。金秋季节忙中有乐,收连着种,压茬进行,不违农时种小麦。谚云:"白露早,寒露迟,秋分种麦正适宜。"种好小麦后,八月中秋,家家户户改善生活庆丰收。

农历十月,坡里、场上拾掇完,粮食入囤,全年吃、穿、烧、用及牲口草料都收藏起来,进入了冬闲。山里人们则不同,麦后"封山",禁止放牧;秋冬忙"放山",干到年下。入冬以后,勤快人家拾粪、捡柴;有条件的农户开展工副业生产,或纺织,或开油、粉、豆腐等作坊,或做小本生意,以添日月。对土地每年耕翻一至两次,耕翻时春天多从地两边开犁,称"交耕",秋天多从地中间开犁,叫"扶耕",统称"春交秋扶",目的是使地中间和两边保持平整。

庄稼人靠天吃饭,庄稼长得好谓之"神长",产量高称之"神收"。二月二,"打囤""上梁",祈求五谷丰登。种麦前吃"夹糕",意祈麦子长得高。割麦前改善生活,称"润镰把",寓意快割丰收,并常有"祈雨""贺雨"之举。

农忙时节,富裕之家,地主豪绅,常常雇工生产;贫穷人家,特别是无地之户,常出卖劳力,养家糊口。雇工有长工、短工之分。雇一年或几年者叫长工;雇一日或几日者为短工。雇长工谓之"雇觅汉",双方签订合同(多为口头合同);雇短工则每日到村头工夫市上领,称为"典工夫"。

公看义坡、亲友互助,为乡间古往今来的良俗。农忙季节,邻里亲友之间常以"辫帮"形式,农具、劳力互通有无,合伙耕作;或劳力多的户自己的活儿忙完了,帮助劳力少的户,分文不取,谓之"穷帮穷""亲帮亲"。农事耕种收割,贫困农户多相互帮助,有的不计报酬,有的以工换工。耕地多采取搭

伙形式，春季搭好，秋季不另搭，叫"春搭秋不散"。

二、商业习俗

自晚清以来，潍坊进入由传统社会向现代社会变革的转型时期，经济结构逐步演变，现代商品经济逐渐取代了传统的自然经济，相应地，商业习俗也随之发生变迁。这一时期，潍县的商业习俗体现出由传统向近代嬗变的时代特征。传统商业习俗与近代新式习俗、本地习俗与外来习俗相互碰撞，形成全方位的渗透、融合，新俗在旧俗上萌生，既有新的凸现，也有旧的积淀，常常是新旧交错、土洋杂糅，展现出多元商业民俗文化并存的格局。随着新型经济因素的不断出现，商业结构自行调整，新旧商业习俗交叉并存。近代潍坊商业习俗的变迁是多层面的，概括说来，主要表现在以下方面。

在商业资本方面，近代潍坊商业资本的流向及构成趋向多元化。清末以前，银钱业是商人投资的主要方向。民国初年，潍坊的烟草种植利润颇丰，20世纪20年代，织布业又成为潍坊的主要商业命脉，因而不少富商逐渐将资本转移到这两个行业。此外，资本主义侵入潍坊，客观上也改变了近代潍坊商业资本的构成，加强了商业资本的实力，最明显的表征就是洋商的纷至沓来，如日商米星烟公司、南信洋行、英美烟草公司等。

传统的潍坊商人，往往将经商赚来的钱用于购置田宅，在商业经营上却常常遇到资金不足的问题，影响了竞争能力的提升，致使商业发展缓慢。受西方公司先进经营模式的启迪，当地商人抛弃了原先所固守的"以商致财，用财守本"的传统观念，将盈利首先用于扩大再生产，同时采取了一些较为先进的融资方式，取得了很好的效果。如成立于1932年的信丰染印公司，一方面通过当时的中国银行、交通银行办理抵押贷款，另一方面通过股东关系吸收社会游资，最多时竟达八十余万元，充分解决了资金不足的困难，迅速扩大了公司规模，使信丰在潍县印染业中占据首位。

在商业生产方式上，洋货的竞争刺激了商业生产方式的革新，当地商人逐渐开始采用机器生产代替手工制作。鸦片战争前，市场相对闭塞，商品流通主要是传统国内土货贩运。随着烟台、青岛的相继开埠以及胶济铁路、烟潍公路的通车，舶来品逐渐进入潍县境内。洋货采用机器大批量生产，质优价廉，在

商品流通中所占的比重不断增加,特别是洋纱、洋布、洋油、洋火等洋广货代替京货成为杂货类商品的主流。

进口货的泛滥给当地商人带来了巨大的竞争压力,基本依靠手工制作加工的商品受到了严重排挤,因缺乏竞争力而遭淘汰。商业习俗的变迁,首先取决于商业环境的变化。生产方式、社会环境、消费观念等发生改变后,商业习俗也随之发生变化。商人群体颇具开放创新意识,接受新事物的能力较强,而且较多接触先进的器物,是技术革新的主导力量。因而由商人群体所承载的商业习俗的变迁,相对于社会整体变迁过程而言,具有发生时间较早、变化速度较快、影响范围较广的特征。其次,商业习俗的变迁,还受到商人群体行为模式、思维模式的制约。商人群体的思维、行为模式受传统意识形态的约束,这也决定了商业习俗的变迁是一个相对缓慢的渐变过程。

机器生产以其能提高效率、降低成本而得到广泛采用。20世纪20年代起,当地商人陆续购进了现代新型机器设备,甚至以西方的机器为样本生产机器设备。如1920年,滕虎忱创办华丰机器厂,仿制日本产的"石丸式"织布机,仿制成功后广泛使用,生产的布匹质量不啻洋布,且价格也较低廉,因而具有了明显的竞争优势。到1930年,潍县织布大机已发展到数万台,日产布匹数万匹,在省内外销路甚广,尤其是河南客商大批涌进潍县采购布匹,使潍县的棉布业得到了巨大的发展,潍县成为江北最大的布匹生产基地,从而促进了当地整个工商业的发展。

在商业经营管理习俗方面,是新风和旧俗的并存与杂糅。在急剧变革的近代社会,西俗东渐潮流的冲击和潍县自身经济变革的推动,也是当地商业经营管理习俗发生演变的主要原因。一方面,传统的商业经营管理习俗仍要顽固地保住地盘;另一方面,新的商业经营管理习尚在艰难地夺取阵地。守旧势力与革新势力激烈斗争的结果,是新风和旧俗的并存与杂糅。如旧式行帮与新式商会并存,传统钱庄与新式银行并立,旧式商业行当与近代新兴商业共存,传统商人的信仰与新的商业精神共处。以广告习俗而言,既有传统的市声和招幌,也有现代的留声机和霓虹灯。潍县开埠后,不仅洋货逐渐在市面上出现,外国货币也大量进入潍县,改变了传统的商业流通结构,而且华洋杂处,给传统商业民俗带来不小的冲击,引起旧有习俗的趋新或排拒。类似现象在许多风俗事

潍县沙滩大集

项中都可以看到。新事物流变得合于传统，旧习俗被改头换面保存下来，造成了社会风俗演变中许多新旧杂糅的现象。这恐怕是过渡时代在所难免的。

近代以来，潍县商业发展，商户剧增，市场竞争尤为激烈。为扩大影响，促进销售，潍县商家借鉴西方经营方式，在商业广告宣传方面采用了许多新颖的手法。在老潍县东门里大街商业集中的地方，20世纪30年代，店铺竞相装饰门面，利用留声机播放戏剧、歌曲唱片，招揽顾客。泰东商行、宏大百货店、惠东大药房的霓虹灯在夜晚更是招人围观。还有商家利用报纸、杂志、年画登载广告。各种现代化宣传手段，方式灵活多样，影响范围广泛，宣传效果极佳，极大地拓展了销路。

在商人的精神领域，变化主要体现在开拓创新、勇担责任方面。受儒家思想的影响，潍县商家向来义利并重，诚实守信。开埠以来，随着商品经济的发展，社会风气日趋开放，商人群体的逐利观念不断增强，但在传统儒家精神的指引下，当地商人承担了更多的社会责任。

总之，无论是商业资本、生产方式、经营管理等物质层面，还是内在的精神层面，近代潍坊商业习俗的变迁，都体现出开放创新、追求效率和承担责任的现代化商业经营特征。

旧称经商为"做买卖""开店"或"开铺子"，也俗称"坐商"；称行商为"跑脚的"，叫走街串巷卖日用百货的为"货郎"。店铺有大小之分。本钱多、店面大的为"店",本钱少、店面小的为"铺"。店铺的经营场所称为"店面""铺面""门市""门面""门头"等。称店主为"掌柜""掌柜的",称店员为"伙计"。店员等级也有定俗。入门先要学徒2年或3年,学徒期间只管饭,不付工钱,或给少量零花钱,名为"鞋钱",即"跑腿磨鞋的钱"。出徒后干得不错,可以留用者,则按月领取工钱;再过若干年仍干得不错,年终还可以领到一部分奖励钱,称为"吃劳金"。再进一步,参与了重要经营活动,买卖做得很红火,掌柜的年终从盈利中拿一部分按比例分给伙计,称为"吃份子"或"吃红利"。

店铺挂招幌,是传承已久的商俗。招幌或为牌匾、或为挑帘,因店铺大小、行业不同而异。清末至民国时期,境内城乡店铺多以寓意"吉祥""兴隆"的字样命名,或取"信义""德行"之意起"号",或追求风韵典雅,或着力突出地方特点和经营商品的特点等。总之,用字考究,各有寓意,构成了一首56字店铺牌号集诗:

顺裕兴隆瑞永昌,元亨万利复丰祥。

泰和茂盛同乾德,谦吉公仁协鼎光。

聚益中通全信义,久恒大美庆安康。

新春正合生成广,润发洪源厚福长。

潍县有盛极一时的"八大祥",即福聚祥茶庄,同祥绣货庄,德聚祥绸庄,端祥、惠祥织布厂,兴祥绸缎庄,蚨祥银号,隆祥钱庄。

店铺名称、招幌均力求醒目,多求名人题写。有用门匾的,有用木牌、铜片的,有镌石于门首的,有用旗招的,还有以特殊标识为幌子的。如,20世纪30年代,位于今潍坊城区通济门内的潍县第一家高级酒店"庆德楼",就是请当时天津著名的书法家华世奎题写的店名,至今汉白玉质地的匾额仍保存于潍坊市博物馆。

近代以来,无论饭店、旅馆、布店、茶庄,还是药铺、古玩店、杂货店,都十分注重"门头"或"门面"。门面装饰醒目,店内陈设考究。特别是那些寓意深刻的题联挂幛、文人墨迹更为店铺增辉。尤其逢年过节、开业庆典之时,巾联挂匾,宴请宾客,礼俗不凡。店铺开张营业俗称"开市"。门面多贴"生意兴隆通四海,财源茂盛达三江"等内容的门联。早上鸣放鞭炮,店主开门接待顾客，晚上设宴款待宾客，沿用此俗者多为个体户。春联则更为醒目，有"宝马驮来千倍利，钱龙引进四方财""大财源百川汇流，新生意六合同春"等。除贴对联外，所有店铺的钱柜、账房必贴"招财进宝""黄金万两"或"日进斗金"大红组字斗方。

潍县朝阳门附近、白浪河西岸一带

旧时，店铺禁忌甚多，一般店铺扫地忌向外扫，谓之财水外流；忌坐门槛、钱柜，忌摔算盘、账簿；忌说"散"字；称大蒜为义和菜。跑生意的忌早上出门碰见兔子，说见了会全天一事无成。最忌说"黄"字，谓"黄"有倒闭之意。故称黄表纸为"吉表"，黄瓜称"王瓜"，甚至把黄金也要称为"元宝"。

店铺都有店规，即规章制度。清末至民国时期的店规因行业不同而繁简各异。一般是顾客进门后，店员首先站起打招呼、让座，然后再问他买什么；一个顾客由一名店员陪到底，内部称为"人盯人"；店员为顾客取货要先取中次货，顾客嫌次再拿好货，避免"拿顶了"，即先拿好货顾客要不起而受窘，"拿顶了"即为失职；店员不准与顾客吵嘴，吵嘴即犯铺规，即使顾客无理取闹，也要使之化为祥和；顾客出门，店员要站起来点头送行。

没有固定"门面"的经商者，一为"行商"；二是"摊贩"，摊贩的门类很多，经营方式各有不同；三是"走街串巷的"，他们以各种独特的吆喝声或代声招徕顾主。如货郎或染布的用小鼓代声，名为"货郎鼓"，碗口大的小鼓与小锣各一，锣在上，鼓在下，镶在一木柄上，左右各有线锤，摇动则锣鼓齐鸣，可摇出许多花点。算命的、卖糖的都打"铛铛"，声音虽差别不大，但乡间人一闻便知。卖豆腐的则敲木梆或吆喝"换大豆腐了"。卖山楂糖球的吆喝"冰糖大粒糕"，潍县称山楂糖球为"粒糕"，现在也习惯称为"冰糖葫芦"

"糖葫芦"。卖包子、烧饼、酱菜的，分别叫卖"烫面包，一包肉""豆沙瓤的烧饼""辣酱辣菜萝卜干"，如此等等，特点各有不同。小贩中，有贩卖时装、布匹的，也有贩卖小百货、儿童玩具的等等，随着时代和经济的发展，贩卖的货物更为多样，但多为小宗。他们或赶集赶会，或走街串巷，每到一处，或设摊摆货，或拉绳挂货，花花绿绿，琳琅满目，引人注目。

三、手工业习俗

从事各种手工业的手工业者，一般称为"匠人""手艺人"，称他们的生产活动为"耍手艺"。各行各业的手工业者，在各自的生产活动中，形成了各自的习俗。

旧时，木匠、瓦匠、石匠尊鲁班为祖师，每年于农历五月初七日聚会纪念。金、银、铜、铁、锡各匠，皆尊李耳为"老祖"，于农历二月十五日"老祖"生辰举行纪念仪式。鞋匠奉孙膑为制鞋之祖，农历十月初一日祭祀，这天必有徒弟向师傅

打铁

"献鞋"的礼仪。染坊奉梅福、葛洪为"染布缸神""染色老师"，每年农历九月九日祭祀。纪念祖师，有的挂轴子，有的立神主牌，设供品，焚香、纸祭奠。

木匠的工具很多，外出干活，备有工具箱子，最忌人乱动此箱。木匠有粗细之分。一般修房建屋，制作粗重农具的，称为"粗木匠"；做细致家具又从事雕刻的名为"细木匠"。要当木匠，首先要从粗重活学起，循序渐进，叫作"千日斧子百日锛，要学大锯一早晨"。清末至民国时期，测试徒弟的手艺或同行间比试手艺高低，就是做一对"四撑八拃"的方凳。做成后，一个仰放，另一个四腿放在仰放凳的四腿上，如果两相垂合，严丝合缝，则其人技艺称绝。

铁匠营业的地方称"铁匠铺""铁匠炉""红炉"。铁匠特别珍惜自己的手艺，所制产品皆打上印记。

日常生活用品铜器不少。脸盆为铜制，不少地方称脸盆为"铜盆子"。水烟袋为铜制，家具的饰件也都是铜制的。当时，铜匠是不可缺少的，后来由于许多铜器逐渐被别的器物代替，铜匠便很少见了。此外还有银匠、锡匠。以金、银、铜制作金银首饰的，称为"银匠"。

拉大锯

钉马掌

石匠也有粗细之分，粗石匠俗称"磨匠"，他们主要开山取石，雕琢碾磨。流传下来的细工石匠的技艺，多半发展为工艺品的制作。

其他经常活动在农村的还有剃头匠、锔盆锔碗的锔炉匠、磨刀磨剪子的工匠、扎纸匠、补鞋的皮匠及打桶打壶的白铁匠等等，他们以传统的精湛技艺为社会服务。

第二节 革故鼎新的生活习俗

生活习俗最先以满足生理需要为目的，随着社会的发展和社会分工的复杂化、等级身份的严格化、生产条件的差异化、人生仪礼的繁复化，加之重大历史事件的作用，以及宗教信仰、审美观点、政治观念、社会心理的变化等，各民族的生活民俗也日趋多样化、复杂化，它所满足的已不仅是生理的需要，同时也包含安全的需要、归属的需要和自我实现的需要等更高层次的需要。生活民俗主要包括服饰民俗、饮食民俗、居住民俗、交通与行旅民俗等。

社会生活习俗不同于岁时节日与人生礼仪习俗，它一般随着经济的发展而变化，相对较为活跃。可以说，潍坊近代民俗的革故鼎新正是从社会生活习俗开始的。这一时期随着西方生产生活方式的输入及中西文明的剧烈冲突和交流，潍坊文化自主吸收异质文化，激发了民众追求模仿崭新生活方式的心理，近代潍坊的社会风气因此发生了显著的变化，民众"有意无意地以新的生活模式改造和充实自己的生活，从而使传统的生活方式出现了巨大的变革"。

一、服饰民俗

服装。境内居民受地理环境和文化传统的影响，以及经济条件的制约，不同时代、地域、阶层、职业之间，在衣着观念上存在一定差异。无论城市农村，还是山区沿海，一般说来"穿衣吃饭量家当"。广大贫穷民众，求遮体暖身，耐穿实用；官绅富豪则讲究新颖华丽，摆阔显富。随着清末民国时期政治、经济、社会、文化的变革，居民的衣着观念也发生了变化。城镇、胶济铁路沿线有条件的居民较为开放，由满足于穿好，发展为追求时髦、美观、新颖。农村居民则略显保守，仍注重耐穿实用。

民国以前，农村居民多着自家手工织制的纯棉土布服装，色泽多为白和自染的黑、蓝3色，或用蜡染蓝印花布。款式为传统中式，宽松肥大，穿脱方便。在农村流传着"一张狗皮一个袄，定是乡里人差不了"。城镇及铁路沿线居民多着机织棉织服装，少数富绅之家有着丝绸、裘皮者。

民国时期潍县私塾师生合影反映出的服饰民俗变化

清末民初，男子上穿对襟褂，布扣，缀两个口袋，下着直裆带腰宽腿裤；夏季光背披披布，穿短裤，冬穿棉袄，有的穿棉袍，腰部束黑色扎布。女装样式除上衣为右偏襟外，下身与男装相同。男女均用扎腿带扎住裤脚。富人男穿长袍马褂，女穿元宝领、袖上绣花的宽袖上衣，下着绣花长裙，或穿旗袍。

民国时期，衣着习俗的改变主要表现在城镇，乡村无大变化。城镇男子多穿对襟短袄、短褂，下穿长裤不扎腿，外出时有的外套长袍或大褂。女子夏着短袖上衣和大褂，冬穿旗袍。20世纪20年代后，城区有穿制服的，学生穿操衣或学生服。

民国时期潍县女性服饰

鞋帽。旧时，城乡富豪之家，男子随着季节与场合不同，选戴红顶帽垫、礼帽等，冬穿毡靴，平时喜穿礼服呢布便鞋，粗细线袜。女子戴软帽，穿绣花便鞋。农村居民，男子冬季戴毡帽头或土耳其线帽，俗称"一把撸"；夏季戴草帽、苇笠，穿自制的纳底纳帮布鞋、布袜。冬季男女都穿一种用蒲子编制的草鞋，俗称"蒲窝子"。女子喜戴自制的绣花布质柳叶帽，穿割花布鞋，老年妇女冬季一般戴遮头箍帽。青年妇女冬季戴绣花无耳头箍帽，或以长巾包头。儿童穿戴自制的虎头鞋、虎头帽。

首饰。妇女佩戴的首饰用料多为金、银、铜或镀金点翠，玉质者很少。花冠、发卡、项链、手镯、发簪、戒指、耳坠、翠玉蝴蝶结、珠花等，均为妇女所喜爱。脖锁、百岁钱等为幼儿所用。

男子蓄辫和女子缠足是清代的两项陋习。随着封建制度的逐步消亡，人们为反对这种陋习，掀起了放足与剪辫运动。

女子缠足习俗在中国约起于南唐，缠足之人不分贫富贵贱，此俗积弊已久，不易废除。民国以后，政府多次明确下令，欲根除此种残害妇女的陋俗，但民间仍有追求"三寸金莲"的顽固派。清末，传教士进入潍县，对缠足进行了激烈的批判并在教会内部设立"天足会"。而真正意义上解放妇女、反对缠足的，是康有为等改良派，他们为此成立了"不缠足会"，提倡天足。在资产阶级改良派的呼吁下，清政府于1898、1902年两次发出劝诫缠足的谕令。1902

年，潍县召开不缠足会议，到会女宾达400余人，妇女发表演讲，"痛陈缠足之苦之害"，但没能撼动缠足的陋俗。辛亥革命之后，潍县民气渐开，缠足的妇女逐渐放足。城关第一个主动放足的减志绰女士担任放足会会长。各县又先后成立了放足委员会，负责劝导查验，并对抗拒者强令放足和罚款。1934年，昌邑县各校女生走向社会宣传放足，并成立了放足委员会。这次放足运动持续了三四年，基本上革除了缠足弊习，使多数妇女摆脱了受摧残的枷锁，对当时妇女思想解放来说是一次巨大的社会进步。

清军入关以后，统治者强迫汉人男子蓄辫。辛亥革命之后，政府及有识革命之士提倡剪发，群众欢呼雀跃，一倡百和，潍县男子开始削发，剃成光头；少数保守的老人将发辫盘结在头顶上，或剃成"半毛"（头顶以双耳为界，前部剃光，后部齐颈剪齐）；城镇男学生开始留平头、分头。从此之后，男子蓄发陋习被废除。

二、饮食民俗

境内居民饮食习惯，受地域、传统文化的影响，城镇与农村虽有差异，但从总体上看属北方型。传统餐制，一般全家共桌，一日三餐。但传统的家庭有饭食分等级之习，即老少、男、女三个层次，叫"一个桌上三样饭"。农村，每年秋收秋种之

木轮水车放水

后至春耕之前的农闲时行二餐，但在正餐之间有"吃零食""垫补"的习惯。城镇居民对晚餐较为重视。早餐加稀饭或米粥，佐以咸菜；午饭常有蔬菜，兼有鱼肉；晚饭一般加稀饭、蔬菜和小菜。饭食素节俭，无铺张浪费、大吃大喝之风，但待客则丰盛实惠。

传统的饮食，多以地瓜（或地瓜干）、饼子（或煎饼）、小豆腐为家常饭。城区居民多吃馒头、面饼、窝窝头；农村多食饼子、窝窝头、煎饼，多以小麦、小米、玉米、高粱、大豆、地瓜为原料制作。1949年新中国成立前，白面

饭食为富贵人家的主食，贫困人家只有待客、逢年过节才食用。

居民为了节约柴草，多吃"地瓜饼子一锅饭"。即在一口大锅中间炖上一罐水（有称汤者），水罐周围煮上地瓜或地瓜干，锅的上部贴上饼子（俗称烀饼子），最后在地瓜上面炖一碗用咸菜、鸡蛋、虾酱、大酱等配制的小菜，"一锅煮"开锅后，饭、菜、水齐备，即可用餐。小豆腐是家家户户的家常饭，是以豆子泡胀、入水磨成浆，再入锅煮沸，加入切碎的菜叶熬制而成的。它饭菜兼备，营养丰富，家家喜食。

面粉做的水饺（包括各式包子）、面条、单饼（包括双、三层饼）、火烧等，人人喜食，富人家常吃，农村居民也人人爱吃，但因生活困难，不能常食，只有过年过节、出门远行或招待客人时才食用。有"出门饺子还家面"之俗。

当地居民口味，酸、甜、辣、咸兼备，多数人以咸为主，因此，多以咸菜、虾酱、大葱、大蒜、大酱、咸鱼、虾皮下饭。生活水平较高的居民，由于菜肴和副食品增加，口味则较为清淡。富裕之家主食多以细粮为主，主要以面粉制作食品，爱吃"发面"的蒸馒头，不爱吃"发面"的则擀单饼、切面条，间食各式火烧、水饺及各类包子等。

饮水。早年，居民多饮井水或河水，只有待客或富裕之家方饮茶，平时广大农民只饮白开水或用小杂粮熬制的汤，故有的称喝水为"喝汤"。

居民走亲访友，俗称"出门"，多上午去下午回。礼品多为馒头、瓜果、肉鱼，富有人家加点心糖果。正月里给亲友拜年礼轻，并有不收礼之俗，有"正月的礼薄如纸"之说，一颗白菜一刀肉（指一块肉）便可

潍县集市街头烩锅子

走完全部亲友。通常待客皆盛情，先以荷包鸡蛋招待，然后送上茶水。主家待客以午饭为主。乡间居民待客，粗茶淡饭，大盘大碗，讲求实惠；城乡富户人家宴席则讲究花样，佳肴美酒，海味齐全。

城乡居民遇重大节庆、婚丧嫁娶或招待贵客，有摆宴席的习俗。宴席座次

格局各地差异较大,一般客厅在北屋,用方桌,左(或东)为上席,右为次席,主家坐在次席。东部农民家宴设在炕上,用炕桌,以客对房门者为上席,上席对面为次席,主或陪客者坐次席或炕下。宴席力求丰盛,但席面铺排各地不一。饭菜有四、六、八、十个冷菜和炒菜不等,盛者有"四四到底席",即"四凉、四热、四炒、四汤"共16个菜。也有酒菜与饭菜分上的,酒菜用盘,饭菜用碗,分别一次上齐。四菜者名曰"四喜"或四季平安(发财),六菜者称为"六六大顺",再高层次的或八盘八碗,或十盘十碗不等,所上饭菜盘、碗或碟有宜双忌单之俗。上菜的顺序和放置位置各有定俗,一般最后一道菜上鱼,寓"有余"之意。上鱼,要放到客人"左手掐头,右手掐尾"的位置。宴席上的礼俗很多,斟酒倒茶,习惯酒要满,茶要浅,酒满代表盛情,茶浅表示礼貌。敬酒让菜礼尚各有定俗。敬人喝酒,有自己先喝的,叫作"先喝为敬",也有同饮的,还有晚辈对长辈双手举杯敬酒的。但敬酒必饮双杯或三杯,双杯意为吉利,三杯寓意友谊长存。敬酒之后,主客礼让慢饮,无暴饮暴食、速战速决之风,以让客人酒足饭饱为度。

三、居住民俗

境内居民自古习惯多户聚居,形成自然村庄,而各户又自成院落。院落布局、庐舍结构和陈设又因阶层不同、贫富悬殊、区域特点制约而差别较大。清末至民国期间,城镇上层豪绅之家,房舍讲求配套,分主房、配房、客厅、书房、门房等,形式有二进院、三进院或东西两院。其布局美观考究,石砌房基,通体青砖墙,建造古朴宏伟,房脊四梢雕有鸟兽花卉装饰,典雅别致。向阳门第,门楼高大,起脊又翘,砖墙瓦顶,透花脊,两端置有刻制的兽头等。朱门两扇,下置闸门,上悬金字匾额,古雅大方,巍巍壮观。迎门是影壁,上多为砖刻或书写的"福"字。有功名者,门前左右布置石狮一对;无功名者,也有上马石或石鼓。一般前院小、后院大。前院南房为客房,北房与后院(二进院)相通。后院为居住房院。有的北房留有后门,或由北房两侧过道进三进院。东、西两院者,其两院设计对称,且东院为上房。除此之外,为数不多的豪门住宅,其街门多是虎坐大门楼,临街有群房,进房有影壁、正屏门,屏门有旁门,边有过道,左右有跨院,有院门、大厅、过厅、厢房、书房、小书房、会客室、厕所。内院有住房、正堂门、偏房、外厨房、内厨房、茶房、佣人房。左院或右院儿孙分住，后宅有花园、水榭、假山、长廊等。

20世纪30年代潍县的居民住宅

城乡富裕大户之宅，旧以传统的四合院居多，为砖基、草顶或风火檐。因有"四六不成房之俗"，一般为北屋三间或五间，坐北面南，为上房，由长辈居住；东、西屋各为两间，称厢屋，必须低于北屋，由晚辈居住或作仓库之用；南屋二至三间，作客厅或堆放柴草；栏圈设在院的西南隅，供饲养家畜兼作厕所；大门接南屋开在东南隅。大门外一般栽有国槐，俗语"待要富，门口有棵大槐树"。院内对门有影壁。房屋之间以院墙连接封闭。

一般人家盖正房三间或五间，名之为"一明两暗"或"一明四暗"。正中的一间叫"明间"，习称"当门"，支锅灶。有的明间前后开门作通道进入后院。从明间左右开门通"暗间"，暗间习称"房屋"，安板门，边九棂窗，门正面为黑色，背面为红色，窗上糊薄白纸，四角贴有剪纸窗花，窗上部有可放可卷的纸帘，名曰"卷窗"，以便透风出烟。暗间依窗下垒有火坑，与明间的锅灶相通，随锅灶煮饭而暖炕。北半部置放家具，称"炕前"。习惯东间为上房，多由长辈居住，西间由晚辈居住。"一明四暗"结构的正房，多为一家三代户，里面的暗间称"套房"，其中一间为女儿房，一间作仓库。栏圈设在院的西南隅，大门建在院的东南隅。大门有三种形式，上者为"过道门"，有接南屋的和单建的两种；次者为"鸡架门"或"道士帽门"；下等门为"豁口门"或"柴门"。贫门之家，因陋就简，土墙围院，豁口为门，编枝为扉，荆门茅舍。城镇贫民多住简陋矮房窄屋，多三代同室，面街而居。南部山区，多三间北屋，一间为女儿房，另两间有半壁墙，靠山墙有南北土炕，屋顶多用山草苫盖，没有院墙。

本地城乡房屋，有瓦房、草房之分。清末民国时期，瓦房甚少，草房居多。瓦房者，通体青砖青瓦。草屋者，草顶无瓦，纯土墙或砖石基土墙，均以圆木作

 第八章 中西文化交融下民俗的传承与变迁

梁檩，秫秸为盖，稀泥抹顶，屋脊隆起，木板门两扇，木棂窗九棂，室内光线暗淡，气流不畅，却有冬暖夏凉的优点。三间房两架梁，成三角形结构，一般每间用五条檩，梁头有立柱或砖支撑，这样有"墙倒屋不倒"的特点。

室内结构布局，正房三间，习惯间壁，炕连灶。明间兼厨房左右垒锅灶，通暗间土坯炕。土炕一般垒在暗间的南半部，特点是既能做饭又能取暖。北半部称炕前，靠北墙放置家具，兼作会客室，亦有在明间会客者。如今盖新房一般在正房外另建厨房，但在农村多仍沿袭"炕连灶"结构布局。

旧时，建房仪俗较多，凡建新房者，宅基确定之后，一般要请风水（阴阳）先生看"风水"，进行总体规划，卜定动土和开工时辰。回民须请阿訇动土奠基，否则"凶吉难卜"。现在大多请富有经验的工匠先行规划，自定施工日期。清末至民国时期，盖房需雇匠人，请邻居帮工，房主为表谢意，分奠基、上梁（起屋）、完工三次设酒菜招待，亦兼庆贺。奠基、上梁均选定"吉日"后举行。梁柱、脊檩上多写"上梁大吉"或"上梁欣逢黄道日，立柱正遇紫微星""青龙蟠玉柱，白虎架金梁"等吉语对联。明间脊檩中间外束红筷并悬挂铜钱、红飘带，亦有悬坠精制红鱼、铜钱、红飘带者。上梁后鸣放鞭炮，主家分喜烟、喜糖，赠匠人红包酬金。安门窗时，主家也要庆贺一番。门窗上也多写有"安门大吉""安窗大吉"字样，或贴有"安门增万福，立户纳千祥"等对联。竣工后，习惯在新房中宴请工匠、帮工。

乔迁新居多在吉日黎明前举行。贴门联，如"但愿择仁里，岂敢言乔迁"。主人请邻居喝"认邻酒"，意在和睦相处。亲戚朋友带上米、面、吉对、喜布或画匾等礼品，聚饮贺屋，叫作"烧炕"，或称"温锅"。有的送锅为礼，并亲自烹制饭菜，"反客为主"，以助其克难兴家（此俗也用于分家）。现在以实用饮具为主要赠品，主人请客回敬。

清末至民国时期住房禁忌较多。如忌在"太岁"方向盖房，名曰"冲太岁"或曰"在太岁头上动土，大不吉利"。大门口忌对墙角和屋山，谓出门碰墙角；或忌大门在南墙居中向南又正对堂屋门，阴阳先生谓之"南为火，北为水，水火相克，于家庭不利"。若住屋面对巷口、小胡同，小胡同又叫"箭道"，会射伤其家，均大忌，多置砖或木牌，上刻或书"太公在此""泰山石敢当"字样以破解。鸡窝忌垒在屋檐下，叫"双落泪"，不吉利。另外还有

"正房前不栽桑,后不栽柳,桃树不栽大门口"之说。

四、出行民俗

清末以前,人们外出不论远近,多徒步行走,妇女因缠足,走亲戚回娘家,依靠丈夫用独轮车接送,或以小毛驴代步往返。城镇绅士富商有的乘坐二人小轿、四人小轿,有的骑自行车或骑马。随着胶济铁路和烟潍公路的通车,有条件的居民出远门开始选择乘火车或汽车。

单套辕铁瓦木轮车

境内居民外出走亲访友,谋生做事,叫作"出门"。虽有许多人严守"父母在,不远游"的古训,但总是有远游者。凡远游者,习惯遵守"待要走,三、六、九",寓意吉祥平安,而忌初一、十五出门,亦有"七不出门,八不还家"之说。在饮食上讲究"出门饺子还家面",一来改善生活,二来祝愿外出平安或祝贺顺利归来。

骡马抬轿

五、用器民俗

家庭用器，因传统习惯和经济条件不同而有异，且城乡也有差别，其差别逐渐趋于缩小。

家具。旧社会一般人家有方桌、圈椅、抽屉桌、木柜、木箱、方凳、马扎、板机等。富户有八仙桌、圆桌、太师椅、站橱、皮箱、茶几、炕桌、条几，讲究"佥方配套"。用料一般为楸木或桐木，富家则用红木、乌木、花梨木等南方硬木。颜色多喜欢红、黑或棕色，面或油或漆或搪蜡。清末以来，部分受西方文化影响较大的家庭，逐步淘汰旧式家具，增添新式家具，如西式写字台、橱柜、桌椅、茶几、沙发等。

取暖。旧社会，穷困人家用火盆烧豆秸，富户人家用火盆烧荆炭或木炭，另备有铜制火箱、手炉、脚炉等。20世纪30年代，城市渐用烟筒炉子取暖、做炊事。农民多烧土炕取暖。有条件的城区住户亦有用铁制火炉，用烟筒出烟，烧煤块或煤坯的。

照明。清末民初，民间用豆油灯，富户用蜡烛。20世纪20年代始用小煤油灯，富户用玻璃罩子灯。20年代初，潍县城始有电灯。40年代，潍县城区住户用电照明渐多。

炊具。居民多用土灶安锅，手拉风箱鼓风。金属炊具多用铁制。

餐具。惯用葫芦制作的水瓢盛水，盘、碗、盆、罐多用陶制品，多为黑色，有黑碗、大陶瓷碗、瓦盆、盘、陶罐、四鼻罐等。富裕人家的茶具、酒具，或瓷或铜或锡。惯用竹筷，汤菜用羹匙。

卧具。旧时，睡土炕者多，间有用砖面火炕的。富豪家多用罗汉床、藤床、木床，被褥华丽讲究。农村多睡土炕光席，被褥用土布缝制。近代以来，城区多有睡木床、铁管床的，铺盖讲求美观舒适，一般都有花绸被褥、毛毯、绣花被罩、枕巾等。

第三节　根深蒂固的人生仪礼

人生仪礼又称个人生活仪礼。人在一生中必须经历几个生活阶段，人的社会属性是通过这些重要阶段而不断确立的。人生仪礼既是社会物质生活的反

映，也表现了一个民族、一个地区的心理状态。人生仪礼在实践时往往与信仰民俗发生极大的关联，仪式所包含的社会特征与信仰特征交织在一起，形成复杂、多样的民俗结构，这种情况在传统的人生仪礼习俗中表现得十分突出。历史悠久的潍坊地区文化底蕴深厚，民间习俗更是多种多样。传统社会的礼制非常复杂，各种人生仪礼风俗演绎得十分完备。尤其是官宦、乡绅及大户人家尽显其物力财力，刻意追求奢华、铺张浪费，以丧葬礼俗尤为明显。清末以来，随着西方文化的侵入，政治、经济的变化使社会风俗也发生了变化，潍坊城区传统的人生仪礼风俗得到扬弃，新礼俗逐渐形成。而在广大农村地区，旧的传统依然根深蒂固。因此，新旧交替和交错是此时期潍坊城乡人生仪礼民俗的主要特色。

一、婚姻嫁娶

旧时，婚姻嫁娶沿袭封建的传统习俗。婚姻要遵从"父母之命，媒妁之言"，讲究"门当户对"和生辰八字相合，男女婚事不能自主。婚前互不见面，全靠媒人从中说合，父母包办，因而有的酿成悲剧。女子出嫁，必须从一而终，丈夫夭折也不能改嫁，反之男子可以续娶。一般七八岁即由父母包办订婚，甚至有的指腹为婚，结"娃娃亲"，十五六岁即结婚。贫穷人家多是男大女小，富户人家一般是男小女大，故有"十八的姑娘九岁的郎"之说。婚姻习俗，仪式很多。一般经过纳彩、问名、纳吉、纳征、请期、亲迎六步，称为"六礼"。实际上主要经过通媒相亲、传柬定亲、请期定日子、迎娶合婚四步，即可大礼告成。

通媒相亲。男到十五六岁，甚至八九岁，父母就开始央媒求亲。媒人多半是中老年妇女，叫"串百家门的"。因婚前男女双方不能相见，媒人多乘机谎骗哄瞒，以其能说会道，向双方父母互相揄扬。如双方父母同意，便可提亲。亲戚朋友间，有了解男女青年及其家庭情况的，经人请托提亲叫请"大媒"。若女方聘媒向男方求亲，名曰"倒提媒"。如女方要求男方条件高，习称"攀亲"。双方有意成亲，由男方备两份红帖，到女方"请庚""回庚"。双方将子女的出生年、月、日、时辰，请算命先生"合八字""看冲克"。如无冲克和不中意处，便可成亲。也有派亲人到男家亲自看的，叫"相亲"。如若相不中，

第八章 中西文化交融下民俗的传承与变迁

则不吃男家饭告辞。旧俗,男女通婚,年龄以女方大为贵。

潍坊市博物馆民俗陈列：喜房·花轿

传柬定亲。多称"投契"。男方选定黄道吉日,将四折红柬（定婚书）装入拜匣（木盒）,另有衣料、金银首饰等聘金、礼品,由男方尊长带喜夫送至女方换回许婚的柬帖。女押柬回敬鞋帽及文房四宝等。中等以下户多用小柬,礼品及仪式一切从简。定亲柬帖一式两份,换柬为据。传柬定亲后,亲友邻里相贺,男方则备席答谢媒人和亲友。

请期定日子。即定迎娶吉日,俗称"送日子",又叫"送年命帖"。男方根据女方的命相,请卜者查定喜期,俗称"看日子"或"查日子"。男方将婚期通告女方,并附"迎婚帖",上书新娘开面、梳妆、坐床、上下轿方向及送迎男女客所忌属相等事宜,双方依此做婚嫁准备。

下催妆,在迎亲前三四日,男方备礼品,用食盒送往女宅。穷人家从简,富人家嫁妆从4抬到16抬不等。下奁房,女方把嫁妆送到男家。下娶妆,男方在迎娶前,把新娘当天要穿戴的衣物送至女家。

贺喜,也称"看喜"。喜期确定后,男女双方告知亲戚朋友,婚礼当日,亲戚朋友前往祝贺,前往女方祝贺的为"点茶",到男方贺喜的名曰"送大饭"；街坊邻居携带食品前去庆喜,名曰"送小饭"。喜主宴请来客,共庆喜事来临。

迎娶前布置喜房,张贴喜联、喜字。在民间结婚为"红公事",即尚"红"忌"白"。红色象征吉祥幸福。对联、喜字用大红纸书写,称"喜对子"。喜房窗用红纸糊,新娘着红衣裤,尚"双"忌"单"。成双象征成双成对,白头到老,"喜"字也要写作"囍"。喜联的内容寓意吉祥如意、美满幸福。

迎娶合婚。俗称"娶媳妇""办公事""办喜事"。境内历来通行迎娶。娶亲有"大娶"与"小娶"之分。一乘轿为小娶，即备花轿一乘将新娘抬到男方家；大娶，男方备绿呢轿、花轿各一乘，配以旗灯、行伞、顶马等执事，到女方家迎亲。

潍坊市博物馆民俗陈列：迎亲执事

新郎上轿前，先披红，礼帽两旁插喜花，中军（吹鼓手）在院中吹奏乐曲，然后起轿，前往女家。女方陪女婿的，迎到门口，引至客厅，方桌上置桌头、围席碟。进茶，进酒膳，新媳上妆就绪，请新郎起席，谢席，到内宅领亲。新郎、新媳出门上轿，仪仗迤逦前行。到新郎家，新郎新娘互拜天地，入洞房。晚上喝"合卺酒"。新媳"坐床"，多为一天。是日，有闹洞房的习俗。多数地区闹房讲究辈分，小辈参加闹房；少数地区有新婚三日无老少之俗。好事者大闹洞房，直到深夜。

新婚后，多数地区第二天新媳回娘家，称"回门"，三日再回婆家，由家长带领"谢天地"，并拜谒长辈，然后夫妇对拜，吃团圆饭。而在东部等地区，婚后三日：一日，新娘待晓堂前拜翁姑（公婆），请安问好，并将点心、花生等分给家人，叫"分小礼"，长辈收礼回赏钱；二日，新娘早起掏锅底，表示要做勤俭媳妇，婆婆用红纸包钱预先放进灶膛里，以便让新娘掏灰时开门见钱，寓意有好日子过，这一天女家派人来男家看望，叫"看二日"；三日，新郎新娘上坟祭祖，为"上喜坟"，新郎新娘到同族家拜见尊长，称为"拜三"。婚后六天或七天回门。有"叫六还六"的，即婚后六天娘家来人接回，在娘家住六天，叫作"一拉平"；也有"叫七还八"的。回门在娘家，娘家人要帮新妇做衣、做裤、做鞋、做枕头、绣荷包等，以备回婆家时分送翁姑、小叔、小姑。

对繁文缛节，贫穷人家难以讲究，极贫困者则由老人持一小包袱将新娘送至男家即为完婚。

潍县一户中等家庭接媳妇回娘家的情景

特殊婚俗。旧社会家贫无力娶妻者，到有女无男家做养老女婿，或有女无男以女招郎者，称为"招赘"，也叫招养老女婿。其婚礼在女家举行，男子必须到女家落户，以女方名义享有遗产继承权，生了孩子随女方姓。男子被"招赘"后，往往受到歧视。20世纪40年代以后，此举逐渐减少。

二、生育

清末民国时期，境内居民由于受小农经济的制约，封建宗法思想"不孝有三，无后为大""传宗接代""多子多福"的传统生育观念很深，崇尚儿女双全，子孙满堂，以"四代同堂"或"五世同堂"为荣耀，而对无儿户则称其为"绝户"。

孕期与分娩。生儿育女被视为家庭的重要职能之一。婚后无子女，会遭到冷言冷语中伤，夫妇也自感地位低下，所以新妇怀孕叫"有喜了"。为了确保胎儿安全，孕妇在家庭中得到许多照顾。但是，由于人们对生育的科学知识了解甚少，便围绕着孕妇的行为，形成了种种合理或不合理的传统风习。有的地方认为妇女一经怀孕（俗说"双身人"），其身子就是"不干净"的了，有些家庭喜事就不能参加，行动受到限制。

清末至民国时期，婴儿临产前，乡间多请有接生经验的中老年妇女，称"老娘婆"，在产妇居室里接生，其他人一般不得入内。孩子出生后，立即做米

粥或荷包鸡蛋给产妇吃,叫喝"定神汤",予以滋补,随后招待"老娘婆",给予酬谢。

坐月子。妇女生孩子后"坐月子"。小孩降生,即到岳父家"报喜"。生男孩,亲友均贺称"添大喜";生女孩,只贺称"添喜"。富足之家婴儿出生的第三天请酒,叫"过三日"。以馒头馈赠小孩的外婆家,以包子馈赠邻居亲属,为"报喜"。邻居亲属收礼后,则送鸡蛋、猪蹄、小米等物,称"送汤米",主家酌情回礼。生男8日,生女9日,小孩的外婆家送较丰盛的"汤米",一般有鸡蛋(蛋上贴红条)、红糖、小米、猪蹄和白面花卷。主家收礼,设宴招待来客,并以大豆为回礼,取意小孩能生芽扎根,长命百岁。有的还要回赠染红的鸡蛋,以示吉祥如意。产妇一月不出门。

满月。婴儿出生一个月后,娘家接母子住"满月"。娘家父母喜气盈盈,殷切照应母子,并给小孩佩带红线、项圈、手镯和长命锁等。

过百岁。婴儿百日时庆贺,谓"过百岁"。也有在99日庆贺的,取"久久长远之意"。是日,亲友送衣料、手镯、脖锁等贺礼,近亲送小孩穿戴的衣物成品。贫苦之家,主客来往礼品从简。

命名。婴儿出生后要由长辈起一个乳名,俗称"小名";学前再按辈分起一个大名,俗称"大号"。乳名的传统命名,一是避讳长辈名字,二是对男孩的命名比较讲究。清末至民国时期,重男轻女,妇女只有小名(乳名),而不起大号,结婚后,在自姓前冠以丈夫姓,称"××氏";娘家长辈称呼时,在夫姓前加"老"字,称"老×"。

周岁。婴儿出生后,一般连过三个生日,以周岁生日最为隆重。是日,家人设宴招待亲朋好友,而亲朋均送生日礼品。

过继。旧时无儿家庭,过继亲兄弟或堂叔兄弟的儿子养老,继承家业。过继儿子,要有族长、家长参加,举行过继仪式,用纸或布书写文书为证,此文书俗称"过继单"。如果兄弟多,儿子少,一般采取"二父一子"的形式过继,此称为"兼桃子"。

三、称谓

有书面称谓和口头称谓之分。书面称谓烦琐,主要有以下几类:对近支长辈或兄长加"家"字，如家祖父（母）、家伯（叔）、家兄，称父母为家父（严）、家母（慈），去世后，改"家"为"先"；对弟和晚辈加"舍"字，如舍弟、舍侄等；称儿子为犬子或小犬；称妻子为贱内、内人或拙荆，农村俗称为"老婆""家里"或"办饭的"；对远房族家在称谓前加"族"字，如族伯（叔）、族兄（弟）、族侄、族孙等；对亲友的亲属，在称谓前加"令"字，称其父母为令尊、令慈，兄弟为令兄、令弟，儿子为令郎，女儿为令爱，妻子为令正。

对有婚姻关系的亲戚，称呼带"姻"字，长辈称姻伯（叔），同辈称姻兄（弟），对晚辈称姻侄、姻孙。对长辈自称姻侍生。岳父母称女婿为贤婿，自称眷生。

友谊关系。结拜者称盟兄弟，世谊同辈称仁兄，自称愚世弟。对长辈称世伯，自称世晚。

同学间称砚兄（弟）。学生称老师为师尊、恩师，自称门生或受业；老师称学生为贤契，自称友生。

社会上一般对年长的男子称先生，对已婚女人称太太，年老者在称谓前加"老"字。

丧父者自称孤子，丧母者自称哀子，父母皆丧自称孤哀子。

口头称谓简单、直接，没有附加词。祖父称爷爷；祖母，多数人称嬷嬷，少数人称奶奶。父母称爷（或爹）娘，少数人称叔、婶子，城镇人称爸爸、妈妈；伯父、伯母称大爷、大娘；叔父、婶母称叔、婶子；姑父、姑母称姑夫、姑；外祖父、外祖母称姥爷、姥娘；舅父、舅母称舅、妗子；姨母、姨父称姨、姨夫。并有越来越多的人称舅、妗子为舅舅、舅妈，称姨为姨妈。男女结婚后，夫系亲友，妻随夫称；妻系亲友，夫随妻称。兄、嫂称哥哥、嫂子，姐姐、姐夫、妹妹、妹夫称呼不变，对晚辈称名。

四、迎送接待

清代，下级见上级，百姓见官员，或民间年节祭神祭祖及庆贺、吊唁时，通行跪拜礼。熟人路遇，抱手拱拳致意。辛亥革命后，禁行跪拜礼，改行鞠躬礼。

在农村，祭祖和丧葬均行跪拜礼。待客，如事先得知，主人须在门外相迎，请客先行，主人随后，让客进屋，请客坐上首。就餐，先拿食物予客，客人吃饱，主人再放碗筷。客去，让客先行，并送至大门外。如乘车，则为客打开车门，如骑自行车，则代推送行。

与人讲话，冠以"请"字。接受别人的帮助，说"谢谢"。路遇熟人，打招呼问候或招手致意，若骑自行车，则下车致意。让道，一般空车让载重车，下道车让上道车。

五、寿诞

60岁以上老人的生日叫"寿辰"，要庆祝一番，叫"祝寿"。已分家或出嫁的子女要全家都到，以示隆重。亲戚间的平辈、晚辈及老人好友均前来祝贺。给老人祝寿忌间隔，直到老人寿终。若有遗忘，子女谓之"不孝"，亲友谓之"失交"。因故缺席应提前告知。主人款待宾客时"早面晚席"，中午吃精制面条，叫吃"长寿面"，晚上设宴招待，称喝"长寿酒"。1949年新中国成立前，有些大户做寿还要演部堂戏，以显示其富有。一般人家多不做寿，无论长幼，每逢生日，仅吃顿面条以示祝贺。

六、丧葬

境内旧葬俗，其丧仪烦琐铺张，而且封建迷信色彩浓重。实行木棺土葬，儿女侄孙均按亲疏戴孝，儿子百日不理发，三年内春节不贴对联，儿子服孝期内不走访亲友。一般老人过了50岁，晚辈多开始为其做寿衣、备寿（棺）材、修寿坟，准备后事。富裕人家用料考究，贫寒人家则难以讲究。人死后，一般要经过着衣、报丧、入殓、殡葬等丧仪。

着衣。病人弥留之际，儿女请邻人帮助为病人净面，着新衣。富家给死者穿上等质料的寿衣、寿鞋袜，戴寿帽。寿衣有棉有夹有单。

寿终。病人在停止呼吸（咽气）前，儿女亲属守护在身边。咽气后，全家举哀。亲属到土地庙或城隍庙烧纸送浆水，叫作"报庙"。门上贴白纸，门前悬灵幡（用白纸剪成的与死者岁数相同的纸条）。

戴孝。父母死亡，儿子要穿白孝衫，鞋上裱白布，腿扎白布条，戴孝帽，腰束苘麻绳，手执哀杖。女眷头顶整块白布叫"褡头"。夫亡，妻穿白戴孝；妻亡，夫不戴孝，侄、孙按辈分穿孝服。安葬后，亲人只穿白鞋，儿女三年或两年后除服，侄、孙一年后除服。

报丧。丧主派人将死者逝世及安葬日期口头讣告亲友，富家则出讣文书面讣告亲友，称"报丧"。

入殓。由儿女亲属将尸体抬入棺内。富家用厚棺，穷人用薄棺，盖棺封口，外敷油漆，置于当门中，外加遮灵帐。儿女守灵，一般守三天，叫作"守三"。

殡葬。旧俗葬期，无定时。贫者棺薄葬速，富者棺厚葬迟。穷人无钱买棺者，用秫秸（高粱秸）箔捆裹尸体，当日埋葬在义田里。富家在家停放棺材有达一二年之久的。举行埋葬仪式，叫"出殡"。门口和堂屋均搭布篷，陈设香案、祭品。亲友吊唁，近亲须至屋内灵前哭吊。远亲则在供桌前哭吊。葬后丧主向亲友分"富贵饼"（用面蒸或烙成的圆形大饼）。

谢孝。安葬死者的当晚，儿女穿孝服沿街"谢孝"，遇人要叩头。三日后，死者的儿子着白衣向前来吊唁的亲友叩头，也叫"谢孝"。此俗已不多见。

祭祀。葬后三日圆坟致祭，"五七""百日""周年""三周年""九周年"均要致祭。另外，每年的春节，清明，农历六月六、七月十五、十月一都祭祖，致祭之俗于今犹存。

七、家族

一般以自然村的同姓同宗为一家族。一个家族由一名有威望的族长负责处理全家族的家庭纠纷、分家析产、婚丧大事等。春节时，全族老幼都要给族长拜年。

大家族有家庙、祠堂、墓田，并设有岁时祭祀的"祭田"。祭田一般由家族中的长子长孙管理，或由老尊长管理。每年的农历七月十四日晚、春节及清明节举行祭祖时，其供品均由管理祭田者负责筹办。

八、家庭

清代至民国时期，崇尚大家庭。"五辈同堂"之家备受社会尊崇。穷苦人

家祖孙三代共同生活者居多。

在家庭中，男性长者总理家庭内外事务，故有"家有千口，主事一人"之说。待客有"妇女不上桌，父子不同席"之俗。平日就餐，长辈居首，子女列下。长辈饮食、病恙，晚辈须尽心侍候。

长子、长孙在家庭中的地位仅次于父母，有"有父从父，无父从兄"之古训。长辈与晚辈，兄长与弟媳忌嬉言。姑嫂、弟嫂之间言语无拘。

家有家规，书香门第和庄户人家的家规要求各异。书香门第、官宦家庭有家规、家训、家法来维系其家庭，其内容和目的，都是升官发财，光宗耀祖。而一般庄户人家，则规定尊敬长辈，诚恳待人，和睦相处，勤俭持家，行为检点，买卖公平，禁赌禁色等。

家产继承。旧时继承权全归男子，长男、长孙有特殊照顾。有女无男的家庭，多由其侄或过继的嗣子继承。无子无女者，则由其本族近支继承。

第四节　新旧交融的岁时节俗

岁即年，古人把一年分为四季，即四时。《礼记》曰："天有四时，春、秋、冬、夏。"每一季再分六个节，四季共廿四个节气，两个节气相交接的日时为交节，并转意为节日。岁时节日风俗是一种复杂的社会文化现象，蕴涵着丰富的社会变革、信仰崇尚、伦理道德和民间技艺等方面的内容。潍坊地区的岁时节俗和其他地区的大致相同，但由于地理环境、历史传承和文化交融等因素，在悠久的岁月里积累了丰富的生产生活经验，形成了众多独具特色的节庆、纪念、祭祀、交游等民俗事象。

清代的潍坊地区科甲蝉联、文风绵盛，一些文人士子墨守旧时的生活习惯和风尚。清末以来，近代工商业资本家群体出现，在生活方式和习惯上对封建官僚家庭亦多有效仿。辛亥革命后，破除封建思想观念成为社会风尚，群众的思想意识受到一定影响，一些旧式风俗逐渐被打破，节祭逐渐减除，传统的岁时节日有了新的变化。伴随着新式生活制度和习惯的传入，城市社会风气发生了巨大变革，以阳历为基础的新节日出现。

岁时新旧并存，决定了节令习俗也新旧并存。民国时期，民间的节令习俗仍是以明清以来的传统节令习俗为主，习俗意蕴和活动内容也无根本变化。

 第八章 中西文化交融下民俗的传承与变迁

"岁时节日是农业文明的伴生物",民众还是传统心态。可是在旧节令习俗仍很盛行的情况下,伴随着政治改元,新节令习俗也萌芽、生长起来了。人们在固守传统节日的同时,接受新鲜节日,文化得到融合。

一、传统岁时节俗的固守

清末民国时期,政治结构动荡,岁时节俗有略微变更;又因为商业经济的兴起,变化逐渐增多。民国时期,尽管有鲜明时代内容和重商意味的注入,但传统意味的岁时节俗依然在民间保持着旺盛的生命力。

(一)春节

春节是中华民族的传统佳节。春节的习俗起源于原始社会的腊祭,即在腊月用农猎物祭祀众神灵和祖先,殷商时期年头岁尾也延续这种祭神祭祖活动。虽然我国古代民间早已有过年的习俗,但那时并不叫春节,而是称"元日""元旦""新年"。那时的春节是指二十四节气中的"立春",南北朝时则把春节泛指为整个春季。辛亥革命后改用阳历,为了区分农历、阳历的新年,便把农历正月初一正式定名为"春节",俗称"过年",是最为隆重的传统节日。

"喝了腊八粥,就把年来数。"腊八(农历十二月初八)过后,家家开始忙年。户户择吉日进行卫生大扫除,俗称"扫屋",以示辞旧迎新。做新衣,办年货,购置用器务必添新碗筷,寓意增添人口;羹肴必备鸡、鱼,意求"年年大吉""连年有余";必蒸年糕,做豆腐,以借"年高""都福"谐音,祈求"年年高",全家幸福;家家蒸饽饽。西部地区做团圆饼,取意"合家团圆";东部地区制作"合菜",红、白、绿相间,鲜美可口,象征吉祥如意,全家和睦。

除夕,家家户户贴对联(服孝期内只贴紫对联),过门笺,糊窗户,贴窗花,裱糊灯笼等。春联用柿黄喷金纸,俗称对子纸,联语多表达春意并讲究门第。打满一缸水,备足三日柴。下午在堂屋悬挂家堂轴子或"财神爷",设香案摆供品。一切停当之后,男子衣冠整齐,到墓地上坟,请祖先回家过年,奠后,放鞭炮庆贺。傍晚,提着灯笼香火供品到街头接"财神"。接财神后,大门、二门放置拦门棍,亦有的在门旁插桃枝,以示防"邪魔外祟"入宅。院内撒谷草,意取备财神、祖先喂马。入夜,秉烛焚香,灯火通明,人们通夜不

眠，称"守岁"。穷人为躲债外出，俗称"藏年"。穷人过年如过关，故春节亦有"年关"之称。除夕之夜，家人团圆，欢欢乐乐。午夜子时，辞旧迎新，长辈带领子孙发纸马，祭天地，祀祖宗，保佑老少平安。西部地区，女主人同时在灶王像前祭奠。纸马发过之后，全家老少，围坐炕头，喝团圆酒（有在上半夜者），吃年夜饭，多吃素馅水饺。饺子里放入花生米、红枣、栗子、铜钱等，谁吃到这种饺子，分别意味着谁的福气大、来年发财、有钱花、能长寿、早立子、百事顺心、有甜头等。煮饺子不拉风箱，保持年夜肃静。年夜要说吉利话，饺子煮破了不说"破"，而说"挣了"，饽饽裂了不言"裂"，而说"笑了"，忌说不吉利语。饭后晚辈给长辈叩头拜年，长辈向晚辈分叩头钱，称"压岁钱"。拜年有尽早之俗，天亮前结束。现年初一城乡拜年均以互相问候祝福代替叩头。

正月初一，有婆婆做饭媳妇吃之俗，媳妇不用做饭。每顿饭必留豆腐、年糕、饽饽于锅内，谓之"压锅"。傍晚，有收拾家堂轴子再上祖坟之俗。有的则保留到初二、初三。初一夜来早，家家闩门早寝。初二，放鞭炮，谓"开市"，男女劳作不再禁忌，开始带上礼品走亲戚。清末至民国时期正月礼薄如纸，现时日趋礼厚。走亲戚旧有"初二姥姥初三姑，初四初五看丈母"，也有"初三姥姥初四姑，初五六里看丈母"之俗。现多为"初二初三先丈母，初四初五再看姑"，走亲戚之风渐盛。同时，各种民间杂耍，如高跷、旱船、龙灯、狮包、小戏等开始活动，节日气氛持续到正月底。

初五叫"五马日"，俗有一鸡、二狗、三蚕、四麦、五马之说。"五马"吃"供养"，是潍县昔日商界的一件要事。这天上午10点前后，喝酒、燃烛、烧香，奠过茶、酒，店铺掌柜恭执纸糊的元宝串、吉表和三绺香，率店伙到庭院或门前焚烧，祝发福生财，然后鱼贯回室，撤祭品，请起财神像，掌柜率众饮福酒，吃福供。被召参加的店伙表明留用，没叫吃"供养"就是被辞退的暗示。

（二）元宵节

农历正月十五日为元宵节。城镇及周边居民吃元宵盛行，象征举家团圆；乡间则饮酒吃饺子，合家团聚，共享天伦之乐。元宵节，俗称灯节，正月十四日至十六日，各街市肆，多张灯火，举办龙灯会，有舞彩龙、耍旱船、踩高跷、跑小毛驴、玩车子灯等民间文娱活动。尤以潍县东关的龙灯为盛。沿街灯火辉煌,火树银花,五彩缤纷,人们争相观看,叫作闹元宵。

潍坊城乡多有挂灯照灯之俗。在城镇,正月十四日前,纱灯应市。有麒麟灯、狮子灯、鹿灯、猫灯、金鱼灯,还有儿童喜爱的莲花灯、扇子灯、桃子灯、蒺藜灯等,亲友争相购买,馈赠给孩子。街道两边悬挂骨牌灯,墙壁上挂转灯(亦称走马灯),内容为《西厢记》《白蛇传》《翠屏山》等故事。富家大门挂宫灯,院中挂纱灯,影壁挂壁灯。一般城镇居民家多挂纸糊的灯。晚间有儿童提灯四照之俗,俗说"照照老猫不害眼"。在乡间,晚上家家上灯,并提灯四照,意为不生虫孽;三晚无风为"收灯",象征五谷丰登,并有"头灯芝麻末灯黍,中灯收了菽粟谷"之说。白天就地搭台,唱小戏,演杂耍,到处呈现一派节日气氛。

正月十六日是元宵灯会的最后一天,男女老幼尽兴玩耍,一直玩到深夜,俗称"耍日子"。

(三)二月二

"二月二,龙抬头。"本日俗呼为龙抬头日,或称"青龙节""春龙节"。一则意为百虫复苏,适宜耕作;一则龙主雨水,雨足则年丰。于是,家家早起在院内、街门口和场院,以草木灰画地作大圆圈,俗称"打囤子"。圈内画"十"字,放五谷,圈外画梯子,叫"上粮",意祈五谷丰登。此俗沿袭至20世纪70年代。是日为"土地爷生日",百姓到土地庙摆供、烧香、烧纸,为土地爷过生日,祈求风调雨顺。

城乡家家户户以黄豆、黑豆、地瓜块、年糕块炒豆吃,称"蝎豆",寓炒死蝎类毒虫以除害之意,此俗历久不衰。

(四)清明节

清明前一日为"寒食节",清末至民国时期人们多食冷饭,这日又是"一百五"(自上年冬至算起的第105天),是添坟土祭祖的日子,称"春祭"。

清明节日期间,传统的文体游艺活动丰富多彩,有荡秋千的,有踏青、放风筝的。城镇还有说评词的,唱大鼓书的,唱莲花落的,打拳卖艺的,玩戏法的,耍猴的,拉洋片的,卖糖稀、糯米人的,热闹非常。

节日早上吃鸡蛋卷单饼,喝稀饭。家家户户折柳枝和松柏枝,或插于大门口,或头戴柳枝、松枝郊游。郊游俗称"踏青"。这天,男女老幼多踏青游玩,祈求一年不生脚疾。此俗沿至今日。

荡秋千之俗盛行。秋千有两种，一种是前后摆动的秋千，一种为形似伞状的"转秋千"，尤以转秋千为佳。打秋千者多为青少年妇女，她们穿红着绿，各展技艺，有"童子拜观音""鸭子浮水""凤凰展翅""二郎担山""猴子坐大殿"等，彩带纷飞，翩翩若舞，煞是可观。

放风筝，是境内居民清明时节传统的活动习俗。潍坊素有风筝之乡美名，风筝文化历史悠久，驰名遐迩。

（五）端午节

农历五月初五日为端午节，又称"端阳节"。节日早饭吃角黍，俗名"粽子"。相传，一则为纪念屈原，一则有"吃了端午粽，一夏不生病"之说。

是日，家家门口窗前插艾蒿，或放于炕席底下，或塞于耳内，意为避邪驱虫。小孩手足系五色线，胸佩长命锁。妇女佩带内装雄黄、艾叶等物

粽子

的"香荷包"；或制作香荷包并赠送给至亲好友的儿女，以示心灵手巧。成人喝雄黄酒，意为消瘟避邪。

端午节时值麦忙，在西南山区有看丈母之俗，称"看夏麦"，并相机帮助"忙麦"。麦后，乡村新婚少妇回娘家"住夏麦"，其间有为婆家成员做布鞋之俗。

（六）夏至节

二十四节气之一，又是民间传统节日。其时，气温升高，作物生长旺盛，急需中耕除草。农谚谓："夏至棉田草，胜似毒蛇咬。"是日，家家食面条，于今有"冬至包子（饺子）夏至面"之俗。

夏至节后第三个"庚日""入伏"，开始进入高温季节。是日城乡居民吃凉面，名曰"吃入伏面"，寓意防暑降温，有"吃了入伏面，夏天少流汗"之说。城里商贾有晾晒货物，犒赏伙计之俗。此俗相沿至今。

（七）六月六

是时麦收完毕，农村居民喜蒸新麦包子、饽饽等食品馈赠亲友，俗称"送

新"，喜庆丰收，兼有敬天地、祭祖之俗。家家户户将新麦炒熟磨成粉，用糖水拌合食之，谓之"吃炒面"，此俗现存。清末至民国时期，有晒书、晾衣之俗，称为"晒龙衣"，寓意不生早蠹。

（八）七月七

农历七月初七日又称"七巧日"或"乞巧节"，俗称"七夕"。是日是姑娘们向织女秘求智巧的日子。白天看巧云，夜晚看星星。传说这天牛郎织女鹊桥相会，少女们深夜躲在瓜棚架下能听到他们的悄悄话，以预测自己的婚事。有的姑娘设香案于庭院，向织女乞巧。闺阁少女以碗盛水，曝晒日下，各投小针，使之浮在水面，观看水中的针影，针影散乱如花，动荡如云，细或如线，笨或如锥，还有的如笔、如剪等状，用以卜巧拙，俗叫"照巧针"。还有的向七家邻居乞求七种杂粮，几人一组做乞巧饭。熬饭时放入针一枚及小木棒一根。稀饭熟后，由一人眯着眼用碗盛出，妇女们各喝一碗，喝着针的能成为"巧人"，喝着木棒者则为"笨人"。

（九）七月十五

又称"中元节"，是乡间祭祖的日子。是日，家家包水饺，备纸香，或带上瓜果供品上坊祭祖。至今尚存此俗。

此日又称"鬼节"（有的地区以农历十月一日为"鬼节"）。个别地区居民于夜间在河流湾塘放灯，或摆祭品于路旁，燃香焚纸舍施"纸钱"，祭祀"亡灵"。

（十）中秋节

农历八月十五日谓"中秋节"，是传统的大节之一，有"八月十五过小年"之说。节前以月饼馈送亲友，互祝全家团圆。是日晚，合家聚宴，酒肴尽丰，全家一边赏月，一边分食月饼，称"圆月"，以庆团圆欢乐。

中秋节有"蒸月"之俗。中秋时节，家家用面蒸做月型食品，谓之

老潍县面食"月儿"

"蒸月"。夜晚儿童争相端于街心巷口，置放矮凳上，齐声呼喊对唱，谓之"念

月"。其词多样、诱人，有"念月了，念月了，一斗麦子一个了"等。洋洋盈耳，邻近接唱，此起彼伏，直至深夜方止。此俗尚存。此"月"有的作礼品相互馈赠。最早只是外婆送给外甥（即外孙），而后逐渐亲友之间都可相互赠送。

（十一）重阳节

农历九月初九称"重阳节"。文人名士于是日登高饮酒，赏菊赋诗。重阳节，因九与九相重，被视为"大不吉利"之日，因此，乡间有插艾蒿、佩香囊、喝菊花酒以避邪之俗。境内东北地区习惯烧辣萝卜汤，全家共饮，谓之可祛百病。谚云："喝了萝卜汤，全家不遭殃。"此俗尚存。

（十二）十月一

农历十月初一，俗称"秋祭""鬼节日"。城乡至今尚有上坟祭祖遗俗。出嫁妇女，仍依旧例，回娘家祭祀已故长辈。

清末至民国时期，是时，农事已了，长工下工，同主人议定辞留合同。1949年新中国成立后，是日居民改善生活，庆贺丰收。

（十三）冬至

意为寒冬已到。冬至交九，进入严寒，由"一九"到"九九"，"九九"则春回大地。清末至民国时期，有乞丐将印制的"九九消寒图"分送各家的习俗。画9行81格，供人们逐日用墨填涂一圈于格内，上阴下晴，左风右雨，格满寒消。

是日上坟祭祖遗俗尚存。"冬至扁食，夏至汤（面条）"，吃水饺之习，城乡盛行。

是日家长宴请私塾教师，一则表示对教师的敬意，二是商定来年聘酬事宜，称为"定学局"。

（十四）腊八

农历十二月初八，俗称"腊八日"。是日，境内居民有早晨喝多种杂粮加大枣、花生米等熬煮的粥之俗，称为喝"腊八粥"。也有制作腊八蒜的，即以醋浸蒜，取其酸辣味浓，以备春节之用。

传统习俗认为腊八是济贫的日子。这天，无论贫富之家，只要乞讨者上门，皆有求必应。清末至民国时期，和尚、道士、尼姑也于是日纷纷赴各村化缘，居民乐于施舍。

旧时，有出嫁女子忌在娘家过腊八日的习俗。

（十五）辞灶

农历腊月二十三日，俗传为送灶君上天禀报的日子，故称"辞灶"，又因近春节，故称"过小年"。清末至民国时期，民间多买些麦芽糖果，于是日晚间供奉灶君。用糖果作供品，寓意要粘住灶王的嘴。烧纸马送灶王上天，祈求灶君"上天言好事，下界降吉祥"。然后，全家分食供品糖果。城乡居民认为"过小年"之后至春节，天天都是"吉日"，俗称"好日子"，有大扫除的习俗。此俗历史悠久，相沿不衰。

二、新式节日的产生

除传统节日外，民国时在全国范围内逐步增加了不少有纪念意义的新式节日，为节日文化增添了异彩。最为盛行的是公历1月1日的元旦。新设的节日在一定程度上带有重新确认某一天的价值，承认其对民众的影响力等方面的意味。但人们对于新节日，并不是从其一出现就表示接受和认同的，其间经历了一个曲折的过程。据史料记载，潍坊民国年间的元旦，只有州府、县衙挂国旗，学生及商人参与较多，百姓大多无动于衷。乡村也有吃水饺的，但不太普遍，农民一般不重视此节。

现代新节日具有鲜明的时代特点。民国时期，岁时节令的嬗变固然与官方及有识之士的倡导有关，却也迎合了社会发展的需要，得到了社会的承认。这些从形式到内容都体现了现代生活观念、价值观念和娱乐观念的现代节令习俗，本身就是构成现代生活方式的内容之一。它体现着时代变革过程中，人类争取自由解放和一切合法权益的奋斗精神，丰富着我们的民族节日文化，并且以新的内容、新的风采对传统节日的节俗活动给予了积极的影响。

第五节　传承变革的民间信仰

近代中西文化的碰撞交融，也对潍坊区域的民间信仰造成了一定的影响。"西学东渐"，尤其是辛亥革命带来的社会、政治、经济结构的调整，新的社会价值及生活伦理的倡导，现代商业经济的兴起等，都对民众的信仰生活和民间信仰的社会空间产生了直接的影响，潍坊区域的民间信仰呈现出变革与传承相依、亦新亦旧的时代特征。

一、神灵崇拜

敬神求安。近代以前，民众多敬奉灶君、土地爷、财神爷、城隍爷、玉帝等，意在祈求平安，招财进宝。一般在重要节日烧纸、焚香拜祷。在诸神崇拜中，以对灶神祭祀最多。除小年隆重祭祀，平日逢改善生活，亦必用筷子夹一点食物置于灶王像前，俗称"奠奠"。更有虔诚主妇一年到头每餐必奠。

祈雨。祈雨"过大驾"是境内民众特殊的祭神形式。旧社会，遇到天旱或雹灾，由当地的名流士绅出面，募集财物，祭祀神灵，祈求保佑。祈雨时，大街小巷悬挂"雨签"（用绳索悬挂一些五色纸穗），上插小黄旗，并请道士、尼姑日夜念经。经办人借机大吃大喝。如有下冰雹征兆，名流士绅就组织"雹泉老爷出巡"，俗称"过大驾"。农历四月初八日，正是小麦将熟之际，群众怕下冰雹打毁庄稼，便沿街焚香，顶礼膜拜，经办人员多借此聚敛民财。

请"仙家"。清末至民国时期，不少人迷信"狐仙"既能作祟，又会治病，遇病灾求治无门时，则摆供焚香烧纸，请"仙家"祛病禳灾。

祭天地全神。清末至民国时期，祭天地之俗较为普遍。尤其春节，家家设天地桌，摆供品，焚烧印有"天地全神"的纸马，祈求天地全神保平安。

祭河神。潍县城白浪河岸边建有白狼庙，为祭白狼河神，周围居民定期到白狼庙祭奠。此庙早已拆除，祭河神俗于1949年新中国成立后废止。

另外，有崇拜闪电之举，随着解放思想，破除迷信，此举已绝。

二、占卜、驱邪、许愿

旧社会，人们每遇疑难和不测常求神拜鬼，以祈排忧解难，得到精神慰藉。

占卜。每遇到病灾或意外变故等疑难事不得解决时，人们往往靠占卜寻求解答和心灵慰藉。当时流行的占卜形式有抽签、六爻卦、掷铜钱看字面、相面、算命等。占卜者善于察言观色，随问随猜，蒙骗群众，骗取财物。此俗虽已明禁，但仍有个别人在暗中活动。

查日子。俗称"看日子"。清末至民国时期，每临红白喜事，打墙盖屋，

分居乔迁，支锅垒炕，出门远行等都要找"好日子"，即所谓"黄道吉日"。信此道者认为找"好日子"办事能逢凶化吉，遇难呈祥。

看风水。看风水主要择房基和茔地、墓穴，俗称看"阳宅、阴宅"。信此道者以富户人家为甚。谓如占"风水宝地"，可主人丁兴旺、福寿绵长、鹏程万里。

驱邪治病。旧时，有人受巫婆神汉蛊惑，笃信狐狸、黄鼠狼成精成仙，能附体借人说话，并贻祸于人。有的得病以为得罪了神灵，或是邪魔鬼怪作祟，不求医而求巫。男巫俗称"神汉子"，女巫俗称"神婆子"。巫以"叫魂""许愿""祭神"等手段，摧残病人，索取钱财。随着社会的进步，笃信"仙""精"者日寡，驱邪治病之举已少见。

许愿。旧时，凡遇病灾疑难，或婚事求子，多向玉皇、城隍、观音老母等神灵许愿，祈求神祇保佑。穷者焚纸烧香，富者杀猪宰羊，按时还愿。

三、禁忌

旧社会，城乡居民禁忌较多，表现在人们行为的各个方面，相沿成习。其中有合理的禁忌，但多带封建迷信色彩。不合理的禁忌已随着社会的进步、人们科学知识水平的提高，逐渐淡化。

喜禁。一年之内，同一户婚、嫁忌重；女婿看望岳父母，"七不出门，八不还家"；新媳妇正月不空房；送闺女回婆家必须上午到；新媳妇清明不准在娘家；初五、十四日、二十三日新媳妇不出门；娶亲避丧，择妻忌眼下有痣者；生肖相克的男女不能结婚。

丧禁。身亡异地，尸体不能进内宅，灵柩须在宅外安放；身服重孝者，忌入办喜事之家，更忌入新房；因自杀、雷击、生育身亡的人，不准进墓地，逾三年才准迁入；婴儿死亡，撂到"舍墓田"，不掩埋；未成年儿女死亡，谓"少亡"，不准进墓地，占地角掩埋。

房禁。正房不能矮于南屋，矮者脊上竖砖拔高；正房不能高于两邻的正房；屋冲路箭，须在冲向墙上设"太公在此"或"泰山镇宅"等字牌；闰月年不盖正房；挂屋必须矮于正房；大门口不能同堂屋门口相冲；栏圈不能与正房相冲。

客禁。赴宴，父子忌同席；给客人倒茶，忌把壶嘴对人；有长辈在场，不能占首席，要依辈次列座；男客在，女子不准入席；客未饭饱，主人不能领先停餐。

疾禁。治病时，药不放"三台"，即窗台、锅台、炕台；处方忌反叠，借药锅子忌送还，由借者保存，谁用谁取；小孩生痘疹，大门口挑红，忌人忌响；看望病人要上午到，有下晌属阴之说。

节禁。春节这天不动刀、剪、针之类的金属物，不扫地，不倒垃圾，不打水，更不能口出恶言或打骂儿女；已出嫁之女春节忌住娘家。

其他禁忌。人到100岁，仍说99岁，忌说100岁；吃饭时，忌把筷子横担在碗上；借水桶用后，忌挑着送还，应挑一个，用手提一个送还，挑着送者，要两桶水满，不能空桶。

第六节　义利并重的习尚德行

境内居民勤劳节俭、乐善好施、重友好客、崇尚公益、尊老爱幼等古朴之风历代相传。

一、习尚

境内居民克勤克俭，代代相传，至今勤劳俭朴、惜物节支的遗风未变。农民终年劳作不息，春耕、夏锄、秋收、冬藏，黎明即起，日没而息；农闲时节，从事副业生产。衣着上，曾有"新一年，旧一年，缝缝补补又一年"的节约风尚。职工忠于职守。如今生活改善了，但精打细算，量入为出，储钱蓄粮，仍为城乡居民所崇尚。

境内居民乡土观念强，乡土感情深厚，素有"生处不嫌地面苦"之习。无论故乡穷富，皆安土重迁，外出谋生者极少，多依乡伴土，清淡自乐。虽说好儿女志在四方，埋骨何须桑梓地，但念乡、爱乡之情人皆有之。特别是因故流落异国他乡的海外游子及港、澳、台胞，无不思乡念祖，愿落叶归根。

遵纪守法，维护公共利益，约束不良行为，为境内居民的良风。为了公共利益不受侵害，有的制定乡规民约布告乡民；有的以基本道德为标准，禁不孝，禁滋事等，普遍郑重其事。

另外，乡间自古就有公看义坡之习。修桥补路，各尽其力，献工献料，乐善好施之风历久不衰。

境内居民，素有诚挚待人，热情好客之风。不论亲友何时来访，均笑迎礼送，先茶后饭，待客必丰。他人求助，尽力而行。

言而有信，遵章守约，为境内居民所崇尚，不论对内对外，不论大事小事，即便分明吃亏，也恪守信用。

二、德行

团结互助，助人为乐，为境内居民的传统美德。邻里间修房建屋，举办红白公事，乡亲出工帮助；偶染病卧床，亲友邻居皆携物探视；倘遇灾害荒年，衣食不足，则互通有无，和衷共济，甘苦共度。孝敬长辈、爱护晚辈、尊老爱幼为公众崇尚的美德。子孙以赡养并孝敬父祖为己任，反之则会受到公众舆论的谴责。老人有子者，或由子女提供给养，自炊自食；或由子女轮流赡养不等。路不拾遗、救死扶伤亦素称美德。

"五方杂处、华洋杂居"的社会居民结构为近代潍坊社会创造了多种文化类型共存、中西文化碰撞交融的客观环境。当地物质生活、岁时人生信仰等都经历着重要的转变，由于异质文化的渗入，新的社会习俗迅速崛起，传统社会习俗逐渐与近代文明习俗相互影响、融合发展。同时，当地民众固守的传统思想和观念，及呈现在某些民俗上的繁文缛节乃至陈规陋习，也真实地反映了潍坊近代社会发展进程中新风与旧俗的激烈冲突与并行杂糅。

潍坊近代中西文化交流

第九章
马克思主义的传播与潍坊的革命文化①

19世纪中叶，英帝国主义以鸦片和炮舰打开了清王朝闭关自守的大门。之后，资本主义列强纷纷入侵，中国由一个独立的封建国家逐步演变为半殖民地半封建国家，中华民族沦落到苦难深重和极度屈辱的境地。文化方面，西学东渐，中西文化经过一段时间的碰撞和融合，在新文化运动中，中国进步知识分子接受了民主与科学的理念。五四运动后，马克思主义成为中国文化的一个重要组成部分，成为革命文化的起点。革命文化产生后，迅速崛起成为中国社会的主流文化，主导了社会发展的方向和进程。革命文化的兴起是民国时期中国最重要的文化现象。潍坊地区的革命文化作为中国革命文化的组成部分，其产生和发展的历史相对较早，具有一定的典型性。

第一节 近代新文化运动的兴起

以袁世凯为代表的北洋军阀在窃取辛亥革命成果后，实行专制独裁统治，搞帝制复辟，并在思想文化领域掀起了一股尊孔复古的逆流。为捍卫共和、反对倒退，一批民主主义知识分子发起了一场反封建的新文化运动。

一、新文化运动及其影响

1915年9月，陈独秀在上海创办《青年杂志》，标志着新文化运动的兴起。

---

① 参见赵兴涛：《潍坊文化通览》，山东人民出版社2012年版，第330—355页。

 第九章　马克思主义的传播与潍坊的革命文化

从第二卷起，该杂志改名为《新青年》，1916年迁到北京出版。李大钊、鲁迅、胡适等先后参与杂志的编辑或撰稿。这个杂志联系了一批进步知识分子，成为开展新文化运动的中心。在《新青年》的影响下，宣传新思想、新文化的刊物在全国各地大量涌现。

新文化运动的主要内容包括以下几个方面。

第一，宣传民主和科学。这是新文化运动的基本内容。新文化运动的倡导者认为，辛亥革命没有在中国建立起真正的民主政治，因而大力宣传资产阶级民主思想，坚决反对专制政治，希望以此来争取建立名副其实的资产阶级共和国。1916年2月，陈独秀在《吾人最后之觉悟》一文中指出，中国必须抛弃沿袭了数千年的"官僚的专制的个人政治"，实行"自由的自治的国民政治"，而这又有赖于全国人民在政治上的真正觉悟。李大钊也认为"民"与"君"、"自由"与"专制"不能两立，"是故君主生则国民死，专制活则自由亡"。他强调，对于"国家之叛逆、国民之公敌"的"复辟之辈"，决不能姑息和优容，必须与之进行坚决的斗争，"永绝其萌，勿使滋蔓"。这样的主张在当时虽不可能实现，但对军阀的反动统治是一个有力的揭露和冲击。

新文化运动的倡导者所提倡的科学，就是要反对迷信、盲从。他们运用近代自然科学知识来反对鬼神迷信，批判"君权神授""祸福天定"等谬论，宣传无神论观点，介绍西方资产阶级唯物主义哲学。陈独秀认为"科学之兴，其功不在人权说下，若舟车之有两轮"，表明提倡人权、民主，必须同时提倡科学。他号召人们要以科学的态度来分析、认识问题，打破"宗教上、政治上、道德上自古相传的虚荣、欺人、不合理的信仰"，树立"真实的合理的"信仰。鲁迅也大力宣传科学思想，认为"科学能教道理明白，能教人思路清楚"，主张用"科学"来救治人们的迷信和愚昧。

第二，批判封建的儒家学说。随着运动的发展，斗争的锋芒指向被历代儒家不断发展了的、以维护封建专制为基本内容的儒家学说。新文化运动的倡导者从反对政治专制出发，对思想领域的文化专制也发起了猛烈的攻击。其焦点就是批判三纲五常，反对尊孔复古。针对北洋军阀的尊孔复古，以及康有为等"以孔子为大教，编入宪法"的鼓噪，他们以进化论阐明了孔子之道已不适应现代社会生活，不能编入宪法，不能把孔教定为国教。李大钊认为，社会、道

德都是进化发展的，"孔子之道，施于今日之社会为不适于生存"，"孔子者，数千年前之残骸枯骨也。宪法者，现代国民之血气精神也。以数千年前之残骸枯骨，入于现代国民之血气精神所结晶之宪法，则其宪法将为陈腐死人之宪法，非我辈生人之宪法也"。他们还揭示了维护专制制度的孔教与民权、平等思想是背道而驰的。陈独秀认为民主共和国重在平等精神，孔教重在尊卑阶级，"若一方面既然承认共和国体，一方面又要保存孔教，理论上实在是不通，事实上实在是做不到"。在批评旧的封建伦理道德的同时，新文化运动的倡导者还大力提倡资产阶级的新道德，强调个性解放。他们认为个人是社会、国家的基础，"社会是个人集成的，除去个人，便没有社会；所以个人的意志和快乐，是应该尊重的"；"集人成国，个人之人格高，斯国家之人格亦高；个人之权巩固，斯国家之权亦巩固"。没有个人的独立人格，个人的权利、个性的解放、思想的解放、个人的智慧才能便不能释放出来，社会便不能进步，国家也难以达到民主富强。

第三，提倡文学革命。在新文化运动中，《新青年》还提出了提倡白话文、反对文言文，提倡新文学、反对旧文学的口号，开展了一场"文学革命"。1917年1月，胡适在《新青年》上发表《文学改良刍议》一文，提出"文学改良"的口号，主张以白话文作为中国文学的"正宗"，并提出"不用典""不用套语""不作无病之呻吟"等改革文学的八项主张。2月，陈独秀在《新青年》上发表《文学革命论》，进一步提出"文学革命"的口号，主张用"国民文学""写实文学""社会文学"取代"贵族文学""古典文学"和"山林文学"。他还明确地把文学的革新同政治的变革联系在一起。白话文写作由来已久，但是白话文运动则是以此为开端并广泛影响社会的。《新青年》从第4卷第1号（1918年1月）起，改用白话文，采用新式标点符号。文学革命中的主将鲁迅从1918年5月起，开始陆续在《新青年》上发表《狂人日记》《孔乙己》《药》等小说和多篇杂文，出色地把反封建的革命内容和现代小说的艺术形式结合起来，树立了新文学的典范。

新文化运动的发展，引起了封建势力的仇视和恐惧。反动军阀诬蔑新文化运动是"异端邪说""洪水猛兽"，一些守旧的文人也对它发起攻击。1919年1月，刘师培等支持组织了《国故》月刊社，以"昌明中国固有之学术为宗

旨",反对新文化运动。林纾也在报纸上发表影射小说《荆生》《妖梦》,咒骂新文化运动的倡导者,煽动军阀以暴力压制新文化运动。他还公开致书北京大学校长蔡元培,攻击新文化运动是"覆孔孟,铲伦常"。对此,蔡元培公开回信作答,强调了他所主张的"思想自由""兼容并包"的办学原则,有力地维护了新文化运动。

从1915年到1923年的新文化运动,由于领导者的世界观基本上还是资产阶级的,因此仍有缺点和局限,主要是忽视人民群众,没有把新文化运动跟广大群众相结合,使它局限在知识分子的圈子里;缺少历史唯物主义的观点,形式主义地对待文化问题,存在片面性等。但是,新文化运动沉重地打击了封建的思想文化,解放了人们的思想,鼓舞了人们打破传统束缚的革命精神和勇气,促进了中国人民进一步的觉醒,锻炼、孕育了一代新人。它促使人们加紧追求救国救民的真理,为伟大的五四运动做了思想先导,为马克思列宁主义在中国的传播开辟了道路。

二、新文化运动先驱王统照

诸城历史文化积淀深厚,地兼齐鲁,道承孔晏。早在先秦两汉之际,这里即为儒林之堂奥,经师之渊薮,后则历代绍继,文风绵盛。王统照出身的"诸城相州王氏是一个书香门第"①,明清两代人文荟萃,仅清代就出了进士17人,三品及以上官员14人、四品官员13人、五品官员30人、七品官员31人,堪称"科举仕宦之家"。随着清朝统治的没落和科举制度的衰微,相州王氏家族的科举仕宦之路也逐渐走到尽头。然而相州王氏家族"忠厚传家,诗书继世"的家风却始终未变,近代以来其族人中多有为文济世之士,而中国现代卓有成就的小说家、散文家和著名诗人、学者、社会活动家,中国新文化运动的先驱王统照就是其中的一位杰出代表。

王统照(1897—1957),字剑三,诸城相州镇人。在其五六岁时,王家即援于"五岁启蒙,七岁读经"之惯例,延聘学识渊博且精通数学的先生为之授课。1913年,王统照考入济南省立第一中学读书;1918年赴北京,就读于中

---

① 王立诚:《瓣香心语:王统照纪传》,山西人民出版社2000年版。

国大学英国文学系；1923年，大学毕业后留校任教，并与鲁迅开始交往，友谊日益深厚。1927年4月，王统照回到青岛定居，他一面在山大兼课，一面继续从事写作，在这里他写下了一生中最主要的著作。1933年7月，《文学月刊》创刊，鲁迅、王统照等人被邀为刊物编委。全面抗日战争爆发后，王统照留在大后方服务于抗战的文学创作和教学工作。抗战结束后，山东大学在青岛复校，王统照到山东大学中文系任教。在山东大学期间，他一面认真教书，一面继续从事文学创作。1946年至1950年的四年间，王统照所著的小说、诗歌和译作就达130多篇。他和丁西林、闻一多、老舍、洪深、沈从文等一大批在山大任教的著名教授学者一起，培养造就了一批又一批优秀的专业人才。

打开中国新文学史，在《新青年》《小说月刊》《晨光》等全国重要期刊上，处处都有王统照的名字。茅盾在总结新文学运动第一个十年的小说创作成果时指出："那时常有作品发表的作家亦不过鲁迅、冰心、王统照、叶绍钧等五六人。"由此可见，王统照在新文学发展史上具有重要地位，起到了奠基和铺路的作用。其对新文学运动的贡献主要有以下三点。

一是参与发起成立文学研究会。1921年1月4日，王统照参与发起成立中国新文学第一个纯文学社团——文学研究会，这个新文学团体主张"为人生而艺术"，在中国新文学史上占有重要地位。作为主要发起人和主要成员，王统照以自己的创作实绩，弘扬了文学研究会"文学为人生"的精神，在反对旧文学、发展新文学的创作、文艺批评和对外国文学的研究介绍上都做出了贡献。其1922年出版的长篇小说《一叶》，1924年出版的短篇小说集《春雨之夜》，1925年出版的新诗集《童心》，均被列为"文学研究会丛书"首批出版的书籍。

二是对外国文学作品的译介。王统照对新文学的另一贡献是译介外国文学作品。由于他有较深的外文功底和译著水平，因此有大量的优秀外国文学名著通过他之手介绍给国内读者，如夏芝的诗作，泰戈尔、拜伦的思想及诗歌，托尔斯泰的小说等。他帮助中国新一代青年领会外国文艺作品的思想内涵与艺术风格，以外国进步作家的革命精神为楷模，鼓励中国青年奋起反封建、反压迫；以西方现实主义文学作品为样板，反对僵化的、与生活严重脱离的封建文学糟粕。在以后的教书生涯中，他也不断用这种精神教导学生，引导他们走积

 第九章 马克思主义的传播与潍坊的革命文化

极向上的健康进步之路。

三是以其丰硕创作享誉文坛。其一,诗歌。王统照是新文学诗坛上的第一代诗人,他的诗歌集《童心》是五四诗歌创作最早的收获之一。王统照不仅从理论上阐述了打破格律诗、创造白话诗的必要性,而且写出了大量的新诗。他利用通俗晓畅的口语,作为自己抒写情怀的工具。不管是自由诗体还是散文诗体,他都加以运用,形成了一派新生锐进的诗坛态势。其二,小说。1922年10月,王统照出版小说《一叶》,随后不断有中短篇小说问世。以《春雨之夜》为代表的"五四"前后作品,由于创作方法、艺术精神的歧异而呈现出多元多彩的风姿,以写意画的风韵、散文诗的格调见长,既是五四这一青春时代气息的自然折射,又是青年王统照诗人气质的典型流露。在青岛的寓所中,王统照写下了代表作——长篇小说《山雨》。这部小说的创作构思,来自其1931年东北之行所目睹农民生活的艰辛。《山雨》取材自王统照的故乡诸城,文中大量采用家乡方言俚语。小说出版不久,国民党中央党部即以"有煽动阶级斗争之嫌"禁止发行,作者因此被列入"黑名单",后经开明书店与国民党中央党部反复交涉,最终以删除最后五章为条件,准予继续印行。其三,散文。王统照在散文方面的贡献也很大。他的早期散文多见于《晨光》《曙光》《文学旬刊》等由他主编或参与编辑的一些刊物上。最早结集出版的是他的《片云集》(1934)。这些"随感录"式的散文,大都有较强的针砭时弊的功能,可视为古典散文向新诗散文过渡阶段的作品。阿英曾有评价:"除鲁迅的杂文外,是没有谁可以和王统照比拟的。"

王统照是五四时期的闯将,不但参加过火烧赵家楼、痛打卖国贼的爱国运动,还与茅盾、郑振铎、叶圣陶等12人发起创立文学研究会。他与鲁迅、茅盾、郑振铎、叶圣陶、老舍等人交往甚密。他以小说、诗歌、戏剧、译著等多种体裁的文学作品,丰富和装点了新文学园地。他还担任过新文学重要刊物的主编、大学教授、开明书店编辑等职,对繁荣现代文学,培养文学新人,实有筚路蓝缕之功。

毛泽东曾赞扬王统照的创作精神:"百花齐放了,像王统照这样的一些老作家都发表了许多作品,这很好。"郑振铎在《忆王统照先生》中评价他:"表面看起来,王统照先生是随和得很的人,但他是'有所不为'的!他是内

方外圆的,其实对不正义之事,他从来不肯应付,或敷衍一下,他疾恶如仇。他从来没有向任何罪恶势力低过头。他在山东大学做教授的时候,乃是一盏明灯,照耀着学生们向光明大路走去。他是'有所为'的!此时此刻,他都是诚心诚意接受中国共产党领导的。……他对学生是那样的喜爱,又是那样的引导着,恨不得把全身的本领,或他所知道的一切,都全部教给他们。当然最重要的还在于:教导他们如何明辨是非,分清敌我,走上革命的道路。"

第二节　马克思主义的传播与中共潍坊地方组织的诞生

正当新文化运动蓬勃发展的时候,俄国十月革命胜利的消息传到了中国。中国的先进分子热烈欢呼,并从中看到了拯救中国的新希望,于是由向西方学习转向研究和宣传十月革命和马克思列宁主义。在马克思列宁主义的传播过程中,中国产生了第一批以李大钊、陈独秀等为代表的具有初步共产主义思想的知识分子。1918 至 1919 年间,李大钊发表了《法俄革命之比较观》《庶民的胜利》《布尔什维主义的胜利》《我的马克思主义观》等文章,宣传十月革命,传播马克思主义,欢呼"试看将来环球,必是赤旗的世界"。他还组织"马客士(即马克思)主义研究会",团结进步青年学习、研究马克思主义和俄国革命。1919 年 4 月出版的《每周评论》摘译了《共产党宣言》中的一段,按语中称这"是表示新时代的文书"。1919 年 5 月,在李大钊的主持下,《晨报·副刊》开辟了马克思研究专栏,陆续刊载马克思著作的译文和介绍马克思生平的文章。1919 年 7 月在长沙创刊、由毛泽东主编的《湘江评论》,对传播马克思列宁主义也起了重要作用。

在十月革命的影响下,新文化运动迅速发展为学习和传播马克思列宁主义的运动。中国革命也迅速转变为新民主主义革命。1919 年爆发的五四运动,标志着资产阶级领导的旧民主主义革命的终结和无产阶级领导的新民主主义革命的开始。

一、爱国主义浪潮的涌起

晚清和民国初年,潍坊地区社会的各个方面发生了深刻变化。

从 19 世纪 60 年代起,英、美等国传教士先后在益都、临朐、潍县、昌邑、

 第九章 马克思主义的传播与潍坊的革命文化

寿光、高密、诸城等地建立教堂传教，西方思想文化开始渗透传播开来。之后，帝国主义在潍坊地区的活动逐步升级。1898年3月6日，德国强迫清政府签订《胶澳租借条约》，把高密、诸城等县划入其"百里环界"之中；1899年开始修建胶济铁路，1902年修至潍县城；1901年在坊子建井开采煤炭；1906年潍县被辟为商埠，许多国家陆续在潍县、坊子、青州等地设公司、开洋行。1914年，第一次世界大战爆发，日本乘欧洲各国忙于战争无暇东顾之机，企图独占中国，借口对德宣战，出兵青岛及胶济铁路沿线，占领德国在山东的势力范围。潍坊地区又沦落到日本帝国主义的控制之下。在帝国主义和封建主义的双重压迫下，潍坊人民生活在贫穷、落后、动荡、混乱的苦难深渊中。

为摆脱悲惨的命运，潍坊人民不断进行反抗斗争，先后爆发高密、昌邑南部的抗德斗争和潍县、寿光、安丘、益都、临朐、高密等地义和团反帝灭洋等斗争。辛亥革命中，潍坊地区以同盟会会员为骨干的一批进步青年知识分子于1911年底在寿光组建同盟会本部。1912年1月，他们组织革命军转战青州等地，于1月31日占领诸城县城，宣布诸城独立。2月初，革命军在诸城英勇抗击清政府军队的进攻，300多人壮烈牺牲。

1914年至1918年第一次世界大战期间，潍坊地区的民族工业有较快发展，仅潍县城就有以制造内燃机为主的华丰机器厂、制造化工染料的裕鲁颜料公司，还有同盛铁厂、惠丰火柴厂、发电厂、制瓦厂、制药厂、织布厂、猪鬃厂、发网厂等。民族资产阶级和工人阶级的迅速发展壮大，为潍坊地区社会和文化的进步注入了新的力量。

在文化方面，20世纪初潍坊地区逐渐兴起新学之风。一方面，英、美等国教会相继在潍县、益都、安丘、高密、诸城、昌邑等地创办学校，到辛亥革命前夕，先后办有中学7所、小学22所。另一方面，潍坊社会各界开始兴办新式学校，到辛亥革命前夕，除教会学校外，境内已建中学7所，在校学生402人；高等小学25所，在校学生1184人；初等小学350所，在校学生9580人。① 辛亥革命后，新式教育继续发展，到1919年，仅益都县城就设有省立第十中学、省立第四师范学校、省立甲种农业学校、省立乙种蚕业学校等。

---

① 潍坊市地方史志编纂委员会：《潍坊市志》，中央文献出版社1995年版。

潍坊近代中西文化交流

随着新式教育的发展,潍坊地区知识分子群体逐渐扩大。他们当中相当一部分人思想活跃,不满帝国主义的侵略、清政府的腐败和北洋军阀的黑暗统治,希望改造社会,成为潍坊地区社会中具有影响力的一个群体。尤其是1915年陈独秀等人发起新文化运动之后,他们的思想进一步解放,以极大的热情宣扬民主思想,企盼新的革命浪潮的到来。

1919年上半年,第一次世界大战获胜的协约国一方在巴黎举行"和平会议"。会议不顾属于战胜国一方的中国的权益,规定战败的德国将在中国山东获得的一切特权转交给日本。消息传到国内,激起各阶层人民的强烈愤慨,以学生斗争为先导,工人阶级、小资产阶级和民族资产阶级参加的全国规模的五四运动如火山一样爆发了。潍坊地区位于胶济铁路中段,日本帝国主义企图永久霸占青岛和胶济铁路的行径极大地刺激了潍坊地区人民。潍坊地区的学生迅速做出反应,先后在各大城镇成立学生联合会,举行集会、游行和罢课,表示抗议,并联络社会各界抵制日货,展开了规模空前、轰轰烈烈的反帝爱国运动。从5月9日开始,益都、高密、潍县的学生、教师率先行动,开展反帝爱国斗争。接着,其他各县学生、教师积极跟进,投入到五四运动的洪流之中。到5月下旬,境内反帝爱国运动达到高潮,并由知识界扩展到社会各界。广大爱国学生和社会各界人士举行集会、游行、罢课、罢市,强烈要求"还我青岛、胶济路!""外争主权、内除国贼!"。5月24日,青州群众大会上,省立第十中学学生杨国明在慷慨激昂演讲的同时,咬破手指,血书"赤心报国、身死志存"8个大字,与会群众的情绪达到沸点。各地纷纷致电北洋军阀政府以及出席巴黎和会的中国专使,要求拒绝在和约上签字。为表达对日本侵略行径的愤慨,各地群众以各种方式抵制日货,给了日商沉重的打击。运动一直持续到7月份,益都、潍县、诸城、昌邑、安丘等地斗争的影响最大。

这场轰轰烈烈的斗争是自鸦片战争起,潍坊地区人民饱受民族耻辱,不断反抗外族侵略屡遭失败后的再次奋起。这次运动,以学生、教师为先导,工、农、商各界群起响应,形成了强大的社会力量,为保全国家领土进行斗争,持续了近3个月。这在潍坊地区历史上是前所未有的,在全省、全国都走在了斗争的前列。它反映出潍坊地区社会文化的进步,昭示着一个新的历史时期已经到来。

第九章 马克思主义的传播与潍坊的革命文化

二、马克思主义的传播

1920年秋，在共产国际的帮助下，陈独秀、李大钊等人在上海、北京两地建立了共产党的早期组织。之后，陈独秀"函约各地社会主义分子组织支部"，其中，约"王乐平在济南组织共产党"①。王乐平，诸城县王家楼子村（今属五莲县）人，是1907年加入同盟会的国民党元老，辛亥革命和新文化运动在山东的领军人物。他接到约函后，将这一重大事情委托给了王尽美和邓恩铭。

王尽美，山东省莒县大北杏村（今属诸城市）人，山东省立第一师范学校学生，在五四运动中崭露头角。王尽美、邓恩铭在共产党早期组织的指导下，先是于1920年相继建立了以研究共产主义为宗旨的康米尼斯特（共产主义）学会和以学习革命理论、改造社会为宗旨的励新学会，接着于1921年春在济南组建了共产党早期组织，成为中共山东地方组织的缔造者和早期领导者。同年7月，王尽美、邓恩铭参加了在上海举行的中国共产党第一次全国代表大会，成为中国共产党的创始人之一。

济南的共产党早期组织成立后，致力于对马克思主义的传播，派人赴山东各地尤其是铁路沿线地区宣传马克思主义。

最早到潍坊地区传播马克思主义的是王翔千。王翔千，诸城相州人，济南育英中学国文教师，1922年加入中国共产党，曾任中共济南地方执行委员会委员。1922年8月至1923年春，王翔千受中共济南支部派遣到青州，以省立第十中学国文教员身份作掩护开展革命活动。他在青州给学生上的第一堂课上，就公开申明来青州的目的："不是来教书的，而是来征求同志的。"他发给学生的第一篇讲义，题目是"阶级争斗问题"。他利用课堂，向学生介绍马克思主义理论，介绍俄国十月革命。课余时间，他组织学生编演新戏，在更大层面上宣传新思想、新文化。在他的推荐和帮助下，《共产党宣言》、《唯物史观》、《社会主义讨论集》、《向导》周报、《新青年》等书刊在学生中流传。在他的教育影响下，不少青州学生逐渐确立了对马克思主义的信仰，走上革命道路。

到青州传播马克思主义的另一位重要人物是邓恩铭。1923年5月，青州省

---

① 《励新》第一卷第一期，1920年12月15日。

立第四师范学校学生王蔚明在青岛《胶澳日报》副刊上发表了一篇题为《马克思主义与中国革命》的文章，引起邓恩铭的注意。邓恩铭到青州找到王蔚明，对其进行指导，并赠其《共产党宣言》和《第三国际代表大会决议》两本书。之后，他利用舅父任益都县知事的方便，经常到青州，与省立第四师范和省立第十中学的学生接触。在其影响下，省立第十中学部分进步学生于同年8月创办了《学生联合会会刊》。该刊成为青州传播马克思主义的重要阵地。

王尽美担任山东早期共产党组织的主要负责人后，工作十分繁忙，但仍多次到诸城、潍县、益都等地进行马克思主义的宣传活动。1924年8月，王尽美到青州省立第十中学做旅欧考察报告，向学生详细介绍俄国十月革命和社会主义建设的情况，启发学生把马克思主义作为观察世界、拯救国家、改造社会、推动革命的思想武器。

在潍坊地区传播马克思主义的还有庄龙甲、张玉山、宋伯行、王云生、于培绪、傅书堂、宋熙来、牟洪礼等人。他们多数在外地求学期间加入中国共产党，然后回到家乡宣传马克思主义。其中，庄龙甲和张玉山影响最大。庄龙甲，潍县庄家村人，1921年至1925年就读于山东省立第一师范学校（简称"一师"），1923年夏由王尽美介绍加入中国共产党，曾担任一师党支部书记。求学期间，他利用寒暑假回家的机会，向家乡的进步青年宣传马克思主义，返校后定期给他们寄赠《向导》《新青年》等进步书刊。1925年初，庄龙甲回到家乡，以毓华小学代课教师的身份为掩护开展革命活动。他利用工余时间，在毓华小学、文美中学、乐道院及附近农村，向教职员、学生和青年农民宣传马克思主义；在文华中学，组织学生成立了"马列主义读书会"。张玉山，寿光县张家庄村人，1916年考入山东省立第一师范学校，1921年5月，与同校8名进步同学成立从事新思想、新文化和乡村教育研究的"青年互助社"，后因患肺炎辍学回到家乡。他邀请进步青年王云生到张家庄，共同创办新型小学、平民学校和女子学校，积极向学生、教师和青年农民传播马克思主义。

王尽美、邓恩铭、王翔千、庄龙甲、张玉山等人在研究和传播马克思主义时，不是把马克思主义当作单纯的学理来探讨，而是把它作为观察和拯救国家命运的工具。他们面向工农大众，与工农群众结合，投身到现实斗争中去。这些人数量虽然不多，但作为代表人物，对潍坊地区先进文化的发展有着重要的影响。

三、共产党组织的创建和发展

马克思主义的传播，为中共潍坊地方组织的建立奠定了干部基础和思想基础，潍坊地区建立共产党组织的条件逐渐成熟。从1923年下半年开始，中共济南地方执行委员会为迎接革命高潮的到来，陆续派党员分赴山东省各地，建立、发展组织。潍坊地区共产党组织的创建工作由此展开。

潍坊地区建立的第一个共产党组织是中共寿（光）广（饶）支部。1924年4月，张玉山和王云生由邓恩铭介绍加入中国社会主义青年团，8月转为中国共产党党员，9月与广饶县的共产党员联合组建了中共寿（光）广（饶）支部。该支部隶属中共济南地方执行委员会，是山东省境内第一个中共农村支部，也是全国最早的农村支部之一。之后半年多时间，潍坊地区又陆续建立了中共青州支部、中共潍县支部、中共寿光支部和中共高密城市支部。

就山东省来讲，潍坊地区共产党组织的建立时间并不是最早的，但发展速度和活跃程度却堪称全省之最。1926年1—10月，中共山东地方执行委员会陆续在潍坊地区批准建立中共潍县地方执行委员会、中共寿光地方执行委员会、中共高密地方执行委员会和中共益都地方执行委员会；1927年4月，又建立了中共青州地方执行委员会，代行中共山东区执行委员会职权，负责领导益都、寿光、昌乐、临朐、临淄、广饶6县的共产党组织。至1927年7月，山东省境内共建立了7个中共地方执行委员会，其中5个在潍坊地区。据中共山东省委①1927年11月给中共中央的报告记载，当时全省共有共产党员约1500人，其中仅潍县、益都、寿光3个县党员就达481人。② 潍坊地区共产党组织积极从事革命活动，除了宣传马克思主义、扩大党员队伍之外，还开展了支援青岛等地工人反帝罢工斗争、建立农民协会、开展农民运动、与国民党组织合作等活动，使潍坊地区成为山东省的共产党组织最活跃的地区之一。尤其是潍县一带，在当时山东有"共产党的潍县"之说。

为什么潍坊地区在共产党组织创建时期，会涌现出一批信仰马克思主义的

---

① 1927年6月，中共山东区执委撤销，建立中共山东省委。
② 山东省档案馆、山东社会科学院历史研究所：《山东革命历史档案资料选编》第一辑，山东人民出版社1981年版，第177页。

进步分子，早期共产党组织的活动会如此活跃？追根溯源，与潍坊地区深厚的传统文化底蕴有关。以诸城市为例，诸城历史悠久，文化发达，历史上出过公冶长、贡禹、诸葛丰、赵明诚、张择端等很多名人，近代以来的辛亥革命、讨袁护国运动、五四运动、北伐战争、抗日救亡运动等，诸城人都义无反顾地参与其中，站在时代大潮的前沿，在历史上写下了壮丽的篇章。这些名人志士为诸城积淀了深厚的传统文化基础。在这片文化沃土上，成长起以王尽美为代表的一批优秀儿女，山东省早期共产党组织中诸城籍党员竟接近半数。

潍坊地区共产党组织的建立和发展，标志着这一地区革命文化的形成。新生的潍坊地区共产党组织开始在本地的社会生活中崭露头角。境内的革命斗争，从此进入一个崭新的历史阶段。

第三节 土地革命战争时期顽强不屈的斗争

1927年8月至1937年7月的土地革命战争时期，是潍坊地区共产党组织极端艰难、斗争异常残酷曲折的十年。十年间，共产党组织两次掀起农民武装暴动的高潮，都失败并付出了沉重代价。潍坊地区的共产党人在献出鲜血和生命的同时，仍坚定地信仰共产主义，坚持斗争，顽强不屈，前仆后继。刚诞生的潍坊地区的革命文化在遭受严重挫折后，没有止步，只稍做停顿，又踏上了新的复兴之路。

一、两度掀起农民武装暴动高潮

1927年，八七会议召开，确定了土地革命和武装起义的方针。潍坊地区共产党组织贯彻八七会议精神和山东省委指示，将工作重心转向武装斗争，先后两次掀起农民武装暴动的高潮。

第一次农民武装暴动高潮发生于1928年秋。

1928年7月，中共山东省委做出决议：确定潍县及周围地区为发动农村游击战争的重点区域，要求这一带"在最近两三月期间，由小的部分的斗争发展到广大群众的斗争，到农村暴动，分配土地，夺取乡村政权，造成胶东各乡村相适应的割据局面"①。8月22日,省委再次指示:胶东以潍县为中心,高密、诸城、安丘等县联合行动,加紧发动农民暴动。为加强对这一地区农民暴动工作的领导,省委派省委常委刘俊才、省委委员王永庆、团省委书记刘一梦、省委特派员于培绪等人到诸城、高密和昌邑一带,参与暴动的领导工作或现场指导。

在山东省委直接指挥下,1928年下半年,潍坊地区共产党组织先后发动了一系列农民武装暴动。

最先举行的是潍县大柳树暴动。中共潍县县委于1928年1月就建立了武装赤卫队,这是潍坊地区乃至全省共产党领导的第一支革命武装。之后,又争取到附近杂牌部队王松龄营长的支持。7月中旬,潍县县委制定了暴动行动方案,上报山东省委。就在等待省委批示的时候,县委争取绿林武装韩二虎的谈判发生了一些意外,部分共产党员产生了急躁情绪。7月22日,县委率百余人提前在大柳树村仓促起义。24日,起义队伍遭到国民党第七旅李朝英部和地主武装二区保卫团的联合袭击,被打垮,前来配合暴动的王松龄部被包围缴械,共56人被捕,12人被杀,暴动失败。

9月,中共高密县委和中共诸城特支在高密、诸城两县交界的潍河流域地区领导农民举行秋收暴动。参加暴动的农民使用土枪、土炮、长矛、大刀等武器攻打地主豪绅集中的曹家戈庄村,烧毁地主的房子,收缴地主的枪支,打死了曹家泊庄长和范家庄的一个地主。暴动遭到强势的地主武装的残酷镇压而失败。共产党员、贫民会会员多人被捕、被杀,共产党组织和贫民会遭到破坏。共产党的干部被迫撤离、调离,一些共产党员转移到外地隐蔽。

10月,中共昌邑县岞山支部和饮马支部在昌邑县饮马村一带领导农民举行武装暴动。此前的8月21日,在岞山支部的秘密运作下,饮马镇贫民会正式成立,并公开召开成立大会。会上,山东省委特派员于培绪发表演说,号召农民团结起来,抗捐抗税,打倒土豪劣绅。10月10日至12日,于培绪和岞山支部委员黄复兴等带领武装的贫民会会员冲进地主家中,把地主绑到大街上,进

---

① 山东省档案馆、山东社会科学院历史研究所:《山东革命历史档案资料选编》第一辑,山东人民出版社1981年版,第358页。

行公开斗争,并焚烧他们的账册、地契,收缴其枪支弹药。16日,暴动的农民武装在石埠村截击军阀残余部队,缴获小炮2门,长枪50余支。12月26日,国民党昌邑县党部操纵土匪武装和军阀残余部队,于黎明时突然袭击饮马镇,杀害暴动领导人于培绪、黄复兴和共产党员及贫民会负责人于忠田、王聚堂、李天伦、于敦荣等,暴动失败。

暴动失败使一些共产党员被捕牺牲,很多共产党员被迫转移去外地,潍坊地区共产党员数量大幅减少,其中潍县共产党员1927年11月有111人,1928年11月下降为76人①;高密、诸城、昌邑等地共产党的活动由此一度中断。潍坊地区共产党的活动此时走入低谷。

中共潍县县委书记庄龙甲,中共青州地执委宣传部部长田裕旸,中共高密县委书记王全斌,中共昌邑县岞山支部负责人王兴选、黄世伍等陆续被敌人逮捕杀害,中共潍县县委书记马宣元,县委委员刘兆荣、孟广和、庄鹤云等一批共产党人被捕入狱。

第二次农民武装暴动发生在1932年秋。

1932年6月,中共临时中央在上海召开北方各省委代表联席会议。会议批判所谓的"北方落后论"和"一切机会主义的动摇和犹豫",作出了《开展游击运动与创造北方苏区的决议》,不顾客观条件是否具备,要求北方各省共产党组织通过发动兵变和工人农民暴动,立即创造出"北方苏维埃区域"。会后,山东省委决定在全省各地限期举行农民武装暴动,创造出山东的苏维埃红色根据地。从7月初起,省委派出干部到党的基础较好的地区传达省委指示,命令各地共产党组织在青纱帐起来的时候举行武装暴动。

7月上旬,山东省委派军委书记张鸿礼到益都,主持召开益都县委扩大会议,传达省委指示,命令益都县委在8月间举行暴动。会上,益都县委书记段亦民表示反对,认为益都县党团组织刚恢复起来,力量还很弱,加上时间仓促,准备不足,暴动时机不成熟,请求省委慎重从事。张鸿礼当场非常粗暴地斥责段亦民"右倾""怕死",并代表省委宣布撤销其县委书记、暴动总指挥

---

① 山东省档案馆、山东社会科学院历史研究所:《山东革命历史档案资料选编》第一辑,山东人民出版社1981年版,第178、425页。

 第九章 马克思主义的传播与潍坊的革命文化

职务,指定郑云岫接任暴动总指挥。会议决定,8月间益都第一区(城区)和第十区(郑母镇)两地同时举行暴动。张鸿礼强调:暴动一定要按照省委决定准时进行,执行"铁的纪律"。在山东省委的压力下,益都县委决定于8月18日举行暴动。

8月18日拂晓,第十区暴动开始行动。冀虎臣率暴动队员进入位于郑母镇的第十区区公所,开枪打死了民团的两个头目,与其他团丁展开枪战。由于计划不周,部分持枪的暴动队员未能及时赶到,冀虎臣等寡不敌众,被迫撤出区公所。其他手持镰刀、锄头的暴动队员闻声增援时,遭到团丁枪击,整个暴动队伍被打散。上午9点多钟,27名暴动队员陆续汇集到郑母镇西南的太平山上。下午,冀虎臣带领这支队伍转移到城区附近,准备与城区的暴动队伍和益都县委领导人会合,却得知城区暴动因敌人有所察觉并采取了戒严措施而没能按计划行动。在与县委联系不上的情况下,冀虎臣于暴动次日决定解散暴动队伍,队员分散隐蔽。至此,暴动归于失败。

暴动发生的第二天,国民党军警及民团300多人在郑母镇一带搜捕共产党员和暴动队员。国民党山东省党部捕共队队长从济南赶到益都,指挥清剿。暴动总指挥郑云岫、原县委书记段亦民、省委特派员耿贞元等50多人被捕,其中27人被押送到济南,16人被杀害。其他共产党员撤离益都或隐蔽,益都县共产党组织遭到破坏。

益都暴动的同时和稍后,中共昌乐特支和潍县中心县委遵照省委指示也分别筹备了昌乐青龙山暴动和潍县固堤暴动,但均因暴动前夕机密泄漏遭到国民党当局镇压而流产,昌乐特支书记孟繁锷等数十人被捕,其他暴动领导人被迫转移隐蔽。

暴动发生后,潍坊地区各县国民党当局建立了捕共小分队,加紧对共产党人的镇压。不到一年时间,中共潍县中心县委、益都县委、寿光县委、昌乐特支、诸城特支、安丘特支、昌邑特支、益北特支均被彻底破坏,潍县中心县委书记刘良才、寿光县委书记张用之等数十名共产党人被捕,其中刘良才等被敌人杀害,潍坊地区共产党组织陷入瘫痪状态。

二、顽强奋斗、前仆后继

反动军阀和国民党反动派对共产党人实行凶残的屠杀政策。十年间，潍坊地区近百名共产党员和革命者英勇牺牲。仅1928年至1931年，潍县县委就有3位书记倒在国民党反动派的屠刀下。但是，共产党人没有被敌人的暴行吓倒，他们用鲜血和生命，捍卫自己的信念。

宋伯行，潍县人，潍坊地区最早牺牲的共产党人。他于1923年春在济南加入中国共产党，曾任中共山东地方执行委员会委员、中共益都地方执行委员会书记和中共青州地方执行委员会书记，1928年4月17日，在济南被张宗昌军阀当局逮捕。在狱中，他惨遭酷刑审讯，坚贞不屈，视死如归，同年4月27日，在济南英勇就义。临刑时，他泰然自若地说"我是为主义而死，死得有价值"，然后拒绝蒙眼睛，面对着刽子手的枪口，慨然就义。

庄龙甲，潍县共产党组织创始人，中共潍县县委第一任书记，1928年10月10日不幸被捕。在敌人的酷刑面前，他毫无惧色，响亮地回答："怕死就不是共产党！"10月12日，他高喊着"共产党万岁！"的口号，在南流镇英勇就义。牺牲前，他抓紧生命的最后一息，向围观群众进行革命宣传。中共山东省委1928年底给中央的报告中称其为"劳苦功高之庄龙甲"①。

王全斌，潍县茂子庄村人，1925年由庄龙甲介绍加入中国共产党，曾担任中共潍县县委委员、中共高密县委书记。1928年12月，他被国民党潍县当局逮捕。1929年1月8日，他惨遭酷刑，但宁死不泄露共产党组织的机密，义正词严地痛斥国民党反动派叛变革命的行径。当被逼着写共产党员名单时，他却写"共产党好，能救国救民"，最后惨遭杀害。

田裕旸，诸城县大花林村人，在武昌高等师范学校求学期间加入中国共产党，曾担任中共武汉市委委员。1928年初，奉命回山东担任中共青州地方执行委员会宣传部部长，同年秋参与领导诸城、高密一带农民暴动，被国民党诸城县党部逮捕。狱中，他宁死不屈。敌人要他写投降书，他奋笔写下"万言书"，

---

① 山东省档案馆、山东社会科学院历史研究所：《山东革命历史档案资料选编》第一辑，山东人民出版社1981年版，第482页。

阐明中国共产党救国救民的主张，批判国民党的反革命行径。1928 年 11 月 20 日，他在诸城县城英勇就义。

被国民党逮捕，受尽酷刑，坚贞不屈，最后壮烈牺牲的共产党组织领导人还有于培绪、于画舫、张德善、刘良才、牟洪礼、李耘生、赵文秀、段亦民、郑心亭、尹振邦、田泗、刘冰、曹芸卿等。此外，还有一批共产党人或在对国民党的斗争中英勇牺牲，或因过度劳累而去世，或被捕入狱。这些为革命献出生命和自由的共产党人，都年轻有为，才华横溢，平均年龄只有 25 岁左右。他们的行为充分体现出他们对共产主义事业的忠诚、对劳苦大众的关切和无私无畏的献身精神。

王尽美就非常典型。他生前写的所有文章，起草的所有传单、文件，都紧紧围绕着一个主题，就是劳苦大众的解放，字里行间都渗透着对劳苦大众的深厚感情。他的生命之火只燃烧了 27 个春秋，临终前，他在青岛医院留下遗嘱："全体同志要好好工作，为无产阶级和全人类的解放和共产主义的彻底实现而奋斗到底！"然而，他却没有给自己的亲人留下一个字。他很清楚自己是全家唯一的顶梁柱，他走后家里只剩下祖母、母亲、妻子和两个幼小的儿子，三个女人带着两个幼儿，生活将是多么凄惨。他把自己的全部身心献给了劳苦大众的解放事业，真正达到了"尽善尽美唯解放"的境界。

争取民族独立和劳苦大众的解放，是这一时期共产党人至高无上的信仰。为实现这个信仰，他们舍生忘死，宁肯献出生命。正是有了这种精神和信仰，才会有共产党人的前仆后继，才会有共产党组织的不断发展。除此之外，他们身上还闪现着中国古代文化精华所铸就的民族精神和优良传统的光芒，尤其是以天下为己任、忧国忧民、舍生取义等，在他们的思想和精神中起着重要的作用。

土地革命战争十年中，潍坊地区一直是山东的共产党组织活动的重点区域之一。1929 年，全省革命斗争处于低潮期间，潍县县委临危不惧，将活动中心由潍县南部转移到北部地区，相继领导了猪鬃工厂女工罢工、短工罢市、发网工人罢市等一系列斗争，成为全省革命斗争的亮点。山东省委在 1927 年至 1933 年给中央的报告中大量记载了潍坊地区党组织的活动情况，其中关于党组织状况的 9 份报告清楚地表明，潍坊地区共产党员的数量一直超过全省党员总数的三分之一①。1929年1月8日山东省委组织部给中央组织部的《山东各地党组织状况报告表》明确记载，当时全省共有共产党员241人，其中潍县、寿光、益都、高密、昌乐、昌邑6县党员共141人，占全省党员总数的58.5%②。不仅如此，潍坊地区革命斗争异常激烈、残酷和曲折，很多共产党人被捕和牺牲。但是，这里的共产党人前仆后继，一直高擎革命旗帜。

1933年7月，山东全省共产党组织遭受毁灭性的破坏，加上国民党白色恐怖异常严重，从1933年底到1935年春，山东省已没有共产党组织的领导机构，潍坊地区除了一度建立又很快解体的潍县工委和鲁东工委之外，也没有了共产党组织。在失去组织的情况下，潍坊地区一些忠贞的共产党员在极其艰险的环境中，独立开展革命工作。

潍县中心县委组织委员牟铭勋在组织被破坏的情况下，于1933年10月只身赴上海寻找中共中央。他历尽艰辛，终于在12月与中共上海中央局取得联系，向中央汇报了鲁东地区党组织遭受破坏的情况。之后，牟铭勋根据中央指示，冒着随时可能被捕牺牲的危险，先后到潍县、安丘、昌乐、寿光、益都、广饶等地联络党员，于1934年4月秘密建立中共鲁东工作委员会，继续开展革命活动。昌乐县赵西林、寿光县李瑞林和益都县陈锡德等人，在失去组织和领导的情况下，不顾严重的白色恐怖，顽强坚持斗争。

1935年初，在中共济南市委的帮助下，寿光县恢复建立部分共产党的支部。同年5月中共山东省委重新建立后，潍坊地区共产党组织的恢复步伐加快。1936年秋，中共寿光县委恢复成立。稍后，中共昌邑县委建立。到1937年上半年，寿光县共产党员发展至近百人，支部达10多个。潍坊地区共产党组织度过了最困难的时期，进入恢复、发展的新阶段。

第四节　在抗日烽火中成长和壮大

1937年爆发的全面抗日战争，既是关系中华民族生死存亡的关键阶段，也

---

①　山东省档案馆、山东社会科学院历史研究所：《山东革命历史档案资料选编》第一辑至第三辑，山东人民出版社1981年版。

②　山东省档案馆、山东社会科学院历史研究所：《山东革命历史档案资料选编》第二辑，山东人民出版社1981年版，第5页。

 第九章　马克思主义的传播与潍坊的革命文化

是潍坊地区革命文化发展壮大的重要时期。这期间，潍坊地区共产党组织执行抗日民族统一战线方针，高举抗日、民主的大旗，全力以赴地投入到抗日武装斗争中，创建了相当规模的抗日武装和抗日民主根据地，在抗击日伪军的艰苦斗争中经受了血与火的考验，逐渐成熟和壮大起来，成为潍坊地区抗战的中流砥柱。

一、高举抗日旗帜，坚持敌后抗战

1937年7月7日卢沟桥事变后，国共两党实现第二次合作，抗日民族统一战线形成。在全省一致抗日的形势下，潍坊地区抗日救亡运动风起云涌。

潍坊地区共产党组织和共产党人坚决执行山东省委指示，全力以赴发动抗日武装起义，创建了数支抗日武装。

最早的抗日武装起义发生在寿光县北部。1937年11月，寿光县委在牛头镇召开县委扩大会议，决定遵照中共鲁东工委的指示，创建八路军鲁东游击队第八支队。会后，全县共产党员积极行动，筹建抗日武装。12月29日，寿光县各地共产党组织的抗日武装共700余人集结于牛头镇，正式宣告成立八路军鲁东游击队第八支队，起义队伍整编为5个中队。之后，部队不断壮大，至1938年3月发展至2000余人，下辖3个大队和3个直属中队。

稍后，潍县县委在鲁东工委书记鹿省三的直接领导下，于1938年1月27日在潍县北部蔡家栏子村举行抗日武装起义，成立八路军鲁东游击队第七支队，起义部队编为3个中队。不久，昌邑县委在瓦城镇领导抗日武装起义，起义部队编入第七支队。到3月份，第七支队发展至700人，编为3个大队和1个特务中队。

与此同时，益都、昌乐、临朐、安丘和潍县南部的共产党组织和共产党员，也分别在各地举行抗日武装起义，创建了八路军鲁东游击队第七支队第二大队、八路军鲁东游击队第十支队、昌乐县抗日别动第十七大队等抗日武装。这些武装后来大部分编入了八路军主力部队。潍坊地区共产党人从1927年就一直梦想建立革命军队和根据地，此时梦想变为现实。

共产党领导的抗日武装起义，吸引了一批有强烈抗日救亡要求、不满国民党独裁专制、热情追求民主自由的青年知识分子参加。据统计，抗战初期寿

光、潍县、昌邑3县创建的抗日武装的各级领导干部中，教师、学生、医生等青年知识分子占了绝大多数。此后，在整个抗战期间，不断有大量青年知识分子加入共产党领导的抗战队伍中。他们不图名位和私利，为了理想而奋斗，不惜牺牲自己的一切。

第八支队、第七支队成立不久，便会师东进，开赴掖县、蓬莱、黄县一带，参与创建胶东抗日根据地的斗争；同年7月挥师西进，转战清河平原；年底奉命进入鲁中山区，编入八路军山东纵队。第八支队、第七支队在创建之初的一年内，连续转战数地，对胶东、清河、鲁中三大抗日民主根据地的创建都做出了重要贡献，这在山东抗战史上是绝无仅有的。第八支队、第七支队成立后，英勇地对日伪军作战，在战斗中成长，其中，1939年10月25日，在临朐县五井镇的战斗中，一举击毙日军30多人、伪军40多人，生俘日军1人、伪军80多人，自身伤亡仅40余人。《大众日报》发表《庆祝临朐大胜利》的社论，誉称五井战斗是"一个伟大的胜利""是山东抗战两年来的最模范的战斗"①。

1938年至1939年，八路军山东纵队所属部队在潍坊地区的周围建立了鲁中、清河、胶东抗日民主根据地。到1940年春，潍坊地区的八路军地方部队也陆续开辟了4小块抗日民主根据地，即中共清河地委和中共寿光县委领导的清水泊抗日民主根据地、中共益寿临广四边县委领导的益寿临广四县边区抗日民主根据地、中共潍县县委和中共昌邑县委领导的昌潍抗日民主根据地、中共益都县委和中共临朐县委领导的益临淄博四县边区抗日民主根据地。在创建抗日民主根据地的过程中，一批共产党人献出了宝贵生命，仅潍县县委1938—1939年两年间就有3位县委书记壮烈牺牲。

1941—1942年，是日本法西斯最猖狂、抗日斗争最困难的时期。日军连续5次推行"治安强化运动"，疯狂"扫荡""蚕食"抗日民主根据地。潍坊地区的抗日民主根据地处在胶东、清河、鲁中抗日民主根据地的边沿，对敌斗争尤为激烈，仅1942年上半年，日伪军对益寿临广四边抗日民主根据地的大小扫荡就达50多次，其中千人以上的就有10次之多。面对敌人的进攻，共产党领

---

① 《大众日报》1939年11月3日，第1版。

 第九章 马克思主义的传播与潍坊的革命文化

导的抗日军民运用麻雀战、破袭战、翻边战、联防战、村落战等战术,灵活机动地打击敌人,进行了英勇顽强的反"扫荡"、反"蚕食"斗争,有效地削弱了敌人的有生力量,坚守了抗日民主根据地。斗争中抗日军民付出了巨大代价,仅1942年10月15日寿光县清水泊反"扫荡"作战中,八路军就有300多名官兵壮烈牺牲。在日军加大军事和政治压力的情况下,地方国民党军队消极抗日,积极反共,大批部队公开投敌或与敌勾结。在极其困难的情况下,益寿临广四边抗日民主根据地和清水泊抗日民主根据地于1942年下半年被日伪军占领,昌潍抗日民主根据地和益临淄博四边抗日民主根据地也呈现出萎缩的态势。潍坊地区共产党领导的抗日军民在承受巨大压力的情况下,始终坚持抗战,顽强斗争,成为本地区抗日战场上的中坚力量。

二、加强根据地建设,实行民主政治

搞好抗日民主根据地建设,是抗日游击战争取得胜利的保证。从建立抗日民主根据地初期开始,潍坊地区共产党组织就不断加强抗日民主根据地的各项建设,取得显著成绩。

加强群众组织建设。各抗日民主根据地普遍成立了各级工、农、青、妇、儿童等抗日群众团体。这些团体积极开展拥军优属、动员参军、支援前线等活动。为统一对各抗日群众团体的领导,各抗日民主根据地于1940年底成立了"各界抗日救国会",将各群众抗日团体纳入其领导之下。此外,各抗日民主根据地建立了大批抗日自卫团等群众武装组织。到1940年12月,仅昌邑县自卫团团员就达10149人,其中基干团员5275人,普通团员4874人。自卫团设有县、区、乡、村4级组织。自卫团等群众武装组织积极配合八路军部队作战,站岗放哨,维持治安,传递情报,坚壁清野,救护伤员,掩护群众,保护和运送抗战物资,支援前线,为八路军输送兵员,对开辟和保卫抗日民主根据地做出了重要贡献。

加强政权建设。1939年下半年至1941年,寿光、益都、临朐、潍县、昌邑等县境内的抗日根据地陆续建立了县级参议会和抗日民主政府,开始民主改造村政权,形成了村公所、乡公所、区公所、县政府的政权体系。县政府之上有专员公署、主任公署和山东省战时工作推行委员会。各抗日根据地的政权组

织一开始就具有共产党领导的统一战线的性质，成员由各阶层人士组成。1940年秋之后，各抗日根据地开始实行民主政治，内容有三个方面：一是在基层实行直接的民主选举；二是开始在政权人员构成上实行"三三制"原则，即在参议会和政府组成人员中，共产党员占三分之一，非共产党的左派进步分子占三分之一，"不左不右"的中间派占三分之一；三是抗日民主政府依据山东省战时工作推行委员会制定的《山东省战时施政纲领》和包括《人权保障条例》在内的一系列法令、法规和条例依法施政。实行民主政治的过程中，虽然遇到了很大阻力，民主选举和"三三制"在某些地方和时期执行得不够彻底和圆满，甚至没能得到实质性和普遍的执行，但潍坊地区各级共产党组织在上级党委的领导下始终把实行民主选举和"三三制"作为重要政策和重点工作，加以认真推行，其态度是诚恳的，成果是显著的，经受住了历史的考验。民主选举、"三三制"的实行和依法施政，巩固和扩大了抗日民族统一战线，使根据地的各级政权有更广泛的代表性，有力地调动了社会各界团结抗战的积极性。

加强财政经济建设。各抗日民主根据地政府在行政区内逐渐建立了自己的赋税征收制度和统一的、有计划的供给制度，取消苛捐杂税，淘汰摊派制度，普遍实行了按土地亩数和土地质量征粮的办法，尽量做到合理负担。各抗日民主根据地政府在重视发展农业生产的同时，注意发展工业生产和商业贸易，以保证抗日军民的基本生活需要。各抗日民主根据地发行了"北海银行"钞票、"益寿临广四边县流通辅币"等自己的货币，有效地促进了抗日民主根据地的生产和贸易的发展。

加强文化教育建设。各抗日民主根据地都建立了文化教育机构和队伍，扎实有效地开展工作。各地举办各种干部训练班，建立在职干部的学习培训制度；扩大抗日报刊的发行，印发各种教材和学习资料；创办抗日文艺社团，培养文艺工作者，发展文化艺术事业。各地陆续开办了一批初级小学和高级小学，仅1940年春，益寿临广四边抗日民主根据地就建起了百余处抗日小学。此外，还广泛开展社会教育，普遍建立民众夜校、识字班、识字小组，利用晚上和冬季农闲时间，开展识字运动，提高群众的文化水平。

加强共产党组织建设。1939年，境内各抗日民主根据地共产党组织大力发展新党员，建立健全党的各级领导机构，为各抗日民主根据地的发展提供可靠的组织保证。此外,重视党员政治思想教育,陆续开办党校和各种形式的训练班,有效地提高了干部和共产党员的政治思想觉悟和工作水平。

1942年之后,各抗日民主根据地普遍开展了三项运动。

首先,开展减租减息增资运动。1942年上半年,抗日民主根据地逐步实行"二五"减租(减租25%)、分半计息(年息为一分五厘)、增加雇工工资的政策,掀起大规模的减租减息群众运动。这项运动使农民获得了经济利益,生活有所改善,同时也保障了地主的权益,调动了广大人民群众的抗日积极性,提高了共产党在人民群众中的威望。

其次,开展大生产运动。抗日民主根据地的各级政府总结农业生产经验,引导农民改进耕作技术,发展水利事业,加强对深耕、施肥、选种、浸种、锄地、灭虫等生产环节的管理,努力提高粮食产量。各党政机关、部队、群众团体厉行节约,利用当地资源,带领群众开展扫硝、纺线、织土布、苇编、条编、卷烟、榨油、开荒种田等生产,有效地改善了抗日军民的物质生活,改善了党政军民关系,克服了战争和灾荒造成的严重的经济困难。

再次,开展民主运动。1943年秋,随着抗战形势的好转,各抗日民主根据地进一步加强了民主政治建设,并逐渐建立健全了司法机关。在此基础上,从1944年春开始,各抗日民主根据地开展了民主运动。民主运动的中心内容:第一,在党内外开展民主教育,使党员和人民群众了解民主政权的性质,重视选举工作,并在党员中纠正宗派思想,克服包办一切、独断专行的作风;第二,改造各县参议会和政府;第三,深入改造村政权;第四,改革中共组织对政权的领导方法,纠正以党代政的作风。民主运动的开展,不仅使各级政权更好地代表了人民群众尤其是基本群众的利益,而且普及了民主知识,唤起了社会底层人群的觉醒,提高了共产党组织和各级政府的公信力,推进了政治民主化的进程,为以后地方民主事业的发展打下了一个良好的基础。

根据地建设尤其是新民主主义社会的政治建设,得到了广大民众的拥护和支持,使抗日民主根据地度过了最困难的阶段,进入到蓬勃发展的新时期。与此形成显明对比的是,潍坊地区国民党统治区由于实行专制独裁,政府和军队缺乏人民群众的支持,逐渐萎缩,到1943年底实力已不及共产党。

三、夺取抗战的最后胜利

从1943年夏季开始，潍坊地区八路军的对日作战，开始脱出战略相持阶段，向战略反攻阶段过渡，潍坊地区的抗日斗争形势迅速好转。

7月初，国民党军于学忠部的鲁苏战区总部和第51军、第57军奉命由诸日莒山区和沂鲁山区撤往安徽省阜阳地区。中共山东分局和八路军山东军区命令鲁中军区、滨海军区主力部队，挺进具有重大战略价值的沂鲁山区和诸日莒山区。经过与日伪军的激烈争夺，八路军部队于8月上旬控制了面积达2250平方公里的诸日莒山区和沂鲁山区大部，使鲁中与滨海两大抗日民主根据地连成一片，极大地改善了山东八路军对敌斗争的地位。从此，潍坊地区南部的诸城、安丘、临朐、益都等县的大片领土被解放，莒沂安、诸莒边、诸胶边等抗日民主根据地创建，益临淄博四边抗日民主根据地也得到了巩固和扩大。

在北部地区，八路军清河军区部队向盘踞益寿临广四边地区的日伪军发动进攻，7月至9月中旬，拔除了四边地区的全部日伪军据点，恢复了益寿临广四县边区抗日民主根据地。8月，八路军清东独立团和寿光县大队向清水泊地区的日伪军据点发动进攻，迫使日伪军放弃了牛头镇、台头、张家庄等据点，清水泊抗日民主根据地得到恢复。与此同时，八路军清东军分区直属部队、昌邑独立营和潍县县大队向昌潍抗日民主根据地周围的日伪军据点发起进攻，收复大片失地，巩固和扩大了昌潍抗日民主根据地。

1943年冬，世界反法西斯战场捷报频传，露出胜利的曙光。1944年春，日本侵略者为挽救其在太平洋战场上的失利，被迫从山东战场抽调兵力南下，山东抗日军民随即向敌人展开攻势作战。

1944年，八路军部队先后在临朐、诸城、寿光、昌邑、潍县、昌乐等地向日伪军发起进攻，拔除了一批日伪军据点，解放了大片国土。1945年，境内八路军部队继续加强对日伪军的攻势作战，先后发动了讨伐伪军厉文礼部战役、讨伐伪军张步云部战役，歼灭日伪军13000余人，进一步扩大了抗日民主根据地。在此形势下，境内伪军王道部、张希贤部、韩寿臣部共5500人相继起义，编入八路军行列。同时，八路军对一贯坚持反共立场的国民党顽固派军队昌邑县王豫民部、寿光县张景月部、昌乐县张天佐部进行了打击。

1945年8月15日，日本天皇宣布无条件投降。八路军山东军区部队组成五路大军，向拒不缴械的日伪军展开大反攻，在潍坊地区相继解放了临朐、益都、诸城、寿光、昌邑等县县城及大片国土。到抗战结束时，除了潍县、昌乐、高密、安丘、诸城的局部地区被日伪军和国民党军占据外，潍坊地区三分之二以上的区域被八路军解放。

潍坊地区抗日军民浴血奋战，终于迎来了抗日战争的最后胜利。在全面抗战的八年时间里，潍坊地区共产党组织从一二百人，发展到拥有相当数量的政权和军队，在有二百多万人口的地域里执政，积累了丰富的斗争和执政经验，在人民群众中树立了很高的威望。

第五节　沿着新民主主义道路胜利前进

抗战胜利后，国民党反动派悍然发动内战。潍坊地区共产党组织带领解放区军民，配合解放军主力部队，经过浴血奋战，粉碎了国民党军的进攻，解放了潍坊地区全境，并成功进行了土地改革运动，开始全面建设新民主主义社会，全力支援全国解放战争，迎来了中华人民共和国的诞生。潍坊地区的革命文化绽放出了绚丽的花朵。

一、粉碎国民党军队的进攻

抗日战争胜利后，国内国共两党之间的斗争凸显出来，一场关系中国前途走向的大决战不可避免。

国共和谈期间，潍坊地区国共两党之间的斗争已十分尖锐。国民党地方政府大肆收编伪军，厉文礼部、张步云部、李贤斋部等残余伪军摇身一变成为国民党军队。这些伪军与国民党顽固派军队一起，抢占有利地盘，迎接国民党正规军的到来。境内解放区部队组织力量向盘踞益都、昌邑、诸城局部地区的日伪军发动进攻，解放了诸城县泊里镇、昌邑县南部和被日军重新占领的益都县城。

双十协定刚刚签订，国民党第八军即由青岛登陆，随后沿胶济铁路进犯解放区，抢占已被人民军队解放的潍北、潍南、昌南、高密、寿光、益都、益寿等县铁路两侧的村镇和火车站，于1946年1月占领潍县城。之后，国民党军袭

击人民军队，暗杀军事调处高密小组的中共代表，不断挑起事端，破坏停战，进攻解放区。

1946年6月，国民党反动派发动的全面内战爆发。国民党军队沿胶济铁路向解放区进攻，扬言半个月内打通胶济铁路全线，遭到解放军的顽强抗击，直至11月才先后占领益都、高密、昌邑、寿光等县县城和昌南、寿光、益寿、高密等县铁路沿线地区。

1947年2月，解放军华东野战军发起莱芜战役，一举歼敌5.6万人。乘其威势，境内解放军向胶济铁路沿线之敌发动攻势，重新解放了益都、高密、昌邑等县城，夺回了寿光、昌南、潍北和高密等县的部分重要村镇，控制了昌南县峡山火车站以东百余里的胶济铁路。至此，国民党军对境内解放区的进攻，基本上被挫败。

从1947年3月开始，国民党军对山东实施重点进攻，以45万兵力在鲁中围歼解放军华东野战军。5月中旬，华东野战军发起孟良崮战役，一举歼灭国民党军主力整编第74师3.2万人，重挫国民党军。之后，华东野战军在国民党重兵包围的情况下于7月初分兵三路，以两路跳出包围圈出击鲁西和鲁南，向敌占区发展，另一路留在鲁中实施内线作战。7月中下旬，华野内线兵团发起南麻、临朐战役，结果未能实现预定的作战目标，部队被迫退往胶东地区。国民党军乘机占领临朐、高密等县。之后，国民党军集结20万兵力，向胶东解放区大举进攻，于8、9月相继占领益都、寿光、昌邑、诸城、平度、掖县。10月初，华野东线兵团（由内线兵团改称）在昌邑县饮马镇一带发起胶河战役，歼敌1.2万人，粉碎了敌人对胶东的进攻。此后，国民党军被迫从山东抽调主力增援东北和中原战场，在山东将兵力收缩于济南、青岛、潍县等战略要点，实行"点线防御"。随着国民党军的退却，境内解放军转入反攻，先后收复诸城、临朐、昌邑、寿光、高密等县县城和大片地区。国民党军被压缩在铁路两侧的潍县、昌乐、安丘、益都、寿光的局部地区，成孤悬之势。

国共两党之间经过一年半的激烈较量，胜利的天平偏向了共产党一边，国民党失败的命运已经注定。

二、开展土地制度改革运动

中国共产党历来重视农民问题,尤其是农民的土地问题。彻底解决农民土地问题,实现"耕者有其田",废除封建的土地制度和剥削制度,是中国共产党新民主主义革命的基本任务。

1946年上半年,面对国民党的内战图谋,为动员一切力量自卫,战胜国民党的军事进攻,中共中央于5月4日发出《关于清算减租及土地问题的指示》(《五四指示》),将党在抗战时期实行的削弱封建剥削和压迫的减租减息政策,改变为消灭封建土地制度,实现耕者有其田的政策;要求各级党委和政府坚决支持农民从地主手中取得土地;同时规定,不得侵犯中农利益,区别对待富农和地主,保护工商业。之后,潍坊地区解放区军民紧密结合自卫战争,掀起了一场空前的、大规模的、急风暴雨式的、群众性的土地改革运动。

土地改革的重点是从地主手中取得土地分配给无地少地的农民,主要方式为说理清算。除了没收汉奸和恶霸地主的土地之外,对一般地主,采取算账的方式将其土地转移给农民。即通过清算租息、清算额外剥削、清算无偿劳役、清算转嫁负担、清算霸占吞蚀等种种方式,把地主对农民的剥削和压迫都算成农民的经济损失,由地主出地偿还,使地主的土地以偿还积债、交纳罚款、退还霸占、赔偿损失等各种名义转移到农民手中。清算的一般过程是:培训干部,对农民进行阶级教育;组织群众面对面同地主展开说理斗争,迫使地主低头认罪,交出土地;最后分配果实。除了清算之外,还采取了献田等其他方式。到1946年底,境内解放区大部分县完成了土改任务。据统计,仅诸城县解放区就确定土改对象4159户,改出土地1174202亩、房屋59319间、牲畜9055头、农具25115件、粮食15069000斤,分配给了76673户无地和少地的农民。

但是,从1947年2月开始的土改复查,以及结合土改复查进行的整党,一度发生了严重的"左"的偏差,侵犯中农利益,打击民族工商业,对地主"扫地出门"和乱打、乱抓、乱杀,造成严重后果。华东局和各区党委发现问题后,采取措施进行制止和纠正,落实有关政策,将工作重心转向生产救灾,老解放区结束土地改革。

尽管土地改革运动存在一些瑕疵，但其伟大成就和意义是显而易见的。土地改革改变了农村中土地的占有关系，铲除了封建制度的根基，使农民得以彻底翻身，"耕者有其田"成为现实，农民生活得到改善。土地改革极大地调动了农民支援革命战争的积极性，带来了农村生产力的解放，推动了农村经济的发展，为振兴本地经济扫清了障碍。

三、潍县的解放和成功接管

1948年春，华东野战军山东兵团（由东线兵团改称）奉命向山东境内的国民党军发动进攻。3月初，山东兵团突然发起周（村）张（店）战役，横扫了胶济铁路西段的国民党据点，歼敌3.8万余人；接着，于4月初发起潍县战役，一举攻克了国民党军重点设防的潍县城。

潍县战役历时1个月，共歼国民党军整编第45师主力以及地方武装张天佐部、张景月部等4.6万余人。人民解放军伤亡7980人，其中牺牲1432人。潍县战役的胜利，切断了国民党军济南、青岛两大战略要点之间的联系，使胶东、渤海、鲁中三大解放区连成一片，大大压缩了国民党军的战略空间。不仅如此，潍县战役还是解放军华东野战军首次对坚固设防的较大城市的阵地攻坚战，使华东野战军获得了宝贵的攻坚作战经验，掌握了一整套攻坚战术和技术，促进了炮兵和工兵建设，大大提高了华东野战军攻坚作战的能力。毛泽东在1949年新年献词《将革命进行到底》一文中提到潍县战役，对人民解放军在攻克潍县等城市的作战中学会了攻坚战术

潍县战役解放军攻上城头

第九章 马克思主义的传播与潍坊的革命文化

一事给予高度评价。①

潍县城的解放,是解放军在华东地区乃至全国收复较大城市的开端和试点,对于总结、探索城市接管工作经验具有十分重大的意义。因此,华东局对潍县的接管十分重视,决定将潍县城、坊子和周围乡村划出设立潍坊特别市,配备了强有力的领导班子,从华东局机关和山东各地选调了1000多名干部,对潍坊实行全面接管。

在进行潍县战役的同时,华东局于4月初迅速调集接管干部于潍北县牟家温庄一带,进行细致的接管前的准备工作,并成立了以许世友为主任的潍坊特别市军事管制委员会。中共潍坊特别市委根据华东局指示精神和潍坊实际,确定接管工作基本方针为:团结各界群众,镇压反革命,安定社会秩序,没收官僚资产,保护民族工商业,迅速恢复和发展生产,建设新潍坊。

解放军攻克潍县城后,中共潍坊特别市市委书记曾山和市长姚仲明立即率领接管干部进城,全面展开接管工作。军管会迅速发布各种公告、命令,责令一切国民党敌特组织及反动会道门解散,其成员限期向公安机关自首;宣布人民政府实行宽大与镇压相结合的政策,对顽抗者严惩不贷;明令保护公共设施,严禁打砸抢行为。随后,对市区人口进行了清查,逮捕了一批反动分子,稳定了社会治安秩序。

战后的潍坊,一片狼藉,街道堵塞,工厂停工,商号停业,尤其是战前国民党军为了扫清城防障碍拆毁了3300多栋房子,致使近20000居民无家可归,大量难民流落于大街小巷。普通市民由于长期受国民党的欺骗,对共产党缺乏正确认识,心存恐惧。为了争取群众,消除市民顾虑,解放后第三天,中共潍坊特别市市委和市政府联合召开由工、农、商、学、贫民各界群众代表300余人参加的座谈会,宣传人民政府的方针政策,广泛征求群众意见。与会群众纷纷控诉国民党的罪行,请求人民政府救助难民。会后,市委马上召开各有关部门负责人会议,商讨难民救济问题。迅速成立善后救济委员会,调拨50万斤救济粮,其中17万斤于5月上旬无偿发给难民,另外33万斤采取以工代赈的形式发放,组织难民拆除工事、掩埋尸体、清理街道。仅短短几天时间,就迅

---

① 《毛泽东选集》第四卷。

速改善了市容，恢复了市内交通，并有效防止了瘟疫的发生。为解决难民安身问题，政府发放大量砖、草、木料等建筑材料，帮助难民修复或重建住房，使难民得到安置。

接收敌产是接管工作的重要内容。潍县东城解放后，军管会财政部的干部立即对潍县国民党的6家银行开展接收查封工作，至5月6日完成接管。共清出银行库存法币238660.5万元，对属于官僚资本和旧机关的存款予以没收，凡属于私人工商业及个人的存款，一律发还。对旧银行职员，本着"留者欢迎，去者欢送"的原则进行了处理。接着，市政府发出布告，禁止国民党货币流通，确定北海币为合法货币，进行了货币兑换。此外，还有条不紊地接管了潍县发电厂、坊子电气公司、廿里堡烤烟厂、裕中烟草公司、民生面粉厂、裕华铁工厂和铁路、邮电等官僚资本。在没收官僚资产的过程中，市委、市政府吸取历史教训，规定"未经详细调查并得到市委批准的，不准随意没收"。根据这一指示，有关接管部门对性质一时区分不清的工厂、作坊和商号，没有急于没收，而是查清之后再做处理，从而避免了失误，受到广大工商业者的赞扬。在接管企业时，市委、市政府迅速组建企业的管理机构，委派企业负责人，使接收和恢复生产同步进行。

在接管过程中，市委注意对教育和卫生机构给予重点保护。明确指示保护学校、医院的建筑、图书、仪器、实验室等，任何部队、机关、团体、公私企业人员都不得破坏、取用其物品。对学校只进行必要的改革，即取消反动的政治课程，清除员工中的反动分子，对其他教职员和医院的医护人员采取团结、教育、改造的政策，促使学校和医院迅速复课、复业。

在做好接管工作的同时，潍坊特别市市委把恢复和发展生产作为一切工作的中心，采取有力措施，迅速恢复和发展潍坊经济。市委首先大力恢复和发展公营企业，使其成为潍坊经济重建的火车头。其次，有步骤地消除私营工商界人士的思想顾虑，及时处理存在的问题，推动私营工厂和商店尽快复工、复业。潍坊解放仅五六天，私营工商业就开始陆续复工、复业，到5月底，华丰机器厂、宏达电料厂、育秀铁工厂、同盛翻砂厂、大华染织厂、大同面粉公司等大部分工厂已经复工。潍坊市的商业也恢复得相当迅速，商店竞相开业，市场日益繁荣，仅5月3日至21日，外来商品交易总值就达北海币31亿多元。

在华东局的直接领导下，潍坊特别市接管工作取得圆满成功。短短一个多月，潍坊就建立了正常的经济和社会秩序，成为一个新兴的、朝气蓬勃的手工业城市。接管工作的胜利完成，不仅为潍坊下一步的建设和发展打下了坚实基础，也为日后济南及其他各大城市的接管工作提供了十分宝贵的经验。

四、迎接中华人民共和国的诞生

潍县战役胜利后，潍坊地区成为巩固的后方，华东局和山东省政府除了将潍县城和坊子一带划为潍坊特别市以外，将其余的新解放区划为昌潍特区，成立中共昌潍地委和昌潍行政专员公署，置安丘、益临、昌乐、寿光（1949年2月改称寿南县）、潍县五县。除此之外，境内的益都、寿光、益寿、昌南、昌北、潍南、潍北、诸城、高密、胶高、安丘、临朐、淮安等县当时分别隶属鲁中南区、胶东区和渤海区。

随着局势的稳定，境内各级党委、政府贯彻中共七届二中全会精神，积极恢复发展各项事业，开始全面建设新民主主义社会。潍坊地区出现了前所未有的社会安定、欣欣向荣的局面。

首先，加强中国共产党的组织建设。新解放区很快建立健全县、区两级党委，大部分村庄和街道建立了党支部。1948年10月至1949年春，境内各县县委普遍召开县、区干部会议，以整风的精神，围绕共产党在新的历史阶段加强纪律性以保证革命事业顺利发展这个中心，全面总结经验教训，取得良好效果。1949年春，各地抽调大批干部南下或准备接管青岛，从而削弱了各级党政机构的领导力量。各县一面进行干部调整，一面加强干部培训工作，保证了工作的顺利进行。1949年上半年，各地共产党基层组织认真开展了党员登记、建立健全支部、发展新党员、公开党支部和共产党员等项工作。到1949年10月，境内共有共产党基层党委181个，党员近5万人。

其次，全力恢复发展生产和建设事业。1948年，由于战争和自然灾害，解放区面临严重的灾荒，各级党委和政府响应华东局"不荒掉一亩地，不饿死一个人"的口号，采取社会救济、以工代赈、发放贷款贷粮、加工订货等措施，积极组织群众发展生产，战胜灾荒，改善群众生活。到1949年秋，境内自然灾害基本被克服。救灾的同时，各级党委、政府引导广大农民，加强田间管理、增添牲畜和农具、兴修农田水利、发展变工互助组织、开垦荒地，努力恢复和发展农业生产，取得显著成效。此外，各级党委、政府加强了城市管理和城市建设。对公营企业，各地政府坚持独立自主、自力更生的原则，根据军需供给、出口需要和市场需求组织生产，注重提高产品质量，降低生产成本，使之成为本地经济重建的"火车头"。对民族工商业，政府采取积极保护和扶持的措施，使其摆脱濒临破产、奄奄一息的困境，增强了活力。各级政府还积极恢复和发展贸易、交通运输、邮电等事业，使其为工农业生产服务。

再次，积极恢复发展教育文化事业。1948年5月，随着青州、潍坊等地相继解放，华东局决定恢复因战争和灾荒而一度停顿的教育工作，一面集中力量准备中小学课本，一面从全省各地调集3600多名中小学教师和教育行政干部于青州，进行了长达三个月的思想整顿和业务研究。集训结束后，于9月在青州召开了全省第三次教育会议，对恢复教育工作进行全面部署。会后，各行署、专署迅速下发文件，就恢复与整顿中小学教学秩序，落实知识分子政策，建立健全教育行政机构，充实教师队伍，落实教育经费等问题，做了具体规定。境内各地迅速贯彻有关指示，恢复了一度停办的昌潍联中、滨北中学和各县的小学，新开办了青州中学、昌潍中学等学校。同时，鼓励和支持开办私立学校。到1948年秋，仅高密县就开设完全小学10处、初级小学228处，共招收学生11000余名。多数县半数以上的学龄少年儿童能及时入学。此外，1948年还在潍坊、青州等地开办了华东大学、山东省农业专科学校、山东教育学院、山东邮电专科学校、昌潍专区干部学校、潍坊行政干校、潍坊实验医专等多所学校。1949年10月之前，潍坊市又陆续开办了工业、化工、会计、工商、铁路管理5所专科学校和1所师范学校。

各级党委、政府还积极推动文化事业的发展。在戏剧方面，潍坊特别市刚解放不到一个月，政府就帮助永乐戏院恢复了演出；同年12月，潍坊特别市文工团成立，排演歌剧《解放》等剧目；潍坊市和各县还成立了"京剧改进社"等一批群众性的戏剧演出团体。在图书报刊方面，1948年5月建立山东新华书店潍坊分店；在已有益都、临朐、高密、滨北、安丘、昌北、寿光、潍南、潍北等新华书店支店的基础上，1948年又开办昌乐、昌南、淮安、坊子等支店；1948年8月，潍坊特别市设立市立图书馆，各县县立图书馆或教育馆阅

 第九章 马克思主义的传播与潍坊的革命文化

览部也相继成立;《新潍坊报》和《昌潍大众》也于 1948 年 5 月和 1949 年 7 月先后创刊发行。

在全面建设新民主主义社会的同时,1948 年 8 月—1949 年 6 月,境内各级共产党组织和人民政府带领广大群众,倾全力支援济南战役、淮海战役和渡江战役,为全国解放事业做出巨大贡献。其间,先后五次组织民工和民兵支前,其中 1948 年 9 月和年底的两次规模最大,境内共出动民工、民兵近 3 万人,奔赴战场执行物资运输、伤员转运、押解俘虏、看守仓库等任务。为补充部队兵员,各地大力发动青年参军入伍,仅 1948 年底至 1949 年春几个月里,境内就有 2 万多名青年加入解放军的战斗行列。各地党组织还带领群众,勒紧裤带,为解放军筹措了大批粮食、被服等物资,不分昼夜地运往前线。此外,境内还抽调一千多名干部,于 1949 年春随军南下,支援新解放区。

1949 年 10 月 1 日,潍坊地区人民终于迎来中华人民共和国的诞生。潍坊地区共产党人和广大人民群众豪情满怀,以崭新的姿态迎接新时代的到来。

主要参考文献

1. ［宋］赵明诚撰，金文明校证：《金石录校证》，上海书画出版社 1985 年版。

2. ［清］王筠：《说文解字句读》，中华书局 1988 年版。

3. 赵尔巽等：《清史稿》，中华书局 1976 版。

4. 《潍县志》，清乾隆二十五年。

5. 《潍县志稿》，1941 年版。

6. 《民国山东通志》编辑委员会：《民国山东通志》，山东文献杂志社 2002 年版。

7. 胶济铁路管理委员会：《胶济铁路经济调查报告汇编·分编三·潍县》，文华印书社 1934 年版。

8. *The Annual Report of the Baptist Missionary Society*，1886 – 1937。

9. 陆增祥：《八琼室金石补正》，文物出版社 1985 年版。

10. 郭查理著，陶飞亚、鲁娜译：《齐鲁大学》，珠海出版社 1999 年版。

11. 汪敬虞：《中国近代经济史》，人民出版社 2000 年版。

12. 庄维民：《近代山东市场经济的变迁》，中华书局 2000 年版。

13. 王立诚：《瓣香心语：王统照纪传》，山西人民出版社 2000 年版。

14. 邓铁涛、程之范：《中国医学通史近代卷》，人民卫生出版社 2000 年版。

15. 姚民权、罗伟虹：《中国基督教简史》，宗教文化出版社 2000 年版。

16. 李平生：《山东老字号》，山东文艺出版社 2004 年版。

17. 寿乐英：《近代中国工商人物志》，中国文史出版社 2006 年版。

18. 王振民：《潍坊文化三百年》，文化艺术出版社 2006 年版。

19. 陈从周：《说园》，同济大学出版社 2007 年版。

20. 曹振宇：《中国近代合成染料染色史》，西安地图出版社 2009 年版。

21. 孙敬明：《潍坊古代文化通论》，齐鲁书社 2009 年版。

22. 山东省档案馆、山东社会科学院历史研究所：《山东革命历史档案资料选编》，山东人民出版社 1981 年出版。

23. 中共中央党史研究室：《中国共产党历史》第一卷，中共党史出版社 2002 年版。

24. 中共山东省委党史研究室：《中共山东地方史》第一卷，山东人民出版社 1998 年版。

25. 中共潍坊市委党史研究室：《中共潍坊地方史》第一卷，红旗出版社 1997 年版。

26. 中共潍坊市委党史资料征集研究委员会：《中共潍坊市党史大事记》（1921—1991），中共党史出版社 1994 年版。

27. 潍坊市地方志编纂委员会：《潍坊市志》，中央文献出版社 1995 年版。

28. 丁龙嘉：《重整齐鲁河山》，山东人民出版社 2005 年版。